THE MORTIFICATION OF SIN

죄 죽이기

KB192087

옮긴이 박문재

역자는 서울대학교 법과대학, 장로회신학대학교 신대원 및 대학원(Th.M.)을 마치고, Biblica Academia에서 헬라어와 라틴어를 수학하였다. 역서로 비슬리 머리의 『예수와 하나님 나라』, 존 브라이트의 『이스라엘 역사』, F.F. 브루스의 『바울』, 아이히로트의 『구약성서신학 I, II』, 제임스 D.G. 던의 『바울 신학』, 『매튜 헨리 주석』(「요한복음」, 시가서·선지서 전부) 등이 있고, 라틴어 원전 번역한 책으로 『칼빈 주석』(「공관복음」, 「요한복음」, 「로마서」), 『그리스도를 본받아』(토마스 아 켐피스), 『고백록』(아우구스티누스) 등이 있다.

세계
기독교
고전

64

THE MORTIFICATION OF SIN

죄 죽이기

존 오웬 | 박문재 옮김

CH북스
크리스천
다이제스트

From an original picture in the possession of the Revᵈ Dᵗ Gifford.

존 오웬

차례

해 제

박문재

1. 『죄 죽이기』를 읽어야 하는 이유

사람은 누구나 정체성(identity)를 지니고 살아간다. 그리고 이 정체성이 바로 "나"이고 "나의 자아"다. 이 정체성이 제대로 세워져 있지 않거나 혼란스러운 사람은 정신 나간 사람이거나 이상한 사람이거나 미친 사람이 되어 버린다. 그래서 사람은 자신이 의식하든지 못 하든지 어떤 의미에서든 하나의 정체성, 하나의 가치 체계, 하나의 철학을 갖고 살아갈 수밖에 없다.

기독교 신앙을 가지고 살아간다는 것은 기독교라는 정체성 또는 가치 체계를 지니고 살아간다는 것을 의미한다. 그런 의미에서 기독교 신앙은 인간의 삶의 한 부분이 아니라, 한 사람의 삶 전체를 총괄해나가는 지주로서의 역할을 하게 된다. 만일 어떤 사람이 기독교인이라고 하면서, 기독교의 정체성을 지니고 살아가지 않는다면, 그는 말로만 기독교인일 뿐이고, 진정한 기독교인이라고 할 수는 없다. 이것은 기독교인이라면 모든 면에서 완벽한 기독교인이어야 한다는 의미가 아니라, 기본적으로 기독교의 정체성을 지니고 있어야 한다는 의미이다.

기독교인으로서의 정체성은 기독교의 가치 체계가 어떤 사람 안에 처음으로 생겨났을 때에 시작되는데, 신학에서는 이 문제를 구원론이나 칭의론으로 다룬다. "구원"이라는 것은 어떤 사람의 신분이나 지위가 죄인에서 의인으로 바뀌는 것을 가리키고, 이것을 "칭의"라고 한다. 그러니까 구원론이나 칭의론은 한 사람이 어떻게 해서 하나님으로부터 의롭다는 판결을 받아서 죄인의 신분에서 의인의 신분으로 바뀌느냐 하는 문제를 다룬다. 그리고 그 중심에는 "믿음"이 있고, 초대 교회 이후에 로마 가톨릭의 중세 시대를 거치면서 "믿음"이 구원과 칭의의 중심이라는 사실을 새롭게 발견한 사람이 바로 루터나 칼뱅 같은 종교개혁자들이었다. 그런 의미에서 오웬은 칼뱅의 개혁파 전통에 서 있다.

한 사람이 기독교인으로서의 정체성을 지니게 되면, 그 정체성을 따라 어떻게 살아가야 하는지에 관한 문제가 생겨나는데, 신학에서는 이 문제를 성화론으로 다룬다. 이것은 한 사람의 신분이나 지위에 관한 문제가 아니라, 의인의 신분을 지니게 된 사람의 삶에 관한 문제다. 오웬은 자신이 『죄 죽이기』에서 다루는 것은 전자가 아니라 후자라는 점을 분명히 한다. 그래서 이 책의 원제는 "복음 사역에서 예수 그리스도의 종인 신학박사 존 오웬(John Owen, D.D., a servant of Jesus Christ in the work of the gospel)"이 쓴 『신자들 안에 있는 죄를 죽이는 것에 대하여; 이것의 필요성과 본질과 수단들: 이것과 관련된 여러 가지 양심의 문제들에 대한 설명과 함께』(Of the mortification of sin in believers; the necessity, nature, and means of it: with a resolution of sundry cases of conscience thereunto belonging)이다.

오웬은 죄 문제를 둘로 나누어서, 기독교 신앙을 지니지 않은 불신자와 관련된 죄 문제와 이미 신자가 된 사람들과 관련된 죄 문제로 구별하고서, 이 둘 중에서 후자에 초점을 맞춘다. 전자는 구원론과 칭의론에서 회개와 믿음의 문제로 다루어져야 하는 것이고, 후자는 성화론의 주제가 된다. 오웬이 죄 문제를 후자에 중점을 두고 다루는 이유는 그의 실천적인 성향과도 밀접하게 연관되어 있다. 실제로 그는 이 책에서 자기는 죄와 죄 죽이기에 관한 어떤 이론을 제시하고자 하는 것이 아니라, 신자가 실제로 자신의 삶에서 죄를 죽이고 거룩함을 이루어나가게 하기 위한 실천적인 지침들을 제시하는 것이 목표라고 밝힌다.

오웬은 성화론과 관련된 죄, 즉 "신자 안에 내재하는 죄"를 다루고, 이미 구원을 받은 자로서의 신분을 지닌 사람들의 죄를 다루지만, 결코 이 문제를 가볍게 취급하지 않고, 도리어 아무 무겁게 취급한다. 그래서 그는 이 책에서 "(형식적) 교인"과 참된 그리스도인인 "신자"를 구별하고서, 이 문제를 가볍게 여기는 사람은 신앙고백은 했지만 진정으로 거듭나지는 않고 교회를 다니는 "교인"일 뿐이고, 참된 "신자"는 아니라는 증거일 수 있다고 경고한다. 즉, 신자가 된 후에 죄를 짓는다고 해서 의인으로서의 신분이 상실되는 것은 아니지만, 성화의 문제를 무겁게 여기는 것이 신자임을 보여주는 증표라는 것이다.

이것은 개혁파 구원론의 특징이다. 믿음으로 말미암은 칭의와 구원을 통해 일단 의인의 신분을 얻게 되면, 그 신분은 어떤 경우에도 변하지 않는다(성도의 견인). 하지만 어떤 사람이 하나님으로부터 의롭다 하심을 받고 구원을 얻어서 의인의 신분이 되었다면, 그 사람 안에는 새 생명과 그 원리가 심어져서, 그 열매가 삶 속에서 나타나게 된다. 그런데 이 열매가 없는 사람은 그가 의인으로 신분이 변화된 것처럼 보이거나 스스로 믿는다고 할지라도 사실은 그의 신분이 변화된 것이 아니라는 것이다.

물론 참된 신자라고 할지라도, 믿은 후에 죄를 죽이는 일을 소홀히 하여 죄에 의해 장악된 삶을 살게 됨으로써 육신을 따라 살아가는 육신적인 그리스도인이 될 수 있다. 그런 사람은 현세에서 평안은 누리지 못하는 비참한 삶을 살아가다가, 나중에 죽어도 불을 통과하는 것 같은 과정을 거치기는 하지만, 그래도 어쨌든 구원을 받는다고 오웬은 이 책에서 말한다. 이것은 개혁파의 견인 교리를 철저하게 대변한 것이다. 하지만 그런 사람들은 이 땅에서 자신이 구원받은 자라는 것을 증언해주는 증거를 가질 수 없어서 불안에 떨며 살아갈 수밖에 없고, 사실은 구원받은 자가 아닐 가능성이 대단히 크다고 오웬은 말한다.

죄 죽이기

죄 문제를 둘러싼 구원론과 성화론 간의 문제와는 별개로, 어떤 사람이 기독교 신앙을 고백하고서 신자로서의 신분을 얻은 후에 기독교인으로서의 정체성을 지니고 살아가야 한다고 생각한다면, 그의 정체성의 중심에는 죄 문제와 성화가 있을 수밖에 없다. 정체성은 한 사람이 어떤 원리와 가치관으로 자신의 구체적인 삶과 행위를 구성하느냐 하는 것인데, 기독교의 정체성의 핵심은 거룩한 삶에 있기 때문이다. 다시 한 번 말하지만, 이것은 의인의 신분을 유지하기 위해 어떻게 해야 하느냐의 문제가 아니라, 의인으로서 어떻게 살아가야 하느냐의 문제다. 예컨대, 왕이 거지 행세를 한다고 해서 왕의 신분이 상실되고 거지 신분이 되는 것은 아니지만, 그것은 왕의 신분을 지닌 자에게 주어진 의무들과 권리들을 행하여 합당하게 사는 것은 아니다.

　20세기에 들어와서 복음주의가 유행하면서, 한편으로는 "오직 믿음으로" 구원을 받는다는 교리, 다른 한편으로는 복음으로 인한 은혜와 복이 지나치게 강조되자, 성화의 문제는 상대적으로 약화되었다. 믿음과 성령과 은혜 안에서 죄를 죽이는 것을 강조하는 성화론은 퇴색하고, 세속 사회 속에서 그리스도인이 어떻게 살아가야 하는지를 다루는 기독교 윤리가 전면에 등장했다. 전자가 신자의 영혼과 내면의 문제를 다루는 것이라면, 후자는 그리스도인의 사회 윤리를 주로 다룬다. 이러한 흐름은 20세기 전체를 관통했고, 21세기에도 계속해서 이어지고 있다.

　나중에 다루겠지만, 오웬은 당시 영국의 두 가지 현상을 염두에 두고 이 강론들을 행했다. 그 중 하나는 그가 실질적으로 운영하고 있던 옥스퍼드 대학교에서 학생들이 보여주고 있던 영적 나태함과 무기력, 부도덕한 행실이었다. 그리고 다른 하나는 로마 가톨릭과 국교회 지도자들이 교인(단순한 신앙고백자)들에게 교회에서 정해 놓은 것들만을 지키고 행하면 구원 받는 데 아무 문제가 없다고 가르치는 한편, 죄를 깨닫게 해놓기만 하고 제대로 된 치료책을 제시하지 않음으로써 교인(단순한 신앙고백자)들로 하여금 평생 고통과 괴로움 속에서 살아가게 만들고 있는 현실이었다.

그런데 오늘날의 문제는, 믿음으로 말미암아 이미 구원을 얻은 것이기 때문에 구원의 확신을 가져야 한다고 가르치고, 그런 후에는 그리스도인으로서 살아가는 데는 성화론의 테두리 내에서 죄 문제를 진지하게 다루는 것이 필수적인데도, 성화론을 기독교 윤리로 대체해 버린 데 있다. 따라서 오늘날의 교인들은 죄 문제와 관련된 신자로서의 삶을 깊이 고민할 필요가 없게 되었고, 그 대신에 구원의 확신을 가지고서 이 땅에서 도덕적이고 윤리적으로 꽤 높은 수준의 삶을 살아가는 법만을 고민하는 것으로 충분하게 되었다.

하지만 오웬은 그런 식의 삶으로는 그리스도인으로서의 정체성을 따라 살아갈 수 없다고 단언한다. 하나님이 신자들을 위해 마련해 놓으신 여러 수단들과 방법들을 사용해서, 죄를 미워하고 혐오하는 가운데 성령의 역사를 따라 믿음으로 은혜 가운데서 지속적으로 죄를 죽이지 않으면, 실질적으로 불신자와 다름없는 삶을 살게 되고, 이름뿐인 그리스도인이 될 수밖에 없다는 것이다. 그렇게 살아가는 사람들은 사실은 참된 신자가 아닐 가능성이 크고, 설령 참된 신자라고 하여도 이 땅에서 신자로서 누릴 수 있는 모든 것들을 하나도 누리지 못하다가 죽어서는 "불 가운데서 받은 것" 같이 구원을 받게 될 것이다(고전 3:15).

어떤 사람이 자기는 이미 구원을 받았기 때문에 천국에 들어갈 것이어서, 굳이 성화의 길을 걷고 죄를 죽이는 일은 하고 싶지 않다고 말한다면, 그는 기독교인의 정체성을 지니고 있으면서도, 거기에 합당한 모든 의무와 권리를 다 포기한 사람이라고 할 수 있다. 즉, 그는 기독교인이지만 불신자인 세상 사람들과 똑같이 살아가기로 결심하고 실제로 그렇게 살아가는 사람이라는 것이다. 그리고 최악의 경우에는 그들은 자신이 그리스도를 믿고 신앙고백을 했지만, 사실은 거듭난 것이 아닐 수도 있다. 이것은 정말 위험천만한 일이다. 그들은 자신들이 천국에 들어갈 것이라고 굳게 믿고 있지만, 실제로는 들어가지 못할 수도 있기 때문이다.

여기에서 『죄 죽이기』라는 책을 진지하게 읽어야 할 이유가 있다. 어떤 사람이 하나님은 존재하지 않는다고 생각하는 불신자라면 모르겠지만, 하나님이 존재한다고 믿는 사람이라면, 신자로서의 모든 권리와 의무를 포기하고, 심지어는 최악의 경우에 구원 받지 못할 수도 있는 길을 택해서 가는 것은 지독하게 어리석은 일이 될 것이기 때문이다.

우리는 여기에서 내가 왜 신자가 되었고 그리스도인이 되었는지를 스스로에게 물어보아야 한다. 그리고 내 자신이 이 현세의 삶에서 무엇을 목표로 하고 무엇을 가장 중요하게 생각하고 있는지도 물어보아야 한다. 오웬은 이 책에서, 죄 자체를 미워하고 혐오해서 죄를 죽이려고 하는 것이 아니라 죄 때문에 마음이 괴로워서 죄를 죽이려고 한다면, 그런 사람은 자신의 죄를 죽일 수 없다고 말한다. 즉, 우리의 마음속 깊은 곳에 자리 잡고 있는 동기, 또는 원리를 문제삼고 있는 것이다. 내가 하나님과 복음을 믿는다고 하면서도, 사실은 세상을 훨씬 더 사랑하고 있고, 그러면서도 내 양심에 괴로움이 없거나, 그 괴로움을 회피하기 위해, 그것은 세상을 사랑하는 것이 아니라고 합리화하는 어떤 논리를 개발해서 위선을 행하고 있다면, 결국 가장 큰 피해를 볼 사람은 내 자신이다.

오웬은 그리스도인의 정체성을 가지고 살아가고자 하는 사람들이 정말 그리스도인답게 자신의 권리와 의무를 따라 살아가는 법을 가르쳐주기 위해 이 책을 썼다. 죄 문제는 기독교인들이 회피할 문제가 아니다. 사실은 죄 문제는 하나님이 그리스도 안에서 신자를 위해 마련해 놓으신 온갖 복과 은혜를 신자로 하여금 체험하고 누릴 수 있게 해주는 전쟁터다. 거기에서 신자는 은혜의 하나님, 구원의 그리스도, 능력과 평강의 성령을 경험한다. 하나님이 예비해 놓으신 모든 복과 은혜와 능력은 신자들로 하여금 실제로 죄에서 벗어나서 성결로 나아가게 하기 위한 것이어서, 신자들이 죄를 죽이는 일을 행할 때에 차고 넘치게 주어진다. 왜냐하면 죄를 죽이는 일과 성화는 오직 하나님으로부터 오는 은혜와 능력을 통해서만 가능하기 때문이다.

2. 『죄 죽이기』의 저작 배경

이 책은 1656년에 출간되었고, 1658년에는 개정증보판이 발간되었다. 본역서는 개정증보판을 대본으로 사용했다. 죄 문제를 다룬 성화론과 관련된 오웬의 주요 저작들은 네 권이다. 그 중에서 가장 먼저 씌어진 것은 1656년에 출간된 『죄 죽이기』이고, 다음으로 씌어진 것이 1667년에 나온 『신자 안에 내재하는 죄』이며, 1668년에는 『시편 130편 강해』가 나왔고, 1688년에는 『죄와 은혜의 지배』가 출간되었다.

오웬이 이 책의 "머리말"에서 밝혔듯이, 이 책에 수록된 글들은 원래 그가 옥스퍼드 대학교에서 학생들을 대상으로 설교한 강론들이었다. 오웬은 1649년에 올리버 크롬웰의 전임목사가 되었고, 1651년에는 크롬웰의 지명에 의해 크라이스트처치 칼리지 학장이자 옥스퍼드 대학교의 부총장이 되었다. 크라이스트처치 칼리지 부속 예배당이 있어서 옥스퍼드 대학교의 학생들이 예배를 드리는 곳이기도 했기 때문에, 오웬은 이 교회에서 학생들을 상대로 『죄 죽이기』에 관한 주제로 강론들을 행했고, 당시에 신앙이 독실한 사람들이 그에게 이 강론들을 책으로 출판할 것을 요청해서, 이 책이 빛을 보게 된 것이다. 따라서 『죄 죽이기』에 수록된 강론들은 당시 13~17세였던 대학생들의 신앙을 바로세워서, 그들로 하여금 경건한 삶을 살게 하기 위한 목적으로 행해진 것이었다.

오웬이 "머리말"에서 말하고 있듯이, 당시는 종교개혁자들에 의해 정립된 복음에 입각한 설교들이 많이 행해지고 있었고, 청교도들이 활발하게 활동하고 있었지만, 복음적인 경건은 많이 쇠퇴한 시대였다. 한편으로는 14~16세기에 유럽을 휩쓴 르네상스의 영향으로 아르미니우스주의와 소키누스주의라는 인본주의적인 경건 운동이 생겨났고, 다른 한편으로는 중세 시대의 전통을 그대로 이어받은 로마 가톨릭과 영국 국교회의 경건이 여전히 주류를 이루고 있었다.

아르미니우스주의는 네덜란드의 개혁파 신학자인 아르미니우스(1560-

1609년, 네덜란드어로는 하르멘스, 또는 하르멘센)가 주창한 신앙 노선으로서, 독자적인 신학이라기보다는 칼빈주의(개혁파)의 구원론과 예정론에서 하나님의 주권을 강조하는 것에 반대하여 인간의 자유의지와 능력을 강조한 분파였다. 소키누스주의는 이탈리아 출신의 신학자인 소키누스(1539-1604년)가 주창한 것으로서 예수의 신성과 삼위일체론을 부인한 유일신론을 주장했다.

인본주의적인 신학과 로마 가톨릭은 둘 다 경건의 핵심인 죄 문제와 성화를 복음적인 원리에 따라 다루지 않는다는 점에서 공통점이 있었다. 이렇게 복음적인 경건이 제대로 세워지지 못했을 때에 필연적으로 나타날 수밖에 없는 것이 온갖 종류의 영적이고 도덕적인 혼란과 해이였고, 이것은 옥스퍼드 대학교의 학생들의 삶에도 그대로 반영되어 있었다.

오웬은 이 모든 것의 해법이 죄 문제를 중심으로 한 성화론이라는 기둥을 다시 일으켜 세워서 실천해나가는 것이라고 믿었다. 그래서 그는 성경의 한 본문을 주제 본문으로 삼아서 해당 주제를 상세하게 해설해 나가는 방식을 따라, 로마서 8:13("너희가 육신대로 살면 반드시 죽을 것이로되 영으로써 몸의 행실을 죽이면 살리니")을 주제 본문으로 삼아서, 죄 죽이기를 중심으로 한 개혁교회 정통주의의 성화론을 전개해 나간다.

오웬은 『죄 죽이기』의 강론들을 통해서 성화론의 포문을 열었는데, 이 책은 신자들의 삶 속에서 실제로 죄를 죽이는 의무를 수행함으로써 거룩한 삶을 이루어나가는 구체적이고 실천적인 지침들을 담고 있다. 즉, 이것은 그가 성화론이라는 이론이 아니라 신자들의 실질적인 삶의 변화를 중시하고서 거기에 중점을 두었다는 것을 보여준다. 그래서 그는 가장 먼저 실천적인 강론들인 『죄 죽이기』를 출간했고, 그 다음으로는 죄의 본질과 활동을 아주 깊고 실제적으로 다룬 『신자 안에 내재하는 죄』를 출간한다. 죄를 죽이기 위해서는 죄가 무엇인지를 아주 잘 알아야 하기 때문이다. 그런 후에 그는 『시편 130편 강해』라는 글을 써서, 깊은 죄에 빠져서 죄에 의해 장악당하여 큰 괴로움과 고통 속에 있는 신자가 하나님의 용서하심을 따른 혹독한 회개를 통해 죄에서 벗어나 하나님과의 관계를 회복하여 하나님의 사랑 안에 실제로 거하게 되는 과정을 설명함으로써, 앞의 두 책이 어떤 식으로 적용되는지를 보여준다. 그리고 마지막에 나온『죄와 은혜의 지배』에서는 신자의 두 가지 영적 상태, 즉 실제적으로 죄의 지배를 받고 있는 상태와 은혜의 지배를 받고 있는 상태를 자세하게 설명하고, 전자에서 후자로 어떻게 넘어갈 수 있는지를 설명함으로써 성화론의 결론을 보여준다.

3. 존 오웬은 누구인가

오웬은 웨일스 출신의 청교도 가문에서 1616년에 잉글랜드 옥스퍼드셔 스태드엄에서 태어났다. 오웬의 가문은 원래 웨일스 지방에서 고위직을 지낸 명문가였지만, 그의 선조는 배신에 의해 살해당하고 몰락했다. 존 오웬의 조부였던 험프리 오웬의 막내 아들로 태어난 부친 헨리 오웬은 교회에 바쳐져서, 옥스퍼드 대학교에서 고전어와 철학과 신학을 공부하면서, 옥스퍼드셔의 스태드엄 교회의 부제로 활동했다. 그는 "주님의 포도원에서 진정으로 애써 일하는 일꾼"이라는 평판을 얻은 청교도였다.

오웬은 1616년에 이 헨리 오웬의 둘째 아들로 태어났고, 그의 어머니에 대해서는 알려져 있는 것이 없다. 그는 옥스퍼드에 있는 사립학교에 들어가서 에드워드 실베스터의 지도 아래 고전어와 학문의 기초를 배웠고, 12살에 이미 대학교에 들어갈 실력을 갖추어서 아주 어린 나이에 옥스퍼드 대학교의 퀸스 칼리지에 입학했다. 1632년에는 인문학 학사 학위를 취득했고, 1635년에는 인문학 석사 학위를 취득했는데, 그는 하루에 4시간만 자며 학문 연구에 몰두했다고 한다.

1633년에 윌리엄 로드(William Laud)가 캔터베리 대주교로 취임하여 영국 국교회의 수장이 되어 비국교도를 탄압하는 법령들을 제정하자, 오웬은 1637년에 옥스퍼드 대학교를 떠나서, 로버트 도머 경 가문의 가정교

사로 일했고, 그 후에는 버크셔의 러브레이스 경 가문의 가정교사로 일했다. 버크셔를 떠난 후에는 런던으로 옮겨서 차터하우스 야드(Charter-House Yard)에 기거했다. 이 시기에 오웬은 정신적인 방황을 겪고 있었는데, 이 것은 옥스퍼드 대학교 때부터 시작된 신앙적인 고민이었다. 이 방황과 고민의 원인에는 여러 외적인 요인들도 작용했지만, 가장 주된 것은 하나님과 자신의 관계에 관련된 것이었다. 이 시기의 신앙적인 고민과 방황, 그리고 거기에서 벗어난 그의 경험은 나중에 그가 쓴『시편 130편 강해』속에 고스란히 녹아 있는 것으로 보인다.

오웬이 이 신앙적인 방황과 고민에서 벗어난 계기가 드디어 찾아왔다. 그는 당시에 유명했던 장로파 목사인 에드먼드 캘러미(Edmund Calamy)의 설교를 듣기 위해 올더맨베리 교회(Aldermanbury Chapel)에 갔다가, 우연히 캘러미 대신에 강단에 선 한 무명의 시골 목사의 설교를 듣게 되었다. 그 목사는 마태복음 8:26("예수께서 이르시되 어찌하여 무서워하느냐 믿음이 작은 자들아")을 본문으로 삼아서 설교했고, 그 설교가 끝났을 때, 오웬은 마음의 평안을 찾게 되었다.

신앙의 방황과 고민에서 벗어난 오웬은 청교도 혁명(1640-1660년)과 영국 내전(1642-1651년)이 발발하자, 의회파를 지지했고, 이로 인해서 왕당파였던 그의 삼촌의 재산을 물려받을 기회를 상실했다. 이때에 그는 도머 경과 러브레이스 경의 가정교사로 있을 때부터 준비했던 자신의 최초의 저서인『아르미니우스주의의 정체』(Display of Arminianism, 1642년)를 써서 칼빈주의를 열렬히 옹호했다. 사실 그의 신앙적인 방황은 아르미니우스주의 논쟁과 관련된 몇몇 주제들에 대한 잘못된 이해에서 비롯된 것이었기 때문에, 이제 그는 확신을 가지고 이 책을 쓸 수 있었다.

오웬은 1643년에는 에식스의 포드엄에서 목회에 전념했고, 메리 루크(Mary Rooke)와 결혼해서 11자녀를 낳았지만, 10명의 자녀는 어려서 죽고, 딸 하나도 성인이 되어 결혼한 후에 곧 폐결핵으로 죽었다. 포드엄은 작고 한적한 마을이었고, 그는 거기에서 청교도 목회자로서 아주 모범적이고 진실한 목회를 하면서, 의회의 초청을 받아 설교를 할 정도까지 명성을 얻었다.

오웬은 1646년 4월 29일에 장기의회에서 처음으로 설교했는데, 그 설교에는 장로교를 탈피해서 회중주의(독립파)로 옮겨가는 성향이 엿보인다. 그 해에 에식스의 코그셸로 이사해서 회중교회를 시작했지만, 회중주의 원리들을 채택한 것이 그의 신학에 영향을 미치지는 않았다. 에식스의 중요한 상업도시였던 코그셸은 포드엄에서 5마일 정도 떨어진 곳에 있었는데, 그 곳 사람들은 오웬이 포드엄 교회의 사정으로 사임하게 되었다는 소식을 듣자마자, 그를 청빙했고, 그 도시의 후원자인 워릭(Warwick)의 백작은 이것을 즉시 재가했다. 오웬이 코그셸에서 목회를 하자, 회중은 순식간에 2,000여명으로 불어났다. 이 시기에 그는 1647년에 『그리스도의 죽음 안에서 죽음의 죽음』(The Death of Death in the Death of Christ)을 써서 다시 아르미니우스주의를 공격했다. 이 책에서는 그리스도는 오직 택함 받은 자들만을 위해 죽으셨다는 것을 논증한다.

1649년에 오웬은 영국 국왕 찰스 1세가 처형된 다음날 의회에서 설교했고, 4월 29일에 그가 행한 또다른 설교는 고위직에 있는 사람들의 신앙이 진실해야 한다는 취지였는데, 이 설교가 의회는 물론이고 청교도 혁명을 이끈 올리버 크롬웰의 호의를 얻게 해주었다. 크롬웰은 오웬을 자신의 전임목사로 삼아서 아일랜드로 데려갔고, 스코틀랜드 원정에도 동행하게 했다. 1651년에 크롬웰은 오웬을 크라이스트처치 칼리지의 학장으로 임명했고, 1652년 9월에는 옥스퍼드 대학교의 부총장으로 임명해서 이 대학교의 개혁을 맡겼다. 이 대학교의 총장은 크롬웰 자신이었기 때문에, 부총장직은 이 대학교의 운영을 실질적으로 책임지는 자리였다. 원래 이 자리는 장로파였던 에드워드 레이놀즈(Edward Reynolds, 1599-1676년)가 맡고 있었다. 1653년에는 신학박사 학위를 수여받았다.

오웬은 1657년에 부총장직을 사임할 때까지 옥스퍼드 대학교에서 8년 동안 있으면서, 대속의 필요불가결성을 주장한 『하나님의 의』(Justitia

Divina, 1653년), 일련의 설교들을 모은 『하나님과의 교제』(*Communion with God*, 1657년), 아르미니우스주의를 공격한 그의 마지막 저서인 『성도의 견인 교리』(*Doctrine of the Saints' Perseverance*, 1654년)를 썼고, 700여 쪽에 걸쳐 소키누스주의와 칼빈주의 간의 모든 중요한 쟁점들을 다루면서 소키누스주의를 비판한 『복음의 신비』(*Vindiciae Evangelicae*, 1655년), 『죄 죽이기』(1656년), 『분파주의』(*Schism*, 1657년), 『시험』(*Of Temptation*, 1658년) 등을 썼다.

올리버 크롬웰은 1657년 7월 3일에 옥스퍼드 대학교의 총장직을 사임했고, 7월 18일에는 그의 아들 리처드 크롬웰이 총장직에 취임했는데, 그로부터 6주 후에 오웬은 옥스퍼드 대학교의 부총장직에서 해임되었다. 원래 오웬과 올리버 크롬웰의 사이는 아주 좋았지만, 그가 1653년에 호국경이 되면서, 호국경 취임에 반대했던 오웬과의 사이가 벌어지기 시작했다. 1658년에는 올리버 크롬웰이 죽고, 그의 아들 리처드 크롬웰이 호국경이 되었다. 이 해에 오웬은 회중주의자들이 웨스트민스터 신앙고백을 토대로 해서 작성한 회중주의 교리 표준인 사보이 선언(Savoy Declaration)을 작성하는 데도 중요한 역할을 했다. 1660년에 장로파가 득세하고, 에드워드 레이놀즈가 다시 복귀하면서, 오웬은 크라이스트처치 학장직을 사임했다.

오웬은 고향인 스태드엄으로 은퇴해서, 여러 논쟁적이고 신학적인 저작들을 썼다. 이 기간에 쓴 그의 역작인 『온갖 다양한 신학 담론들』(*Theologoumena Pantodapa*, 1661년)은 성경 속에 나오는 갖가지 신학 담론들을 찾아서 성경 자체에서 신학들이 어떻게 발생해서 발전해 왔는지를 추적한 책이다. 또한 프란체스코 수도회 수도사인 존 빈센트 케인(John Vincent Cane)이 1661년에 저 유명한 『빛이 있으라』(*Fiat Lux*)는 책을 써서, 개신교 안에서의 여러 분파들과 혼란상을 비판하며, 반면에 로마 가톨릭은 하나로 연합하여 아름다운 모습을 보여주고 있다고 찬양하자, 오웬은 1662년에 『'빛이 있으라'를 혹평함』(*Animadversions on Fiat Lux*)을 출간해서 케인의 주장을 반박했다. 1667년에는 "외교적인 수사가 아니라 좀 더 정확한" 성경의 가르침들을 제시할 목적으로 쓴 『요리문답』(*Catechism*)이 출간되었고, 1668년에는 『신자 안에 내재하는 죄』(*On Indwelling Sin in Believers*), 『시편 130편 강해』(*Exposition of the 130th Psalm*), 『히브리서 강해』(*Exposition of the Epistle to the Hebrews*) 제1권이 출간되었다. 『히브리서 강해』는 그가 20여 년 동안 준비해온 역작이다.

옥스퍼드 주교 새뮤얼 파커(Samuel Parker, 1640-1688년)가 『교회의 정체』(*Ecclesiastical Polity*)를 써서 비국교도들을 공격해오자, 오웬은 그의 주장을 반박하기 위해 『진리와 순수』(*Truth and Innocence Vindicated*, 1669년), 『삼위일체론』(*Vindication of the Doctrine of the Trinity*, 1669년)을 썼고, 『복음적인 사랑과 평화』(*On Evangelical Love*, 1672년)를 썼다. 1674년에는 『히브리서 강해』 제2권이 출간되었다. 1677년에는 왕정복고시대에 교인들의 서글픈 모습을 설명한 『배교』(*On the Nature of Apostasy*), 『신앙의 이유』(*The Reason of Faith*)와 『칭의론』(*On the Doctrine of Justification*), 『성령론』(*On the Holy Spirit*, 1677-1678년)이 출간되었다. 1678년에는 『하나님의 마음을 이해하는 방법들과 수단들』(*The Ways and Means of Understanding the Mind of God*), 1679년에는 『기독론』(*CRISTOAGIA, or the Person of Christ*), 1680년에는 『히브리서 강해』 제3권이 출간되었다.

1681년에는 교회 정치와 관련한 자신의 가장 후기의 견해를 담은 『복음적인 교회 탐구』(*Inquiry into Evangelical Churches*), 『영적인 사고』(*On Spiritual-mindedness*), 1682년에는 『성령과 기도』(*The Work of the Holy Spirit in Prayer*), 1684년에는 『그리스도의 영광에 관한 묵상』(*Meditations on the Glory of Christ*) 제1부, 『히브리서 강해』 제4권이 출간되었다. 1688년에는 『죄와 은혜의 지배』(*Of the Dominion of Sin and Grace*), 1691년에는 『그리스도의 영광에 관한 묵상』 제2부, 1695년에는 『하나님의 택하신 자들의 믿음의 증거들』(*Evidences of the Faith of God's Elect*)이 출간되었다.

1660년에 왕정복고가 이루어지고, 영국 국왕 찰스 2세가 1662년 8월 24일 성 바돌로매 축일에 통일령(Act of Uniformity)에 서명하면서, 모든 비국교도들이 공직에서 추방되었는데, 이때에 오웬도 옥스퍼드 대학교의 부총장직과 크라이스트처치 칼리지 학장직을 물러났고, 그 후에는 거의 저술에 전념했다고 할 수 있다. 이렇게 해마다 그가 쓴 저술들을 열거한 것은 그 저술들을 소개한다는 의미도 있지만, 그에게 저술은 곧 그의 삶이었기 때문이다. 오웬이 쓴 『그리스도의 영광에 관한 묵상』의 첫 번째 쪽이 인쇄에 들어갔다는 소식이 전해진 날 아침은 1683년 8월 24일 성 바돌로매 축일이었다. 바로 그 날에 오웬은 런던의 일링(Ealing) 자치구에서 죽었고, 11일 후인 9월 4일에 런던의 이즐링턴 자치구에 있는 번힐 필즈(Bunhill Fields)에 묻혔다.

4. 『죄 죽이기』는 어떤 책인가

(1) 구성

『죄 죽이기』는 총 14장으로 구성되어 있다. 크게 구분해 보면, 제1장은 주제 본문인 로마서 8:13을 설명하는 부분이고, 제2-4장은 죄 죽이기의 일반 원리를 설명하는 부분이며, 제5-6장은 죄 죽이기를 정의하는 부분이고, 제7-8장은 죄 죽이기를 위한 일반적인 지침들을 설명하는 부분이며, 제9-13장은 죄 죽이기를 위한 구체적인 지침들을 설명하는 부분이고, 제14장은 죄 죽이기를 위한 실천적인 지침을 설명하는 부분이다. 여기에서 일반적인 지침들과 구체적인 지침들은 제14장에 나오는 실천적인 지침을 실행하기 위한 예비적인 것들이다.

제1장에서는 주제 본문을 통해서 신자 안에는 죄가 내재되어 있다는 것과 죄를 죽이는 것이 신자들에게 주어진 의무라는 것을 확증한다.

제2-4장에서는 죄 죽이기의 일반 원리를 제시한다. 첫 번째 일반 원리는 죄를 죽이는 일은 신자의 평생에 걸친 의무라는 것이고, 그렇게 하지 않을 때에는 영혼이 파멸에 이르는 끔찍한 결과가 초래됨을 보여준다. 두 번째 일반 원리는 오직 성령만이 죄를 죽일 수 있다는 것이고, 세 번째 일반 원리는 죄 죽이기는 영적 생명과 활력을 얻게 해준다는 것이다.

제5-6장은 죄 죽이기가 무엇인지를 정의한다. 먼저 소극적인 관점에서, 죄를 죽이는 것이 아닌 것들을 설명한다. 죄를 죽인다는 것은 신자 안에 있는 죄를 완전히 죽이는 것이 아니고, 단지 외적인 행위로서의 죄를 그만두는 것도 아니며, 인격을 수양해서 자연적인 본성을 훌륭하게 만드는 것이 아니고, 죄의 형태를 바꾸는 것도 아니며, 어쩌다가 죄를 이기는 것도 아니다. 다음으로는 적극적인 관점에서, 죄를 죽인다는 것은 죄의 성향을 약화시키는 것이고, 죄를 죽이는 데 지속적으로 성공하고 있다는 것이다.

제7-8장에서는 죄를 죽이기 위한 일반적인 지침들을 제시한다. 첫 번째 지침은 죄 죽이기는 오직 신자에게서만 가능하다는 것이고, 두 번째 지침은 모든 면에서 보편적이고 전체적으로 순종하고자 하는 간절함과 부지런함 없이는 그 어떤 죄도 죽일 수 없다는 것이다.

제9-13장에서는 죄를 죽이기 위한 구체적인 지침들을 제시한다. 첫 번째 지침은 우리 안의 어떤 죄악된 욕망이 위험함을 보여주는 징후들이 있는지를 살펴야 한다는 것이고, 두 번째 지침은 죄책과 죄의 위험과 해악을 분명하게 알아야 한다는 것이며, 세 번째 지침은 죄책을 상기시켜 양심에 부담을 주어야 한다는 것이다. 네 번째 지침은 죄의 권세로부터 벗어나기 위해 끊임없이 간절히 열망해야 한다는 것이고, 다섯 번째 지침은 우리를 괴롭히고 있는 죄악된 기질이 본성에 뿌리를 내리고 있는 것은 아닌지를 살펴보아야 한다는 것이며, 여섯 번째 지침은 죄악된 욕망이나 기질이 어떤 계기나 이점을 사용해서 활동하는지를 살펴야 한다는 것이다. 일곱 번째 지침은 죄악된 욕망이나 기질이 잉태되는 것 자체를 막아야 한다는 것이고, 여덟 번째 지침은 우리가 얼마나 사악하고 비천한지를 깨닫게 해주는 묵상들을 행해야 한다는 것이며, 아홉 번째 지침은 죄로 인해 마음이 불안할 때에 하나님이 말씀하시기 전에는 우리 자신에게 우리 마음대로 평안하라고 말하지 말아야 한다는 것이다.

제14장에서는 죄를 죽이기 위한 두 가지 실천적인 지침을 제시한다. 하나는 그리스도에 대한 믿음을 사용하라는 것이고, 다른 하나는 성령의 역사를 의지하라는 것이다.

(2) 내용

오웬은 주제 본문인 로마서 8:13을 근거로 해서, 죄를 죽이는 것은 신자가 반드시 해야 하는 일이고, 오직 신자만이 할 수 있는 일이라는 것을 밝힌다. 죄 죽이기는 기본적으로 성령이 행하는 일이기 때문에, 거듭나지 않은 불신자는 자신 안에 그 일을 할 수 있는 원리와 능력을 갖추고 있지 않다. 신자 안에 있는 죄는 근본적으로는 그가 믿고 거듭날 때에 이미 그리스도의 피의 효능으로 말미암아 타격을 입어서, 전에는 그를 지배했지만, 이제는 지배할 수는 없다. 하지만 신자 안에는 여전히 죄가 남아 있어서, 그가 거듭날 때에 그에게 주어진 새 생명의 원리 및 성령과 싸움을 벌인다. 따라서 이 싸움을 매일 평생 해나가는 것은 신자의 아주 중요한 의무이다. 신자가 죄 죽이는 일을 소홀히 했을 때에는 구원 받은 자의 지위와 신분을 상실하는 것은 아니지만, 구원 받은 자로서 새 생명의 활력을 가지고 그리스도인답게 살아갈 수는 없게 되고, 그의 영혼과 심령은 파멸에 이르러서, 불신자들과 거의 다름없게 되어 버리고 말기 때문이다. 따라서 오웬은 로마서 7장은 성령의 법에 따라 죄의 법과 싸우는 신자의 심령 상태를 묘사한 것이라고 본다.

오웬은 인간은 영혼(soul)과 육체로 이루어져 있고, 마음(heart)은 영혼의 작용이라고 본다. 죄는 영혼 안에 존재하는 하나의 성향(disposition)이고, 마음에서는 이 성향이 죄악된 욕망(lust)과 기질(distemper)로 나타난다. 그리고 영혼이 죄의 지배를 받고 있는 상태(frame 또는 condition), 또는 본성적인 상태에 있거나, 은혜의 지배를 받고 있는 상태에 있을 수 있다. 오웬은 본성과 죄를 구별해서, 본성은 유연하고 부드럽게 활동하는 반면에, 죄는 포악하고 격렬하게 활동한다고 말한다. 그래서 본성을 따라 살아가는 사람도 죄악의 지배를 받고 있는 것인데도, 죄가 격렬하게 활동하지 않아서, 마치 죄를 죽인 것과 같은 착각이 들게 만든다. 하지만 둘 다 죄악의 상태라는 점에서는 같다.

이 책에서 오웬은 죄(sin), 죄악된 욕망, 죄악된 기질이라는 세 가지 용어를 자주 사용한다. 그 중에서 "죄악된 욕망"으로 번역한 "lust"는 현대 영어에서는 성적으로 잘못된 욕망 또는 "음욕"이라는 의미로 사용되지만, 당시에는 죄악되고 악한 욕망이라는 좀 더 넓은 의미로 사용된 단어로서, 신자 안에 남아 있는 부패한 본성의 일부이거나 사탄이 우리를 죄로 이끌기 위해서 지렛대로 사용하는 욕망을 가리킨다. 한글개역개정에서는 이 단어를 주로 육체의 "욕심"으로 번역한다. "죄악된 기질"로 번역한 "distemper"는 오늘날에는 일반적으로 잘 사용되지 않는 단어지만, 당시에는 기질의 이상, 뒤틀리고 왜곡된 기질을 가리키는 말이었다. 이렇게 죄라는 성향은 명예욕(야심), 물욕(탐심), 정욕 등과 같은 죄악된 욕망들로 나타나기도 하고, 시기나 질투, 증오와 적대, 비판, 심술 같은 죄악된 기질들로 나타나기도 한다. 물론, 더 깊이 살펴보면 후자의 근저에는 죄악된 욕망이 자리 잡고 있지만, 어쨌든 현상적으로는 그렇게 나타난다는 것이다.

죄를 죽인다는 것은 죄의 성향을 약화시키는 것이고, 죄를 죽이는 데 지속적으로 성공하는 것이다. 신자 안에 내재해 있는 죄를 완전히 죽이는 것은 현세에서는 불가능하다. 그래서 오웬은, 신자는 죄를 완전히 죽이는 것을 목표로 삼아야 하지만, 실제로 그 목표를 이 땅에서 이루는 것은 불가능하다고 말한다. 따라서 이미 죄의 지배에서 벗어난 신분을 지닌 신자는 죄의 성향을 약화시켜서, 자신의 삶 속에서 지속적으로 대부분의 경우에 죄를 이기고 선과 의와 거룩함을 이루는 삶을 사는 삶을 지향해야 한다. 그런데 이것이 가능하기 위해서는 예수 그리스도를 믿는 "믿음," 특히 그리스도의 죽으심의 효능을 믿는 믿음이 절대적으로 필요하고, 이 일을 주관하시고 주도하시는 성령의 역사가 절대적으로 필요하다. 따라서 그리스도와 성령이 둘 다 빠지거나 어느 한 쪽이 빠진 상태에서 이루어지는 것은 참된 죄 죽이기가 아니라 죄의 속임수일 뿐이다.

뿐만 아니라, 죄가 우리 본성의 어떤 성향을 이용해서 자신의 입지를 강화하고, 어떤 계기들을 사용해서 자신의 힘을 발휘하는지를 살피는 것도 아주 중요하다. 죄와 죄악된 욕망과 기질은 다양한 속임수들을 통해서 우리의 지성을 속이고 우리의 감정과 의지를 자신의 뜻대로 움직인다. 그런데 죄를 죽이는 일을 주관하시는 성령은 우리의 믿음과 의지를 통해 역사하신다. 오웬은 "성령은 우리 없이 우리를 거슬러서 역사하시는 것이 아니라, 우리 안에서 우리와 더불어 역사하신다"고 말한다. 하지만 우리의 지성이 죄에게 속아서 정확한 판단을 하지 못하게 되면, 우리의 의지도 성령에 협력할 수 없게 된다. 우리의 의지는 많은 부분 지성의 명령과 판단에 의해 좌우되기 때문이다. 따라서 오웬은 죄를 죽이는 일을 할 때에 우리의 지성을 중시한다.

우리는 지성으로 죄의 본질과 전략들과 활동방식들을 철저하게 파악하고 이해해야 한다. 반면에, 그렇기 때문에 죄는 어떻게 해서든지 죄악된 욕망이나 기질을 통해서 우리의 지성을 어둡게 만들려고 애쓴다. 그래야만 속일 수 있기 때문이다. 이것은 생사를 건 치열한 싸움이고 전쟁이다. 우리가 죄의 본질과 활동들을 낱낱이 파악했을 때, "적을 알고 나를 알면 백전백승이라"는 말처럼 죄를 죽이는 싸움에서 승기를 잡을 수 있게 된다. 죄를 죽이는 일은 성령께서 하시는 일이지만, 우리의 믿음과 의지를 거기에 합하지 않으면 안 되는 일이기 때문이다. 이렇게 우리의 지성이 죄를 낱낱이 파악하고 아는 것은 우리에게 주어진 영적 지혜의 중요한 부분이라고 오웬은 말한다.

아울러 오웬은 한편으로는 죄에 대해 잘 알아야 하지만, 다른 한편으로는 하나님에 대해서도 잘 알아야 한다고 말한다. 그러면서 우리가 하나님을 아는 것은 믿음으로 아는 것이기 때문에, 성경에서 하나님의 엄위하심과 크심에 관해 말씀하고 있는 것들과 약속들을 매일같이 깊이 묵상하여, 그 말씀이 우리의 지성을 채우고 우리의 의지와 감정을 움직이게 하는 것이 중요하다고 말한다.

이렇게 신자가 자신의 지성과 의지와 감정을 총동원해서 전인적으로 하나님의 도우심과 건져주심을 끊임없이 구할 때, 죄를 죽이는 일에서 성공을 거둘 수 있다고 오웬은 말한다. 그리고 그렇게 준비된 지성과 의지와 감정으로 우리 자신을 살펴서 우리가 얼마나 비천하고 보잘것없는 존재인지, 선을 행할 능력이 우리 자신에게 있지 않고, 오직 하나님께만 있다는 것을 진정으로 깨달아 낮아져서 믿음으로 하나님의 도우심을 구할 때에 죄는 죽게 된다고 말한다. 여기에서 오웬의 "낮아짐"(humiliation)의 신학이 엿보인다. 그는 이 책에서 이 "낮아짐"에 대해 자세하게 설명하지는 않지만, 우리가 우리의 무능력을 진정으로 깨닫고 스스로 낮아지는 이 "낮아짐"이 우리를 우리의 죄에 대해 애통해하게 만들고, 믿음으로 하나님을 의지하게 만들며, 성령으로 강하게 역사하게 만들어서, 죄를 이기게 해준다는 것을 시사해준다.

5. 존 오웬의 성화론 4부작

(1) 『신자 안에 내재하는 죄』

앞에서 이미 말했듯이, 오웬이 지은 또 하나의 저작인 『신자 안에 내재하는 죄』는 『죄 죽이기』(원제는 『신자 안에 있는 죄를 죽이기』)의 자매편이라고 할 수 있다. 『신자 안에 내재하는 죄』에서는 죄의 본질과 활동들을 본격적으로 아주 자세하게 다룬다. 오웬은 거기에서 특히 죄가 우리의 지성과 의지와 감정을 어떤 식으로 속이고 공격하는지를 상세하게 설명해 놓는다.

오웬은 먼저 주제 본문인 로마서 7:21을 해설하고 나서(제1장), 죄의 법의 특징(제2장)과 죄의 효능(제3장)과 죄의 본질(제4장)에 대해 설명한다. 그런 후에 죄의 활동을 구체적으로 자세하게 설명하는데, 죄가 어떤 수단들을 통해 지성과 정서와 의지를 차례로 공격하고 공략해서 점령하여, 실제로 죄를 낳는지를 보여준다(제5-13장). 그리고 마지막으로 죄의

힘이 신자와 불신자에게 어떻게 작용하고, 율법에 어떻게 저항하는지를
설명한다.

(2) 『시편 130편 강해』

오웬은 시편 130편에 대한 강해를 통해서 신자의 "죄 용서"에 관한 문제
를 다룬다. 먼저 1-2절에 대한 강해에서 죄에 빠진 신자의 모습을 보여주
며 죄 용서의 필요성을 보여준다. 그런 후에는 3-4절에 대한 강해에서 신
자가 하나님에 의한 죄 용서를 발견하는 과정을 설명한다. 즉, 신자는 율
법을 통해 죄를 깨닫고, 하나님은 자신의 죄를 깨닫고 회개하는 신자를
용서하는데, 오웬은 이때에 죄 용서의 본질이 무엇인지를 보여준다. 끝으
로, 오웬은 죄 용서가 구체적으로 어떻게 적용되는지를 자기 자신(5-6절)
과 다른 신자(7-8절)의 경우로 나누어서 설명한다.

(3) 『죄와 은혜의 지배』

오웬은 이 책을 통해서 신자 안에 내재하는 죄의 목표는 신자를 지배하
는 것임을 분명히 한다(제1장). 따라서 그는 죄의 지배라는 것이 무엇인
지를 정의하고(제2장), 그 증거들을 설명해서(제3-4장), 신자로 하여금 자
신이 죄의 지배를 받고 있는지 그렇지 않은지를 분별할 수 있게 해준다.
그런 후에 오웬은 신자는 은혜의 지배를 받고 있다는 것을 여러 증거들
을 통해 확신시키고(제5장), 마지막으로 죄와의 싸움이 필요하다는 것을
역설한다(제6장).

6. 마치는 말

영국에서 태어난 캐나다 출신의 복음주의 신학자로서 칼빈주의 전통에
서 있는 제임스 패커(James Innell Packer, 1926-현재)는 밴쿠버의 리젠트 대학
의 신학 교수로 재직하고 있고, 오늘날 북아메리카에서 가장 영향력 있

는 복음주의자들 중 한 사람으로 평가된다. 그는 존 오웬의 『죄 죽이기』에 대해 이렇게 말한다.

"나는 고금의 모든 신학자들 중에서 존 오웬에게 가장 많은 빚을 졌고, 그가 쓴 모든 저작들 중에서 죄 죽이기에 관한 이 소책자에 가장 많은 빚을 졌다……그는 내 존재의 뿌리까지 수색했다. 그는 내게 죄의 본질, 죄와 싸워야 할 필요성, 죄와 싸우는 방법을 가르쳐 주었다. 그는 내게 한 사람의 영적인 삶에서 마음의 생각의 중요성을 알게 해주었다. 그는 내게 신자 안에서 성령의 사역, 영적인 성장과 진보, 믿음의 승리의 진정한 본질이 무엇인지를 명료하게 알게 해주었다. 그는 내게 어떻게 해야 그리스도인으로서의 내 자신을 이해하고, 하나님 앞에서 겸손하고 정직하게 살아갈 수 있는지를 보여주었다……내가 지금까지 존 오웬에게서 받은 모든 통찰은 내가 『죄 죽이기』를 처음으로 읽은 때에 생겨났다. 이 작은 책은 영적인 금광이다."

저 자 머 리 말

그리스도인 독자여, 이 강론을 출판하는 것에 내가 동의하게 된 몇 가지 이유를 밝히기 위해서 몇 마디 적고자 합니다.

교인이라고 하는 대다수의 사람들이 지금 어떤 모습으로 살아가고 있는가 하는 것은 그들의 마음과 정신의 상태가 어떠한지를 보여주는 가시적인 증거들입니다. 이 사실에 비추어 보았을 때, 믿는 자들이 세상과는 타협해서 화목하게 지내면서도, 그들끼리는 서로 사분오열되어서, 사방으로 온통 분열로 둘러싸여 있고, 그들 자신이 분열의 가장 큰 원인이 되고 있다는 것은 그들이 시험들과 유혹들에 대처할 수 있는 힘이 현저하게 결여되어 있음을 보여주는 것입니다.

나는 이것이 아주 중요한 문제라고 확신합니다. 그래서 내가 사람들의 양심을 좀 더 효과적으로 압박해서 그들로 하여금 지금 그들이 어떻게 살아가고 있는지를 좀 더 깊이 숙고하게 하고, 방금 앞에서 제시한 목적, 즉 시험들과 유혹들을 이기기 위한 좀 더 분명한 지침을 제시할 수만 있다면, 나는 그 일을 내게 맡겨진 일로 여기고서 기꺼이 그렇게 하고자 합니다.

내가 이 강론의 출판을 허락한 두 번째 이유는 최근에 어떤 사람들이 죄를 죽이기 위한 지침들을 제시한다는 미명 아래 복음의 비밀과 그리스도의 죽으심의 효력에 대해서는 알지 못한 채로, 그들 스스로 죄 죽이는 법을 고안해내어서, 그들 자신도 질 수 없고 그들의 조상들도 질 수 없었던 멍에를 자신들의 제자들의 목에 다시 메워주는 위험천만한 잘못을 저지르고 있는 것을 목격했기 때문입니다.

그들이 소리 높여 강조하고 강요하는 죄 죽이는 방법은 본질이나 주체나 원인이나 수단이나 결과 중 어느 한 측면에서도 복음이 제시하고 있는 방법에 부합하지 않는 것이어서, 그 방법을 받아들여서 무거운 짐을 지게 된 사람들 속에서 잘못된 신앙과 자기의와 양심의 염려라는 비참한 결과물들을 끊임없이 생산해냅니다.

내가 이 강론을 통해서 제시하고 있는 것은 보잘것없는 것이긴 하지만, 나는 이 강론이 복음의 정신이나 문자에 둘 다 부합하는 것이고, 은혜언약의 길을 따라 하나님과 동행하는 것이 무엇인지를 아는 사람들의 경험과도 부합하는 것이기를 겸손히 소망합니다. 왜냐하면 이 시대에 신자들로 하여금 자신의 마음에 있는 죄를 복음에서 제시한 방법으로 죽이는 것을 촉진시키고 진척시켜서, 안전한 길로 갈 수 있게 해주고, 그들의 영혼이 안식을 발견할 수 있게 해주기 위해서는, 이 강론이 아니더라도 이런 종류의 어떤 글이 절실히 필요하기 때문입니다.

또한 나는 여기에서 특별히 내 자신과 관련된 한 가지 이유를 덧붙이지 않을 수 없습니다. 씨 뿌리는 자에게 씨를 공급해 주시는 분이 베풀어 주신 은혜로 말미암아 내가 이 주제에 대해 말씀을 전해오면서 어느 정도 성과를 거두게 되자, 하나님의 길에 마음을 두고 그 길로 행해 온 여러 사람들이 내가 지금까지 전한 것들 중에서 추가하거나 고칠 필요가 있다고 생각되는 부분들을 손보아서 출판해내라고 압력을 가해 왔습니다.

그들이 이렇게 나의 강론들을 출판해내기를 바라고 권유하는 것이 계속되었을 때, 나는 하나님과의 교제에 관한 글을 쓰겠다고 여러 고귀하신 그리스도인 친구들에게 약속해놓고서 이미 여러 해가 지나도록 그 약속을 지키지 못하고 있다는 사실을 상기하게 되었고, 내게는 그것이 내가 그들에게 진 빚으로 느껴졌습니다.

그러면서 그들이 바라는 대로 이 강론을 출판하게 되면, 비록 내가 그들에게 진 더 큰 빚을 다 갚지는 못할지라도, 적어도 하나님과의 화목과 교제에 관한 글을 쓰겠다는 나의 약속을 믿고 오랫동안 참고 기다려준 그들에 대한 나의 미안함을 조금은 덜 수 있겠다는 생각이 들었습니다.

또한 나는 내가 그동안에 신앙의 다양한 쟁점들을 다루는 공적인 논쟁에 참여해온 것도 나로 하여금 이 강론처럼 좀 더 일반적인 주제를 다루는 글들도 반드시는 아니지만 부수적으로 쓰라고 하는 것이 아닌가 생각하게 되었습니다.

이런 이유들로 인해서 이 짧은 강론이 대중들 앞에 선보이게 되었고, 지금 당신 앞에 있게 된 것입니다. 내게는 하나님을 향한 내 마음의 소원과 하나님의 선한 섭리 가운데서 내게 주어진 나의 이 삶의 가장 중요한 목적이 있습니다. 그것은 내 마음에서, 그리고 다른 사람들의 마음과 행실에서 죄가 죽어지고 전인적으로 거룩하게 되는 일에서 진전이 이루어져서 하나님께 영광을 돌리고, 우리의 주님이시고 구주 되시는 예수 그리스도의 복음이 모든 일에서 광채를 더하게 되는 것임을 나는 진심으로 고백하고, 정말 그렇게 되기를 소망합니다. 이 강론을 출판하는 데 따른 모든 책임은 내게 있지만, 이 목적을 이루기 위해 이 작은 강론이 성도들에게 조금이라도 유익이 된다면, 그것은 무가치한 저자인 제가 드린 보잘것없는 기도에 대한 응답일 것입니다.

존 오웬

제1장

죄 죽이기의 근거 본문: 로마서 8장 13절

이 강론 전체의 토대는 로마서 8:13이다 - 사도의 이 말씀의 배경 - 참된 죄 죽이기와 구원의 확실한 상관관계 - 죄 죽이기는 신자들의 사역이다 - 죄 죽이기의 주된 실제적 원인은 성령이다 - 사도의 이 말씀 속에서 "몸"은 무엇을 의미하는가? - "몸의 행실"은 무엇을 의미하는가? - 죄 죽이기의 의무를 행하였을 때에 약속된 "생명"은 어떤 생명인가?

내가 이 강론을 통해 하고자 하는 것은 신자들이 죄 죽이기의 사역을 수행하는 데 도움이 될 지침을 순서대로 명확하게 설명하는 것이다. 그렇게 하기 위해서 나는 사도가 "너희가 육신대로 살면 반드시 죽을 것이로되 영으로써 몸의 행실을 죽이면 살리니"라고 말한 로마서 8:13의 본문을 토대로 삼아서, 그 본문 속에 담겨 있는 위대한 복음의 진리와 신비를 드러내고자 한다.

사도는 로마서 8:1-3에서 믿음으로 말미암아 의롭게 된다는 이신칭의의 가르침과 은혜로 말미암아 이신칭의에 참여하게 된 사람들의 복된 지위와 상태에 대해 다시 한 번 요약해서 제시한다. 그리고 그런 후에는 계속해서 그러한 가르침을 토대로 해서 신자들의 거룩함과 위로를 다루어 나간다.

사도는 로마서 8:13에서 거룩함과 죄라는 두 가지 서로 상반되는 것들과 그 결과들을 제시하는 방식으로 신자들에게 거룩함으로 나아가야 한다는 것과 그렇게 해야 할 이유들을 설명한다: "너희가 육신대로 살면 반드시 죽을 것이로되." 여기에서 "육신대로 산다"는 것이 무엇이고 "죽는다"는 것이 무엇인지에 대해 설명하는 것은 이 강론의 목적도 아니고 이 강론을 통해서 할 일도 아니다. 따라서 앞에서 이미 밝혔듯이, 나는 이 어구들이 이 본문의 후반절의 의미를 설명하는 데 연관되는 경우 외에는 이 어구들을 따로 다루지는 않을 것이다.

특별히 이 강론의 토대가 된 저 구체적인 본문인 로마서 8:13에서 말하고 있는 것들은 다음과 같은 것들이다: (1) 신자에게 주어진 의무: "몸의 행실을 죽이라"("몸의 행실을 죽이면"); (2) 이 의무가 주어진 사람들: "너희"("너희가 몸의 행실을 죽이면"); (3) 이 의무와 결합되어 있는 약속: "너희가 살리라"("살리니"); (4) 이 의무의 수행을 위한 원인 또는 수단: "성령"("영으로써 몸의 행실을 죽이면"); (5) 의무와 수단과 약속이 포함되어 있는 문장 전체의 조건성: "너희가 ~한다면"("너희가 영으로써 몸의 행실을 죽이면").

1. 조건문의 의미

문장 전체를 구성하고 있는 이 말씀에서 가장 먼저 등장하는 것은 조건문임을 나타내는 '에이 데'("하지만 ~한다면")이다. 이런 문장들에서 조건문들은 두 가지 의미를 지닐 수 있다.

(1) 특정한 의무가 주어진 사람들과 관련해서 그들에게 약속된 것이 일어날지가 불확실하다는 것. 이것은 그들에게 약속된 것이 일어나기 위해서는 그들이 그 특정한 조건을 충족시키는 것이 절대적으로 필요한 경우이다. 왜냐하면 그런 경우에는 특정한 의무가 주어진 사람들에게 이미 갖춰져 있는 원인만으로는 그들에게 약속된 것이 일어날 수 없기 때문이다. "우리가 살아 있다면, 우리는 그 일을 할 것이다"라고 말하는 것이 그런 경우이다. 이것은 이 본문에 나오는 조건문의 의도일 수 없다. 왜냐하

면 이미 로마서 8:1에서는 이 말씀이 주어진 사람들에 대해서 "결코 정죄함이 없나니"라고 말하고 있기 때문이다.

(2) 조건절에서 말한 것과 귀결절에서 말한 것 간에는 상관관계가 존재한다는 것이 확실하다는 것. 우리가 어느 병자에게 "당신이 이 약을 먹거나 이 치료법을 쓴다면, 당신의 병은 나을 것이다"라고 말하는 것이 그런 경우이다. 우리가 이 말을 통해서 표현하고자 하는 유일한 것은 이 약 또는 치료법과 병이 낫는 것이 서로 상관관계가 있는 것이 확실하다는 것이다. 그리고 이것이 여기에 나오는 조건문의 용법이다. 따라서 이 본문에 나오는 조건을 나타내는 불변화사에는 "몸의 행실을 죽이는 것"과 "사는 것" 간에 확실한 상관관계가 존재한다는 것이 암시되어 있다.

어떤 것들 간의 상관관계는 다양해서, 원인과 결과의 관계일 수도 있고, 수단과 목적의 관계일 수도 있다. 그런데 여기에서 죄를 죽이는 것과 사는 것 간의 상관관계는 엄밀하고 고유한 의미에서의 원인과 결과의 관계가 아니라, 수단과 목적의 관계이다. 왜냐하면 "영생"은 하나님이 예수 그리스도로 말미암아 우리에게 거저 주시는 선물("은사")이기 때문이다(롬 6:23).

하나님은 값없이 주기로 작정하시고 그렇게 약속하셨기 때문에, 그 목적을 이루기 위해 이 수단을 정하셨다. 수단은 반드시 있어야 하는 것이긴 하지만, 하나님이 거저 주시겠다고 약속한 그 목적과 동일한 선상에 있는 것이 아니라 목적에 종속되어 있다. 거저 주시는 선물인데, 그 선물을 받는 사람에게 있는 어떤 것을 원인으로 해서 그 선물이 주어진다면, 그것은 모순일 것이기 때문이다.

따라서 사도가 이 문장을 조건문으로 말한 의도는 진정으로 죄를 죽이는 것과 영생 간에는 의심할 여지 없이 확실한 상관관계가 존재한다는 것을 보여주기 위한 것이다: "너희가 이 수단을 사용한다면, 너희는 반드시 그 목적을 이루게 될 것이다. 너희가 죄를 죽이면, 너희는 살게 될 것이다." 거기에는 이 의무가 주어진 사람들이 이 의무를 이행하게 하고자 하는 주된 동기가 들어 있다.

2. 이 의무가 주어진 대상: 신자들

우리가 이 말씀 속에서 다음으로 살펴보아야 할 것은 이 의무가 누구에게
주어져 있느냐 하는 것이다. 그것은 "너희"라는 단어 속에 표현되어 있다.
헬라어 본문에서는 "너희"라는 단어는 사용되지 않고, '타나투테'("너희가
죽이면")라는 동사의 인칭어미 속에 표현되어 있다. 여기에서 "너희"는 신
자들을 가리킨다. "너희"는 "결코 정죄함이 없는" 자로 선언된 자들이고(1
절), "육신에 있지 아니하고 영에 있는" 자들이며(9절), 그리스도의 영으로
말미암아 살리심을 받은 자들이다(10-11절).

그런 "너희"에게 이 의무가 주어진다. 이 의무를 누구에게나 막무가내
로 부과해서 강요하는 것은 이 세상에 가득한 저 잘못된 신앙과 자기의의
두드러진 열매이고, 종교에는 열심이 있지만 복음에는 무지한 사람들이
중시하고 행하고자 하는 것이다(롬 10:3-4; 요 15:5).

따라서 이 강론의 주된 토대는 이 의무에 대한 설명과 이 의무가 주어
지는 사람들에 대한 설명인데, 그것은 다음과 같은 명제 또는 문장으로
표현된다: "참된 신자들은 그들을 정죄하는 죄의 권세로부터 확실하게 해
방된 자들이긴 하지만, 그들 안에 내재하는 죄의 권세를 죽이는 것을 자
신이 평생 해야 할 일로 삼아야 한다."

3. 원인이자 수단: 성령

이 의무의 수행을 가능하게 해주는 일차적이고 실제적인 원인은 성령이
다: '에이 데 프뉴마티'("만일 성령으로써"; 한글개역개정에는 "영으로써"). 여기
에서 "성령"은 11절에 언급된 그리스도의 영이고, 우리 안에 거하시고(9
절) 우리를 살리시는(11절) "하나님의 영"이며, 14절에 언급된 "성령"(한글

죄 죽이기

개역개정에는 "하나님의 영")이고, 15절의 "양자의 영"이며, "우리를 위하여 친히 간구하시는" "성령"(26절)이다.

성령으로 말미암지 않고 죄를 죽이려고 하는 모든 방법은 헛되고, 성령 이외의 다른 모든 도움들은 우리에게 절망만을 남길 뿐이다. 죄를 죽이는 것은 성령으로 말미암아 이루어져야 한다. 사도가 로마서 9:30-32에서 암시하고 있듯이, 사람들은 성령 이외의 다른 원리들이나 수단들이나 방법들을 사용해서 죄를 죽이려고 언제나 시도해 왔고, 지금도 그런 시도는 계속되고 있다. 하지만 사도는 이렇게 말한다: "이것은 성령의 일이다. 이 일은 오직 성령으로 말미암아서만 이루어질 수 있고, 그 밖의 다른 어떤 능력을 통해서도 이루어질 수 없다."

사람이 자신의 힘으로, 그리고 자기가 고안해낸 방법들을 동원해서 죄를 죽이려고 하면, 그런 시도는 자기의(自己義)로 귀결되는데, 이것이 이 세상에 존재하는 모든 거짓 종교의 본질이고 실체이다. 그리고 이것은 나의 이 강의의 두 번째 원리이다.

4. 신자들에게 주어진 의무: 몸의 행실을 죽이는 것

우리가 다음으로 살펴보아야 할 것은 "몸의 행실을 죽이라"는 의무 자체이다. 여기에서는 세 가지를 살펴볼 필요가 있다: (1) "몸"은 무엇을 의미하는가? (2) "몸의 행실"은 무엇을 의미하는가? (3) 몸의 행실을 "죽인다"는 것은 무엇을 의미하는가?

(1) "몸"의 의미

이 본문의 후반부에 나오는 "몸"은 전반부에 나온 "육신"과 동일한 의미로 사용되고 있다: "너희가 육신대로 살면 반드시 죽을 것이다. 하지만 너희가……몸의 행실을 죽이면," 즉 육신의 행실을 죽이면 "살리라." 앞에서 사도는 계속해서 "육신"이라는 단어를 사용해서 자신의 강론을 해왔었다.

그런 사실은 이 본문의 전후에서 성령과 육신을 대비시키고 있는 것에서 분명하게 드러난다.

그러므로 여기에서 "몸"은 우리의 부패하고 타락한 본성을 나타내는 말이다. 실제로 몸은 그 본성의 본거지이자 도구이고, 그런 상태에서 몸의 여러 지체들은 불의의 종이 되고 있다(롬 6:19). 따라서 사도가 "몸"이라는 단어를 통해 표현하고자 한 것은 내재하는 죄나 부패한 육신이나 죄악된 욕망들이다. 사도가 여기에서 이러한 환유법적인 표현을 사용한 데는 많은 이유가 있겠지만, 지금은 그 이유들을 살펴보지 않을 것이다.

또한 여기에서 "몸"은 로마서 6:6에 언급된 '팔라이오스 안트로포스'("옛 사람")나 '소마 테스 하마르티아스'("죄의 몸")와 동일한 의미로 사용된다. 또는 여기에서 "몸"은 전체적으로 부패한 존재로서의 인간, 그리고 죄악된 욕망들과 뒤틀린 정서들의 본거지를 나타내는 제유법적인 표현일 수도 있다.

(2) "몸의 행실"의 의미

여기에서 "행실들"로 번역된 헬라어는 '프락세이스'이다. 이 단어는 주로 외적인 행위들을 가리킨다. 갈라디아서 5:19에서는 이것들을 '타 에르가 테스 사르코스'("육체의 일들")라고 부른 후에, 이 육체의 일들은 "분명하다"고 말하고 나서 어떤 것들이 있는지를 열거한다.

이 본문에서 사용된 표현은 오직 외적인 행위들만을 가리키고 있는 것이긴 하지만, 실제로는 이 외적인 행위들의 내적인 원인들과 그 근접 원인들을 주로 나타낸다. 왜냐하면 "도끼가 나무 뿌리에 놓였으니"(마 3:10)라는 말씀처럼, 육신의 행위들을 죽이려면, 그 행위들의 원인이나 근원인 것을 죽이지 않으면 안 되기 때문이다. 사도는 그 원인과 근원이 되는 것을 "행실"이라고 부른다. 모든 죄악된 욕망은 행실을 지향하고, 마음속에서만 잉태되고 행위로 표출되지 않았다고 할지라도, 온전한 죄를 실현하는 것을 목표로 하기 때문이다.

사도는 로마서 7장 전체와 8장의 첫 부분에서 모든 죄악된 행위들의 근원이자 원리인 내재하는 죄악된 욕망과 죄를 다룬 후에, 여기에서는 그 욕망과 죄가 만들어내는 결과들이라는 관점에서 그것의 파괴성을 다룬다. "몸의 행실들"('프락세이스 투 소마토스')과 로마서 8:6의 "육신의 생각"('프로네마 테스 사르코스,' "육신의 지혜"로도 번역된다 – 역주)은 서로 동일한 성격을 지닌 환유법적 표현들로서 동일한 의미이다.

또한 갈라디아서 5:24에서 육신의 행실들과 열매들이 생겨나는 근원을 표현하기 위해 사용한 육신의 "정들과 욕망들"('파테마타'와 '에피튀미아이,' 한글개역개정에는 "정욕과 탐심")이라는 어구도 동일한 의미이다. 그런 의미에서 로마서 8:10에서 "몸은 죄로 말미암아 죽은 것"이라고 할 때에 사용된 "몸"도 동일한 의미이다.

(3) "죽인다"는 것의 의미

'에이 타나투테'("너희가 죽이면")는 살아 있는 것을 죽게 하는 것을 가리키는 단어로부터 가져온 은유적인 표현이다. 사람이나 다른 어떤 살아 있는 것을 죽이는 것은 그의 모든 힘과 활기와 능력의 원리를 제거함으로써 행동하거나 작용할 수 없게 하거나 그의 고유한 활동들을 할 수 없게 하는 것이다. 여기에서도 이 단어는 그런 의미로 사용된다.

내재하는 죄는 자신의 기능들과 속성들과 지혜와 기술과 약삭빠름과 힘을 지닌 사람, 즉 살아 있는 사람에 비유되어, "옛 사람"이라 불린다. 사도는 바로 이 사람을 처단하고 사형시키며 죽이라고 말한다. 즉, 죄의 결과들을 생산해내는 죄의 권세, 생명, 활력, 힘을 성령을 통해 제거해야 한다는 것이다.

사실 죄는 그리스도의 십자가로 말미암아 철저하게 죽임을 당했고, 그것은 그리스도께서 우리를 위해 이루신 공로이자 보여주신 모범이다. 그래서 성경은 "옛 사람이 예수와 함께 십자가에 못 박혔고"(롬 6:6), 우리 자신도 예수와 함께 "죽었다"(롬 6:8)고 말한다. 죄와 반대되고 죄를 파괴하는 원리(갈 5:17)가 우리 심령 속에 심어져서 우리가 거듭날 때에 우리는 실제로 처음으로 예수와 함께 죽게 된다(롬 6:3-5). 하지만 이 일 전체는 우리의 평생에 걸쳐서 점진적으로 수행되어서 온전함을 향해 나아가게 된다.

이 강론을 통해서 이 과정이 더 자세하게 드러나게 될 것이지만, 사도가 이 의무를 언급하며 행하라고 명령한 의도는 이런 것이다. 즉, 우리의 죽을 몸에 남아 있는 내재하는 죄를 죽여서, 그 죄가 생명과 권능을 가지고서 육신의 일들이나 행실들을 생산해낼 수 없게 하는 것은 신자들이 끊임없이 힘써야 할 의무라는 것이다.

5. 이 의무를 수행했을 때에 주어진 약속: 살리라

이 의무에 주어진 약속은 생명이다: "너희가 살리라"(한글개역개정에는 "살리니"). 이 의무를 수행했을 때에 주어진 약속인 생명은 전반절에서 경고한 죽음과 반대된다: "너희가 육신대로 살면 반드시 죽을 것이다." 사도는 이것을 "자기의 육체를 위하여 심는 자는 육체로부터 썩어질 것을 거두리라"(갈 6:8)고 표현하기도 한다. 거기에서 "육체로부터 썩어질 것을 거두리라"는 것은 하나님으로부터 멸망을 거두게 될 것이라는 뜻이다.

여기에 약속된 생명은 영생만이 아니라, 현세에서 우리가 지니고 있는 그리스도 안에 있는 영적인 생명도 가리키는 것으로 보인다. 즉, 신자들이 이미 향유하고 있는 생명의 본질과 존재만이 아니라, 그 생명이 주는 기쁨과 위로와 생명력도 가리킨다는 것이다.

그래서 사도는 다른 곳에서 "너희가 주 안에 굳게 선즉 우리가 이제는 살리라"(살전 3:8)고 말한다. 이것은 "이제 내게 주어진 생명이 나를 복되게 하여, 내가 나의 생명과 더불어서 기쁨과 위로를 누리게 될 것"이라는 의미이기도 하고, "너희가 살아서, 현세에서는 선하고 생명력 있으며 평안하고 영적인 삶을 살아가게 될 것이고, 내세에서는 영생을 얻게 될 것"

죄 죽이기

이라는 의미이기도 하다.

　나는 앞에서 죄를 죽이는 것과 영생을 수단과 목적의 관계라고 이미 말했기 때문에, 이제 여기에서는 우리로 하여금 이 의무를 수행하게 하기 위해 주어진 두 번째 동기는, 우리의 영적인 삶의 생명력과 능력과 위로는 육신의 행실들을 죽이는 것에 달려 있기 때문이라는 말만을 덧붙이고자 한다.

제2장
죄를 죽이기 위한 첫 번째 일반 원리:
죄를 죽이는 일은 신자의 평생에 걸친 의무이다

죄 죽이기가 반드시 필요하다는 것에 대한 주된 단언과 확증 – 죄 죽이기는 참
된 신자들의 의무이다(골 3:5; 고전 9:27) – 내재하는 죄는 항상 존재하고, 현세
에서는 온전함이 없다(빌 3:12; 고전 13:12; 벧후 3:18; 갈 5:17 등) – 신자들 안에
내재하는 죄의 활동(롬 7:23; 약 4:5; 히 12:1) – 죄의 많은 열매와 경향성 – 각각
의 죄악된 욕망은 자신을 극대화시키려고 한다 – 신자들에게 주어진 성령과 새
로운 본성은 내재하는 죄와 맞서 싸운다(갈 5:17; 벧후 1:4-5; 롬 7:23) – 죄 죽이
기를 소홀히 했을 때의 두려운 결과(계 3:2; 히 3:13) – 이렇게 해서 확증되는 이
강론 전체의 첫 번째 일반적인 원리 – 이 의무에 대한 인식이 없는 것을 탄식함.

우리가 앞에서 이 강론의 토대를 놓았기 때문에, 이제 앞에서 행한 추론
의 주요한 결론들을 간단하게 다시 한 번 확인하면, 내가 이 강론을 통해
행하려고 하는 주된 것이 무엇인지가 드러나게 될 것이다.

  참된 신자들은 그들을 정죄하는 죄의 권세로부터 분명히 해방되기는
했지만, 그들 안에 내재하는 죄의 권세를 죽이는 것을 그들의 평생의 과
업으로 삼아야 한다.

  그래서 사도는 "땅에 있는 지체를 죽이라"(골 3:5)고 말한다. 여기에서
사도는 누구를 향해 말하고 있는 것인가? 그들은 "그리스도와 함께 다시
살리심을 받은" 사람들이고(1절), 그리스도와 함께 "죽은" 사람들이며(3
절), 그리스도가 그들의 "생명"인 사람들이고, "그리스도와 함께 영광 중
에 나타나게" 될 사람들이다(4절).

  사도는 그들을 향해 이렇게 말한다: "너희는 죄를 죽이라. 죄를 죽이는

것을 너희의 일상적인 일로 삼으라. 너희가 살아 있는 동안에는 그 일을 늘 하라. 이 일을 하루라도 그치지 말라. 죄를 죽이라. 그렇지 않으면 죄가 너희를 죽이게 될 것이다. 너희가 그리스도와 함께 실질적으로 죽었고 그리스도와 함께 살리심을 받았다고 해서, 그것을 핑계 삼아서 너희가 이 일을 하지 않아서는 안 된다."

우리 구주께서는 자기 안에 있어서 열매를 맺는 모든 가지, 즉 모든 참되고 살아 있는 가지를 아버지 하나님이 어떻게 다루시는지를 우리에게 말씀해 주신다: "무릇 열매를 맺는 가지는 더 열매를 맺게 하려 하여 그것을 깨끗하게 하시느니라"(요 15:2). 하나님은 그런 가지에 대해서 가지치기를 하시는데, 하루나 이틀만 하고 그치시는 것이 아니라, 그 가지가 이 세상에 존재하는 동안에는 계속해서 가지치기를 하신다.

사도는 자기가 늘 하는 일이 무엇인지를 우리에게 말해줄 때에 "내가 내 몸을 쳐 복종하게" 한다고 말한다(고전 9:27). 즉, 그는 이렇게 말한 것이다: "나는 그것을 날마다 행한다. 그것은 내 평생의 일이다. 나는 그 일을 거르지 않는다. 이것은 나의 과업이다."

바울은 은혜와 계시들과 향유한 것들과 특권들과 위로들에서 평범한 수준의 신자들과는 비교할 수 없을 정도로 월등한 인물이었지만, 이것이 그의 일이자 과업이었다. 그렇다면 우리가 이 세상에서 살아가는 동안에 이 일과 의무를 수행하지 않아도 된다는 근거를 어디에서 찾을 수 있겠는가? 우리가 이 일을 우리의 평생의 과업으로 삼고 행해 나가야 할 이유들을 간단하게 살펴보자.

1. 이 세상에서 살아가는 동안에는 신자 안에는 언제나 죄가 존재한다

우리 안에 내재하는 죄는 우리가 이 세상에서 살아가는 동안에는 언제나 우리 안에 존재하기 때문에, 우리는 언제나 죄를 죽이는 일을 해야 한다.

어떤 사람들은 우리가 이 세상에서 살아가면서 하나님의 명령들을 온전히 지킬 수 있고 온전함에 이를 수 있고 죄에 대하여 완벽하게 온전히 죽을 수 있다고 주장하면서 헛되고 어리석으며 무지한 논쟁들을 벌인다. 하지만 나는 지금 여기에서 그런 논쟁들에 뛰어들 생각이 없다.

그런 가증스러운 말들을 늘어놓는 자들은 하나님의 계명들 중 어느 한 계명이라도 지킨다는 것이 무엇인지를 전혀 모르는 자들이다. 따라서 그들은 하나님의 계명들 중 일부나 전부에 대한 진실하고 온전한 순종에 도달하기는커녕, 온전함과는 한참이나 거리가 먼 자들일 것임에 틀림없다.

따라서 오늘날 많은 사람들이 온전함에 대해 말하는 것은 선과 악의 차이를 전혀 알지 못하기 때문이다. 그래서 그들은 자신들이 더 지혜롭다고 여기고서는 사람이 온전하게 될 수 있다고 단언한다. 그들은 우리가 선이라고 부르는 것들에서 온전한 것이 아니다. 그들에게는 선과 악이 동일하게 보이고, 그들이 말하는 온전함은 거대한 악일 뿐이다.

그들은 한편으로는 인간 안에 원래부터 내재하는 죄를 부정하고, 다른 한편으로는 하나님의 신령한 법이 요구하는 수준을 인간의 육신적인 생각에 맞춰서 낮춤으로써 온전함에 이르는 새로운 길을 찾아낸 사람들이다. 이것은 그들이 신자들 안에 존재하는 그리스도의 생명과 그 능력에 대해 무지하다는 것을 스스로 백일하에 드러낸 것이다. 이렇게 해서 그들은 자신의 육신적인 생각을 헛되이 과장해서 복음이 알지 못하는 새로운 의를 고안해 내었다.

반면에 우리는 우리 자신을 지혜롭다고 여기지 않기 때문에 성경에 기록된 것을 감히 넘어서려고 하지도 않고, 다른 사람들이 하는 것처럼 우리의 삶 속에서 하나님이 우리를 위해 행하지 않으신 것들을 자랑하지도 않는다. 그래서 우리는 우리가 이 세상에서 살아가는 동안에는 내재하는 죄가 우리 안에 어느 정도 살아 있다고 말한다.

우리는 마치 우리가 "이미 얻었다"거나 "온전히 이루었다"는 듯이 말하지 않는다(빌 3:12). 우리가 이 세상에서 살아가는 동안에 "우리의 속사람은 날로 새로워져야" 하고(고후 4:16), 그렇게 우리의 속사람이 새로워짐에 따라 우리의 겉사람은 금이 가고 낡아지게 된다.

우리가 이 세상에서 살아가는 동안에는 우리는 "부분적으로 알" 뿐이기 때문에(고전 13:12) 우리 안에는 여전히 어둠이 남아 있다. 따라서 우리는 "우리 주 곧 구주 예수 그리스도를 아는 지식에서 자라감"으로써 그 어둠을 점진적으로 제거해야 한다(벧후 3:18). 또한 "육체의 소욕은 성령을 거스르기" 때문에, 우리는 우리가 "원하는 것"을 할 수 없다(갈 5:17). 그래서 우리가 비치는 빛이나 우리의 순종에서 결함이 있게 된다(요일 1:8). 그리고 우리는 "사망의 몸"을 지니고 있고(롬 7:24), 우리의 몸이 죽지 않고서는 거기에서 벗어날 수 없다(빌 3:21).

따라서 죄가 우리 안에 있는 동안에는 죄를 죽이는 것이 우리의 의무이기 때문에, 우리는 그 일을 늘 해나가야 한다. 원수를 죽이라는 명령을 받은 자가 그 원수가 아직 죽지 않고 버젓이 살아 있는데도 공격을 멈춘다면, 그것은 본분을 다한 것이 아니다(갈 6:9; 히 12:1; 고후 7:1).

2. 신자 안에 내재하는 죄는 육신의 행실들을 끊임없이 생산해낸다

죄는 우리 안에 계속해서 거할 뿐만 아니라 계속해서 활동하면서 계속해서 육신의 행실들을 생산해내려고 애쓰고 있다. 만일 죄가 우리를 내버려둔다면, 우리도 죄를 내버려둘 수 있다. 하지만 죄는 아주 조용하게 가만히 있는 것처럼 보일 때조차도 사실은 결코 조용히 있는 것이 아니다. 죄의 물결이 고요하다면, 그것은 일반적으로 깊이 도도히 흐르고 있는 것이다. 따라서 아무리 찬찬히 살펴보아도 죄가 활동하지 않는 것처럼 보일 때조차도, 우리는 언제 어디서나 모든 상황에서 죄를 대적할 대책들을 강구하는 일에 혼신의 힘을 기울이지 않으면 안 된다.

죄는 단지 우리 안에 거하기만 하는 것이 아니다. "지체의 법은 항상 마음의 법과 싸우고"(롬 7:23), "우리 안에 거하시는 성령은 시기하기까지 사모한다"(약 4:5). 죄는 항상 계속해서 일한다. "육체의 소욕은 성령을 거스르고"(갈 5:17), 죄악된 욕망은 계속해서 우리를 시험하고 우리 안에서 죄를 잉태한다(약 1:14).

모든 도덕적인 행위에서 죄는 우리로 하여금 언제나 악에 끌리게 하거나, 선한 일을 하지 못하게 방해하거나, 우리 영혼이 하나님과 교제하는 것을 훼방한다.

죄는 악에 끌리게 한다. 사도는 "내가 원하지 아니하는 바 악을 행하는 도다"(롬 7:19)라고 말한다. 그 이유는 무엇인가? "내 속 곧 내 육신에 선한 것이 거하지" 않기 때문이다(18절). 죄는 선을 행하는 것을 방해한다. "내가 원하는 바 선은 행하지 아니하고"(19절). 이것은 이런 의미이다: "바로 그 죄로 인해 나는 선을 아예 행하지 못하거나, 제대로 행하지 못한다. 내가 행하는 모든 거룩한 일들은 그 죄에 의해 오염되어 있기 때문이다." "육체의 소욕은 성령을 거스르고……이 둘이 서로 대적함으로 너희가 원하는 것을 하지 못하게 하려 함이니라"(갈 5:17). 죄는 우리의 영혼을 훼방한다. 그래서 "얽매이기 쉬운 죄"(히 12:1)라 불린다. 이것이 로마서 7장에서 사도가 죄에 대해 그토록 비통해하고 통탄해하는 이유이다.

이렇게 죄는 늘 활동하고, 늘 잉태하며, 늘 미혹하고 시험한다. 그러므로 자신과 하나님 간의 교제나 자신이 하는 일이, 내재하는 죄에 의해서 더럽혀지거나 변질됨이 없이 온전하고 순전하게 이루어져 왔다고 말할 수 있는 사람은 아무도 없다. 그리고 죄는 우리가 사는 날 동안에 우리 안에서 크든 작든 그런 일을 계속해 나갈 것이다.

따라서 죄가 이렇게 늘 활동하고 있는데도, 만일 우리가 늘 죄를 죽이는 일을 하지 않는다면, 우리는 장차 멸망에 처해지게 될 사람들이 될 수밖에 없다. 원수가 공격해오는데도 아무런 저항도 하지 않고 가만히 있는다면, 원수는 더욱 격렬하게 우리를 공격해올 것이고, 그러다가 결국 우리가 죄에 의해 완전히 정복당하게 될 것임은 의심의 여지가 없다.

죄는 우리의 영혼을 죽이기 위해서 온갖 교묘한 술수들을 동원해서 밤낮으로 깨어서 쉬지 않고 끊임없이 강력한 공격을 해오고 있는데, 우리가 그런 것에 신경을 쓰지 않고 아무런 대책도 세우지 않은 채로 나태하게 행함으로써 어리석게도 점점 더 파멸을 향해 나아가고 있다면, 어떻게 우리가 좋은 결과를 기대할 수 있겠는가?

죄가 우리를 격퇴하거나 우리가 죄를 격퇴하거나, 죄가 우리를 이기거나 우리가 죄를 이기거나 하지 않는 날은 단 하루도 없다. 우리가 이 세상에서 살아가는 동안에는 계속해서 그런 싸움이 벌어질 것이다.

만일 어떤 사람이 죄와 협상해서 이 싸움을 그치게 할 수 있다면, 나는 그 사람에게는 이 의무를 면제해 줄 용의가 있다. 만일 순종의 본질과 죄의 교활함에 대해 제대로 알고 있는 어떤 사람에게 죄가 오늘 하루는 휴전을 하자고 말하고 실제로 그렇게 한다면, 그 사람은 자신의 영혼에게 이 의무와 관련해서 "내 영혼아 쉬어라"고 말해도 될 것이다. 하지만 우리를 당혹스럽게 하는 죄의 도발로부터 벗어나고자 하는 영혼을 지닌 성도들은 죄로부터 안전할 수 있는 유일한 길은 끊임없이 싸우는 것임을 안다.

3. 신자 안에 내재하는 죄를 내버려두면 결국에는 영혼을 파멸로 이끈다

죄를 끊임없이 죽이지 않고 그냥 내버려두면, 죄는 단지 싸움을 일으키고 활동하며 도발하고 소동을 일으켜 괴롭게 하며 불안하게 하고 어지럽게 하는 데서 그치지 않고, 영혼을 파괴하는 저주 받을 만하고 추악하며 중대한 죄들을 생산해낸다.

사도는 죄가 하는 일들과 그 열매들을 우리에게 말해준다: "육체의 일은 분명하니 곧 음행과 더러운 것과 호색과 우상 숭배와 주술과 원수 맺는 것과 분쟁과 시기와 분냄과 당 짓는 것과 분열함과 이단과 투기와 술 취함과 방탕함과 또 그와 같은 것들이라"(갈 5:19-21).

여러분은 죄가 다윗을 비롯한 많은 사람들 안에서 어떤 일들을 했는지를 알고 있다. 죄는 언제나 최대치를 목표로 하기 때문에, 누군가를 시험하거나 유혹하려고 일어설 때마다 자신의 뜻을 끝까지 밀고나가서, 그 사람으로 하여금 특정한 종류의 죄에서 가장 극악무도한 형태의 죄를 향해 나아가게 만든다.

죄는 할 수만 있다면 모든 더러운 생각이나 시선을 간음으로 이끌고, 모든 탐욕을 다른 사람들에 대한 압제와 억압으로 이끌며, 모든 불신앙적인 생각을 그 최대치인 무신론으로 이끌려고 한다.

사람들은 죄가 그들의 마음속에서 더러운 말을 하여 그들로 하여금 입술로 더러운 말을 하는 더 큰 죄를 부추기는 것을 알지 못할 수도 있다. 하지만 모든 죄악된 욕망은 일단 일어나면 자신의 뜻을 끝까지 밀어붙여서 최고의 악행으로 나아가려고 한다. 죄악된 욕망은 무덤과 같아서 결코 만족할 줄을 모른다. 그리고 그 욕망 속에는 죄의 거대한 속임수가 있어서, 죄는 욕망을 통해서 사람들을 완고하게 만들고 결국 파멸로 이끈다(히 3:13).

일반적으로 죄의 최초의 움직임과 제안은 온건하다. 하지만 그런 움직임과 제안을 통해 어떤 사람의 마음에 발판을 마련한 후에는, 끊임없이 자신의 입지를 강화해 나가고, 그 특정한 종류의 죄의 강도를 높여 나가게 된다. 이렇게 죄가 처음에 활동해서 발판을 마련했을 때, 영혼은 자기가 이미 하나님으로부터 멀어지기 시작했다는 것을 거의 눈치 채지 못한다. 그래서 더 멀어지지만 않는다면 아무런 문제가 없을 것이라고 생각한다. 하지만 영혼은 죄에 대해서, 즉 복음이 요구하는 것에 대해서 무감각해진 정도만큼 완고해진다.

그런 상태에서 죄는 계속해서 밀어붙인다. 죄는 영혼이 하나님을 완전히 버리고 반대할 때까지는 멈추지 않기 때문이다. 죄는 영혼의 완고해짐을 통해서 자신의 입지를 강화해 나가면서, 자신의 원래의 모습을 드러내지 않고 속임수를 사용해서 자신의 최대치의 목표를 향해 점진적으

죄 죽이기

로 나아간다.

이렇게 되는 것을 막을 수 있는 것은 오직 죄를 죽이는 것뿐이다. 죄의 뿌리를 시들게 하고 죄의 머리를 치는 일을 끊임없이 계속해 나갈 때에만, 죄가 목표로 삼은 모든 것은 좌절된다. 이 세상에서는 아무리 훌륭한 성도라고 할지라도 이 의무를 제대로 수행하지 않는다면 다른 신자들과 마찬가지로 수많은 가증스러운 죄들에 빠질 수밖에 없다.

4. 신자에게 주어진 성령과 새로운 본성이 죄를 거스른다

성령과 새로운 본성이 우리에게 주어져서, 우리 안에 죄와 욕망을 거스르는 원리를 갖게 된 것도 우리가 죄를 죽여야 하는 또 하나의 주된 이유이다. 갈라디아서 5:17에서는 "육체의 소욕은 성령을 거스르고"라고 말한다. 좋다! 하지만 그런 후에 무엇이라고 말하는가? "성령은 육체를 거스르나니."

성령이 육체를 거스르는 이유는 무엇인가? 육체 안에는 성령을 거슬러 활동하고자 하는 성향이 존재하는 것과 마찬가지로, 성령 또는 새로운 신령한 본성 안에는 육체를 거슬러서 활동하고자 하는 성향이 존재한다.

그래서 베드로후서 1:4에서도 "이로써 그 보배롭고 지극히 큰 약속을 우리에게 주사 이 약속으로 말미암아 너희가 정욕 때문에 세상에서 썩어질 것을 피하여 신성한 성품에 참여하는 자가 되게 하려 하셨느니라"고 말한다. 즉, 우리가 욕망으로 인해 세상에서 썩어질 것들을 피하는 것은 신성한 성품에 참여하고 있기 때문이라는 것이다. 그리고 로마서 7:23에서는 "마음의 법"과 "지체들의 법" 간의 싸움에 대해 말한다.

첫째로, 이 싸움은 우리 안에 있는 두 전사가 자신의 대적을 결박해서 옴짝달싹할 수 없게 만들어놓고서, 자신이 원하는 대로 마음껏 그 대적에게 상처를 주기 위해서 서로 싸우는 것이라는 점에서 이 세상에서 가장 부당하고 비합리적인 것이다. 둘째로, 이 싸움은 우리가 영원히 살게 하기 위해 싸우는 쪽을 결박하고, 우리를 영원히 멸망시키기 위해 온 힘을 기울이는 쪽을 풀어주는 결과로 끝난다는 점에서 이 세상에서 가장 어리석은 것이다.

이 싸움은 우리의 생명과 영혼을 놓고 벌이는 싸움이다. 죄를 죽이기 위해 성령과 새로운 본성을 날마다 사용하지 않는 것은 하나님이 우리로 하여금 우리의 가장 큰 원수를 물리치게 하기 위해 우리에게 보내 주신 저 최고의 원군을 무시하는 것이다. 하나님이 우리에게 주신 것을 우리가 사용하지 않는다면, 하나님이 더 이상 우리에게 무엇인가를 주시지 않는 다고 해도, 우리는 할 말이 없을 것이다. 하나님이 우리에게 은혜들과 은사들을 주시는 것은 우리로 하여금 부지런히 사용해서 이익을 남기게 하기 위한 것이기 때문이다. 날마다 죄를 죽이지 않는 것은 우리로 하여금 그 일을 할 수 있는 능력을 주신 하나님의 선하심과 인자하심과 지혜와 은혜와 사랑을 거부하는 죄를 저지르는 것이다.

5. 신자 안에 내재하는 죄를 죽이는 일을 소홀히 하면 영혼이 끔찍한 상태로 전락하게 된다

죄를 죽이는 이 의무를 게을리하게 되면, 우리 영혼은 사도가 고린도후서 4장에서 "우리의 겉사람은 낡아지나 우리의 속사람은 날로 새로워지도다"(고후 4:16)라고 말한 것과 완벽하게 정반대의 상태로 전락하게 된다. 즉, 속사람은 낡아져서 죽어가고, 겉사람은 날마다 새로워진다. 죄는 다윗의 가문처럼 되고, 은혜는 사울의 가문처럼 된다.

끊임없이 사용하고 훈련하는 것과 그렇게 해서 성공을 거두는 것은 은혜를 마음에 머물게 하는 두 가지 주된 활동이다. 우리의 마음에 은혜를 가만히 내버려두면, 은혜는 시들어 죽고 만다. 그렇게 했을 때에 은혜에 속한 일들은 죽어가고(계 3:2), 죄는 마음을 완고하게 하기 위한 발판을 마련하게 된다(히 3:13).

죄 죽이기

여기에서 내가 말하고자 하는 것은 이런 것이다: 죄를 죽이는 의무를 행하지 않으면, 은혜는 시들고, 죄악된 욕망은 번성해서, 마음의 상태는 점점 악화된다. 그리고 하나님은 수많은 사람들에게서 그들의 마음의 상태가 그렇게 되었을 때에 거기로부터 얼마나 절망적이고 두려운 결과들이 초래되었는지를 아신다.

죄를 죽이는 것을 소홀히 해서, 죄가 상당한 승리를 거두면, 영혼의 뼈들은 부러지고(시 31:10; 51:8), 사람은 쇠약해져서 병들어 죽게 되기 때문에(시 38:3-5), 하나님을 앙망할 수 없게 된다(시 41:12; 사 33:24). 가련한 피조물들이 지속적으로 가격을 당하여 계속해서 상처를 입고 패배에 패배를 거듭해서 이제 더 이상 일어나서 힘 있게 저항할 수조차 없게 되었을 때, 그들의 마음이 죄의 속임수로 말미암아 완고해지고, 그들의 영혼이 피를 흘리고 죽게 되는 것 외에 그들에게서 무엇을 기대할 수 있겠는가?(요이 1:8)

우리가 날마다 주의 깊게 수행해야 할 의무를 소홀히 했을 때에 겪게 될 두려운 결과들을 생각하는 것은 서글픈 일이다. 겸손하고 인정 많으며 상한 마음을 지닌데다가 영적으로 민감하여 범죄하기를 두려워하고 하나님과 그의 길들과 안식일들과 규례들에 대하여 열심이 있는 그리스도인들이라고 할지라도 죄를 죽이는 의무를 꼼꼼히 이행하는 것을 소홀히 하게 되면, 세상적이고 육신적이며 냉랭하고 분노하며 세상 사람들 및 세상의 것들과 타협하고 기독교 신앙에 먹칠을 하며 그들을 알고 있는 사람들에게 끔찍한 시험거리가 되어 버린다. 그리고 우리는 실제로 그런 사람들을 보아 오지 않았는가?

하지만 대부분의 사람들이 복음의 자유와 은혜 안에서 살아가는 체하지만, 실제로는 그 마음이 대체로 세상적이고 율법적이며 비판적이고 편파적이어서, 분노와 시기와 악의와 교만이 가득한 완고하고 강퍅한 심령 상태 속에서 죄를 죽이는 일을 하고 있어서, 진정으로 복음적인 죄 죽이기가 우리 가운데서 거의 사라지다시피 한 것이 현실이다. 하지만 이것에 대해서는 나중에 다루고자 한다.

6. 거룩함을 온전히 이루는 것은 신자에게 주어진 의무이다

"하나님을 두려워하는 가운데서 거룩함을 온전히 이루고"(고후 7:1), 날마다 "은혜 안에서 자라가며"(벧전 2:2; 벧후 3:18), "날로 속사람을 새롭게 하는"(고후 4:16) 것은 우리가 반드시 수행해야 하는 의무이다. 그런데 날마다 죄를 죽이는 것이 없이 이 의무를 수행하는 것은 불가능하다.

죄는 자신의 온 힘을 다해서 우리가 행하려고 하는 모든 거룩한 행위를 저지하고, 우리가 거룩함 가운데서 조금도 자라갈 수 없게 가로막는다. 어떤 사람이 자신의 죄악된 욕망들을 이기고서 행한 것이 아닌데도, 마치 자기가 거룩함에서 진보를 만들어내고 있다고 생각하는 것은 착각이다. 거룩함의 길에서 죄를 죽이며 나아가지 않는 사람은 자신의 여정의 목적지인 거룩함을 향해 단 한 걸음도 내딛지 못한 것이다. 어떤 사람이 거룩함으로 나아가는데 죄의 저항을 발견하지 못하고, 한 걸음 내디딜 때마다 죄와 싸워서 이기고 나아가고 있는 것이 아니라면, 그는 죄에 대해 죽고 있는 것이 아니라 죄와 타협을 하고 있는 것이다.

따라서 이 강론의 첫 번째 일반적인 원리는 이것이다: 그리스도의 십자가의 공로로 말미암아 모든 죄는 남김없이 죽었다. 그리고 우리가 처음으로 회심할 때, 죄를 깨닫고, 죄로 인해 우리의 마음이 낮아지며, 죄와 반대되고 죄를 파괴하는 새로운 원리가 우리 마음에 심겨지게 됨으로써, 모든 죄를 죽이기 위한 진정한 토대가 놓여진다. 하지만 그럼에도 불구하고 우리가 이 세상에서 살아가는 동안에는 아무리 훌륭한 신자들이라고 할지라도 우리 안에는 여전히 죄가 남아 있어서 활동하고 역사한다. 따라서 평생 날마다 끊임없이 죄를 죽이는 것은 모든 신자들에게 부과되어 있는 의무이다.

나는 두 번째 원리에 대한 고찰로 나아가기 전에, 오늘날의 많은 교인들

*에 대해 탄식하는 말을 잠깐 하지 않을 수 없다. 왜냐하면 그들은 죄 죽이기와 관련해서 크고 분명한 열매들을 맺는 것이 당연한데도, 그들에게서는 그런 조짐을 보여주는 잎사귀 하나조차도 찾아보기 힘들기 때문이다.

사실 이 세대의 사람들에게는 복음의 빛이 널리 비치고 있고, 아울러 많은 영적인 은사들도 주어져서, 그런 이유들 및 그 밖의 다른 요인들로 인해 교인들과 목회자들의 범위가 놀라울 정도로 확장되고, 그들의 수가 엄청나게 많아지고 증가했다. 그래서 어디를 가든지 신앙과 신앙의 의무들에 대한 이야기로 시끄럽고, 설교도 차고 넘친다. 게다가 그 설교들은 이전처럼 공허하고 가벼우며 보잘것없고 헛된 것들이 아니라, 상당한 정도의 영적 은사를 통해 나오는 것들이다. 따라서 빛과 은사와 신앙고백으로 신자들의 수를 계산한다면, 교회는 "누가 이 모든 사람들을 내게 낳아주었는가"라고 충분히 말할 만하다.

하지만 오직 그리스도인들에게만 주어지는 이 놀라운 은혜, 즉 죄를 죽이는 것과 관련해서 주어지는 은혜를 따라 신자들의 수를 계산해 본다면, 여러분은 신자들의 수가 그렇게 많지 않다는 것을 발견하게 될 것이다. 이 시대에 널리 비치게 된 복음의 빛 덕분에 회심하게 된 (형식적) 교인들은 거의 다 이전 시대들에서는 극소수만이 보여주었던 그런 열렬한 신앙을 고백하지만(나는 그들이 자신들 안에서 하나님이 행하신 일들을 자랑하는 것에 대해서는 판단하지 않을 것이다), 과연 그들 중에서 자신은 끔찍할 정도로 죄가 죽지 않은 마음을 지니고 있다는 증거를 보여주지 않는 사람이 있는가?

헛되이 시간을 보내고, 게으르고 나태하며, 자신의 자리에서 무익하고,

---

* 오웬은 "형식적 교인"(professors)과 "신자"(believer)라는 표현을 서로 구별해서 사용한다. "형식적 교인"은 자신이 신앙고백을 통해서 그리스도를 믿는 신자가 되었다고 생각하고서 그리스도인으로 자처하는 사람들로서 좀 더 포괄적인 의미로 사용되는 반면에, "신자"는 진정으로 복음을 믿고 거듭난 사람들을 가리키는 좀 더 좁은 의미로 사용된다. 따라서 "교인"은 어느 정도 부정적인 뉘앙스를 지니고, "신자"는 긍정적인 뉘앙스를 지닌다. — 역자

시기하고 다투며, 불화하고 경쟁하며, 분노하고 교만하며, 세상적이고 이기적인 것이 그리스도인임을 보여주는 표지들이라면, 우리 가운데서 그런 표지들은 차고 넘친다. 많은 빛을 받았고 구원을 얻었다고 하는 우리 신자들이 그런 모습이라면, 신앙이 있다고 하면서도 실제로는 복음의 빛과 우리 신자들에게 주어진 의무를 멸시하는 자들에 대해서 우리가 무엇이라고 말할 수 있겠는가? 왜냐하면 그들은 죄를 죽이는 것이 신자들의 의무라는 것은 아예 알지 못하고, 그 의무 중에서 아주 지엽적인 것들 중의 하나, 즉 표면적으로 어떤 향락들을 가끔씩 하지 않는 것으로 신자로서의 의무를 다했다고 여기는 자들이지만, 우리는 그런 아주 지엽적인 것조차도 행하려고 하지 않기 때문이다. 선하신 주님이 죄를 죽이는 영을 우리에게 보내주신 것은 우리의 영적인 질병들을 치료하기 위한 것이다. 따라서 우리가 그렇게 하지 않으면, 우리는 비참한 상태에 있는 것이다!

죄를 죽이지 않는 모든 교인들에게 반드시 수반되는 두 가지 해악이 존재한다. 하나는 그들 자신에게서 발견되는 것이고, 다른 하나는 다른 사람들과 관련된 것이다.

(1) 자신과 관련된 해악

그런 사람은 죄를 죄로 여기지 않거나, 적어도 인간이 연약해서 일상적으로 범하는 죄들에 대해서는 죄로 여기지 않기 때문에, 자기가 원하는 대로 살아가고, 자신의 그런 삶이 아무런 문제가 없다고 생각한다. 이렇게 죄를 죽이지 않고 살아가는 삶의 뿌리는 죄를 밥 먹듯이 저지르며 살아가는데도 마음에 괴로움이 없는 것이다. 어떤 사람이 일상적인 죄들을 밥 먹듯이 저지르면서도 자신은 하나님의 은혜와 긍휼 아래에서 살아가기 때문에 괴로워할 필요가 없다고 생각한다면, 그는 하나님의 은혜를 방탕으로 바꾸어 가고 있는 것이고, 죄의 속임수에 넘어가서 마음이 완고해져가고 있는 것이다.

이런 식의 행태를 보이며 살아가는 것보다 거짓되고 부패한 마음을 보여주는 더 큰 증거는 이 세상에 없다. 우리를 깨끗하게 하기 위해 주어진 그리스도의 피(요일 1:7; 딛 2:14), 우리를 회개하게 하기 위해 그리스도께서 높아지신 것(행 5:31), 우리에게 모든 경건하지 않은 것을 버리라고 가르치는 은혜의 교리(딛 2:11-12)를 우리의 죄를 용인하고 합리화하는 데 사용하는 것은 반역이고, 그러한 반역은 결국 우리 신앙의 골격을 다 부수어 버리게 될 것이다.

우리가 살아가고 있는 이 시대에 배교한 교인들 중 대부분은 바로 이 문을 통해서 우리에게서 나갔다. 그들 중 대부분은 한동안 자신의 죄를 깨달았고, 그러한 죄에 대한 깨달음은 그들로 하여금 신앙을 고백하며 신앙의 의무들을 지켜나갈 수 있게 해주었다. 그래서 그들은 "우리 주 되신 구주 예수 그리스도를 앎으로 세상의 더러움을 피했다"(벧후 2:20).

하지만 복음 교리가 친숙해지자, 그들에게는 신앙의 의무들을 수행해 나갈 진정한 원동력이 주어져 있지 않았기 때문에, 그들은 본성적으로 그런 의무들을 지겨워하고 싫어하였기 때문에, 은혜의 교리를 사용해서 자신들이 소홀히 한 이런저런 의무들을 합리화하기 시작했다. 일단 이 악이 그들을 장악하게 되자, 그들은 급속하게 멸망으로 굴러 떨어졌다.

(2) 다른 사람들과 관련된 해악

죄를 죽이는 의무를 소홀히 했을 때, 그것이 다른 사람들에게 미치는 해로운 영향은 두 가지다.

[1] 다른 사람들을 완고하게 만든다: 어떤 훌륭한 (형식적) 교인이 죄를 죽이는 의무를 소홀히 하는 것을 본 다른 교인들은 자신들이 훌륭한 교인과 견주어서 손색이 없는 좋은 상태에 있다고 확신함으로써 그 마음이 완고해진다. 하지만 그들이 그에게서 보는 모든 것들은 죄 죽이기가 없는 상태에서 오염되고 부패한 것들이기 때문에 사실은 그들에게 무익한 것들이다.

죄를 죽이는 일을 소홀히 하는 교인에게 하나님에 대한 열심이 있다고 할지라도, 그 열심에는 믿음 안에서 오래 참는 것과 모든 일에서 의로운 것이 결여되어 있다. 그는 허랑방탕하게 살아가지는 않지만, 그의 삶은 본질적으로 세상적이다. 그는 세상과 구별되어 살아가긴 하지만, 전적으로 자기 자신만을 위해 살아가고, 이 땅에서 사랑을 행하는 데는 관심을 두지 않는다.

또는, 그는 신령하게 말하기는 하지만, 그의 삶은 헛되고 무익하다. 하나님과의 교제에 대해 말하지만, 모든 점에서 세상에 영합하여 살아간다. 죄 사함을 받았다고 자랑하지만, 다른 사람들이 지은 죄들을 결코 용서하지 않는다. 이 가련한 사람은 이런 식의 행실과 삶을 통해서 마음이 완고해지고 회개에 이르지 못하게 된다.

[2] 다른 사람들을 속이게 된다: 죄를 죽이는 일을 소홀히 하는 (형식적) 교인은 다른 교인들로 하여금 그 사람처럼만 되면 모든 것이 잘 될 것이라고 믿게 만든다는 점에서 다른 교인들을 속이게 된다. 그래서 다른 교인들은 자신들이 그 교인에게서 보는 것들, 그러니까 실제로는 영생과는 거리가 먼 것들에서 그 교인을 훨씬 능가함으로써 더 훌륭하게 되어서 신앙적으로 명성을 얻고자 하는 강한 유혹을 받게 되기가 아주 쉽다. 이런 것들을 비롯해서 죄를 죽이지 않는 삶을 살았을 때에 초래되는 온갖 해악들에 대해서는 나중에 살펴보기로 하자.

제3장
죄를 죽이기 위한 두 번째 일반 원리:
오직 성령만이 죄를 죽일 수 있다

죄를 죽이는 것의 두 번째 일반적인 원리의 제시와 확증 – 이 일을 하실 수 있는 분은 오직 성령뿐이다 – 교황주의자들이 제시하는, 죄를 죽이는 법은 헛된 것임을 증명함 – 교황주의자들은 하나님이 정하신 것이 아닌 수단들을 많이 사용한다 – 하나님이 정하신 수단들이 악용됨 – 이 일에 있어서 다른 사람들이 저지르는 잘못들 – 이 일을 위해 신자들에게 성령이 약속됨(겔 11:19; 36:26) – 우리가 그리스도에게서 받는 모든 것은 성령을 통해서 받는다 – 성령은 어떻게 죄를 죽이는가(갈 5:19-23) – 그러한 목적을 위한 성령의 여러 가지 역사 방식들을 제시함 – 성령의 역사와 우리의 의무

죄를 죽이는 것과 관련된 두 번째 원리는 죄 죽이기에서 가장 중요한 주권적 원인과 관련되어 있다. 이 강론의 토대를 이루는 성경 본문인 로마서 8:13에서는 이 원인을 "영"이라고 말한다. 그리고 앞에서 이미 증명했듯이, 이 "영"은 "성령"을 가리킨다.

오직 성령만이 이 일을 하기에 충분하다. 성령이 제외된 온갖 방법들과 수단들은 이 일을 하는 데 아무 소용이 없다. 따라서 성령은 이 일에서 가장 중요한 실제적 원인이다. 성령은 우리 안에서 자신의 뜻대로 역사하신다.

1. 성령이 제외된 모든 치료책들은 헛되다

죄를 죽이려고 할 때에 사람들은 성령이 제외된 다른 치료책들을 구한다.

하지만 그런 치료책들은 그들을 치유해줄 수 없기 때문에 헛될 뿐이다. 지금까지 죄를 죽이기 위해 제시되어 온 여러 가지 방법들이 알려져 있다.

신앙고백만 놓고 보면 아주 그럴 듯한 제대로 된 신앙처럼 보이는 로마 가톨릭이라는 종교의 거의 대부분은 죄 죽이기에 있어서 잘못된 방법들과 수단들로 이루어져 있다. 죄 죽이기와 관련된 그들의 방법들과 수단들은 그들이 걸치고 있는 거친 옷들을 감추고 속이기 위한 위장수단일 뿐이다. 그들의 서약들과 기도들과 금식들과 고행들은 모두 다 이 토대 위에 세워져 있다. 그것들은 모두 죄를 죽이기 위한 것들이다. 그들의 강론들과 설교들과 기도서들은 모두 죄를 죽이는 길을 보여준다.

그래서 어떤 사람들은, 탁발 수도사들은 사람들을 극심한 고통 속으로 몰아넣어서, "죽기를 구하여도 죽지 못하게"(계 9:6) 하는 자들이라는 점에서, 요한계시록에 등장하는 저 "무저갱에서 나온 황충들"(계 9:3)은 로마 가톨릭의 탁발 수도사들을 가리키는 것이라고 해석하기도 한다. 왜냐하면 이 탁발 수도사들은 사람들의 양심을 찌르는 설교들을 통해서 죄를 깨닫게 해놓고서는, 죄를 치유하고 죽이는 올바른 치료법을 가르쳐줄 수 없는 까닭에, 사람들은 끊임없이 극심한 괴로움과 두려움과 양심의 가책 속에 놓여 있으면서도, 그 해결책을 찾을 수가 없어서 차라리 죽기를 소원하게 되기 때문이다.

이것이 로마 가톨릭이라는 종교가 지닌 실체이고 자랑이다. 하지만 교황주의자들이 이렇게 영적으로 죽어 있는 자들 안에 있는 죄를 죽이기 위해 애를 쓰는 이유는 죄를 죽이는 일의 본질과 목적에 대한 무지 때문이다. 즉, 그들은 사람들에게 공로, 그러니까 "여분의 공로"(그들은 죄를 죽이는 데 아무 필요도 없는 공로에 이렇게 교만하고 야만적인 명칭을 붙인다)를 쌓으라고 가르치는데, 이 가르침이 죄를 죽이는 일에 독을 섞는 것인지를 알지 못한다. 그러니 그들이 자랑하는 것은 그들의 수치일 뿐이다. 로마 가톨릭과 그들이 말하는 죄 죽이는 방법에 대해서는 제7장에서 다룰 것이다.

심지어 복음의 빛과 지식을 더 많이 받았을 것으로 여겨지는 일부 사람들조차도 교황주의자들이 죄를 죽이는 일을 위해 고안해 낸 방법들과 수단들을 여전히 유효하다고 고집하고 사용한다. 최근에 어떤 교인들이 그런 목적을 위한 교황주의자들의 방법들과 수단들을 제시하자, 개신교인으로 자처하는 다른 사람들도 마치 3-4백 년 전의 열렬한 교황주의자들이 다시 살아나온 것과 같은 모습으로 그 방법들과 수단들을 앞다투어 받아들이고 있다.

하지만 그리스도나 그리스도의 영에 대해서는 일언반구도 언급하지 않은 채로 이루어지는 그런 외형적인 노력들과 육체의 연습들과 스스로의 힘으로 행하는 것들과 단지 율법적으로 의무들을 수행하는 것들을 죄를 죽이기 위한 유일한 수단들과 방법들이라고 헛된 말로 부풀리고 치장하는 것은 하나님의 권능과 복음의 신비에 대한 뿌리 깊은 무지를 드러내는 것일 뿐이다. 그리고 이런 현실에 대한 나의 우려는 내가 이 보잘것없는 강론을 출판하기로 결심하게 된 한 가지 동기였다.

다음은 교황주의자들이 아무리 노력하고 애써도 어느 한 가지 죄도 진정으로 죽일 수 없는 이유들 중 몇 가지이다.

(1) 그들이 죄를 죽이기 위한 목적으로 사용하기를 강요하는 방법들과 수단들 중 다수는 하나님이 그런 목적을 위해서 정해 놓으신 것이 결코 아니기 때문이다. (하나님이 특정한 목적을 위해 정해 놓지 않으신 방법이나 수단들을 사용했을 때, 신앙과 관련해서 그러한 방법이나 수단들을 통해서 그 목적을 이루는 것은 절대적으로 불가능하다.)

그들의 거친 옷들과 서약들과 보속을 위한 고행들과 금욕적인 훈련들과 수도 생활 등이 그런 것들이다. 이 모든 것들에 대해서 하나님은 "이것을 누가 너희에게 요구하였느냐"(사 1:12)라고 말씀하시거나, "사람의 계명으로 교훈을 삼아 가르치니 나를 헛되이 경배하는도다"(마 15:9)라고 말씀하실 것이 뻔하다. 또한 어떤 사람들이 고집하는 자기 자신을 괴롭히는 자학적인 이런저런 방법들도 그런 것들에 해당한다.

(2) 그들은 하나님이 죄를 죽이기 위한 수단들로 정해 놓으신 것들을

사용하기는 하지만 적절한 용도와 질서에 따라 사용하지 않기 때문이다. 그런 것들로는 기도, 금식, 철야, 묵상 등이 있다. 이것들은 죄를 죽이기 위한 일에 쓸모가 있다. 이것들은 모두 원천에서 흘러나오는 물줄기들인데도, 그들은 이것들 하나하나를 원천 자체로 여긴다. 즉, 이것들은 오직 성령과 믿음에 종속되어서 목적을 이루기 위한 수단들일 뿐인데도, 그들은 이것들을 행하는 것 그 자체를 목적으로 삼는다. 아주 많이 금식하고 아주 많이 기도하며 아주 많이 미사와 고해를 행하기만 하면, 죄는 저절로 죽게 된다는 것이다.

사도가 어떤 경우에 어떤 사람들에 대해서 그들은 "항상 배우나 진리의 지식에 이를 수 없느니라"(딤후 3:7)고 말했듯이, 교황주의자들은 항상 죄를 죽이려고 애를 쓰고 있지만, 제대로 죄를 죽이는 데는 결코 이르지 못한다. 한 마디로 말해서, 그들은 육신적인 사람들이 이 땅에서 지니고 있는 육신적인 목숨을 죽일 수 있는 이런저런 많은 수단들을 갖고 있기는 하지만, 죄악된 욕망이나 부패한 본성을 죽일 수 있는 수단은 하나도 갖고 있지 않다.

이것은 죄를 죽이는 것과 관련해서 복음이 무엇인지를 알지 못하는 사람들이 일반적으로 저지르는 잘못이다. 이 세상에서 행해지고 있는 수많은 잘못된 신앙과 자의적인 숭배의 근저에는 이러한 잘못이 자리 잡고 있다. 옛적에 수도원에서 신앙에 열심을 가지고 몰두했던 어떤 사람들은 끔찍할 정도로 자기 자신을 괴롭히고 학대하지 않았던가! 그들은 자신의 육신에 지독한 폭력을 가했고, 엄청난 고행을 마다하지 않았다! 그들이 죄를 죽이기 위해 사용했던 방법들과 그 근본원리들을 저 밑바닥까지 추적해 보라. 그러면 여러분은 바로 이 잘못이 그 근원이라는 것을 발견하게 될 것이다. 즉, 그들은 죄를 죽이기 위해 가혹하고 혹독한 방법들을 사용했지만, 그것은 그들 안에 있는 저 부패한 옛 사람을 죽이는 것이 아니라 육신적인 사람 자체를 죽이는 것이었고, "사망의 몸"을 죽이는 것이 아니라 우리가 이 땅에서 살아가기 위해 입고 있는 몸을 죽이는 것이었다.

죄 죽이기

교황주의자들이 사용하는 방법들이나 본질적으로 그것들과 동일한 성격을 지닌 방법들로는 죄를 죽일 수 없다. 사람들은 자신들을 덮친 죄의식 때문에 몹시 괴로워서, 즉시 그들 자신과 하나님께 다시는 죄를 짓지 않겠다고 약속한다. 그런 후에 이 열기가 식지 않고, 죄의식이 남아 있는 동안에는, 자기 자신을 살피고 기도하는 것을 계속해 나간다. 하지만 그런 열기와 죄의식이 시들해지면, 죄는 다시 이전의 지배권을 회복한다.

신앙의 의무들은 힘없는 영혼에게는 힘을 차릴 수 있게 해주는 훌륭한 양식이 되지만, 병든 영혼을 고쳐주는 치료약이 되지는 않는다. 치료약을 먹지 않고 양식을 먹는 사람이 큰 효과를 기대한다면, 그것은 어불성설이다. 영적으로 병든 사람들이 신앙의 의무들을 땀 흘려 행한다고 해서 그들의 질병이 땀으로 배출되는 것이 아니다. 그런데도 자신의 영혼을 속이는 자들은 그런 방법을 사용한다.

우리가 앞으로 살펴보겠지만, 그런 방법들이 죄를 죽이는 데 충분하지 않다는 것은 죄를 죽이는 일 자체의 본질을 생각해 보면 분명하게 드러난다. 왜냐하면 죄를 죽이는 것은 아주 많은 것들이 함께 작용해야만 이루어지는 일이어서, 인간의 힘만으로는 이룰 수 없고, 앞으로 분명해지겠지만, 이 일을 이루기 위해서는 전능하신 하나님의 힘이 반드시 있어야 하기 때문이다.

2. 죄를 죽이는 것은 성령의 일이다

따라서 죄를 죽이는 것은 성령이 하는 일이다. 그 근거는 다음과 같다.

(1) 하나님은 우리에게 이 일을 하기 위해 성령을 주겠다고 약속했기 때문이다. 우리가 지금 다루고 있는 죄를 죽이는 일은 전체적으로 돌 같은 마음, 즉 완고하고 교만하며 반역하고 불신하는 마음을 제거하는 것이다. 그런데 하나님은 성령을 우리에게 보내어 그 일을 하겠다고 약속하신다: "내가 그들에게 한 마음을 주고 그 속에 새 영을 주며 그 몸에서

돌 같은 마음을 제거하고 살처럼 부드러운 마음을 주어"(겔 11:19); "또 새 영을 너희 속에 두고 새 마음을 너희에게 주되 너희 육신에서 굳은 마음을 제거하고 부드러운 마음을 줄 것이며"(겔 36:26). 그리고 하나님은 다른 모든 수단이 실패했을 때에 성령을 통해 이 일을 할 것이라고 약속하신다(사 57:17-18).

(2) 우리가 죄를 죽이기 위해서는 그리스도의 은사가 절대적으로 필요한데, 그리스도의 모든 은사는 그리스도의 영인 성령을 통해서 우리에게 주어지기 때문이다: "나[그리스도]를 떠나서는 너희가 아무것도 할 수 없음이라"(요 15:5). 그리스도께서 우리에게 무엇을 공급해주시거나 우리를 어떤 것에서 건져주시기 위해 어떠한 은혜를 베푸시든, 그 모든 은혜의 역사들은 성령에 의해서 시작되고 확장된다. 즉, 신자 안에서 및 신자에게 역사하시는 분은 오직 성령뿐이다. 따라서 우리 안에 있는 죄를 죽이는 것은 오직 성령을 통해서만 가능하다.

하나님은 우리에게 "회개함"을 주시려고 그리스도를 "오른손으로 높이사 임금과 구주로 삼으셨다"(행 5:31). 그리고 우리 안에 있는 죄를 죽이는 일은 우리의 회개에서 아주 중요한 부분이다. 그렇다면 그리스도께서는 그 일을 어떻게 하시는가? 그리스도는 그 일을 하시기 위하여 하나님이 "약속하신 성령"을 받아서 우리에게 보내 주신다(행 2:33). 테르툴리아누스가 "자기를 대신하여 일을 하게 하기 위해"라고 말한 것처럼, 그리스도께서 자신이 우리 안에서 이루고자 하신 일들을 행하시기 위하여 성령을 보내겠다고 여러 번 약속하셨다는 것을 여러분은 알고 있다.

이제 다음과 같은 한두 가지 질문에 대한 대답을 살펴보면, 내가 말하고자 하는 것에 좀 더 가깝게 다가가게 될 것이다.

3. 성령은 어떻게 죄를 죽이시는가?

첫 번째 질문은, 성령은 어떻게 죄를 죽이시는가 하는 것이다. 나는 이 질문에 대해 전체적으로 세 가지로 대답하고자 한다.

(1) 성령은 우리의 마음이 육체와 육체의 열매들과 그 열매들의 원리들과 정반대되는 은혜와 은혜의 열매들로 차고 넘치게 함으로써 죄를 죽이신다. 그래서 사도는 갈라디아서 5장에서 육체의 열매들과 성령의 열매들을 대비시켜서, 먼저 "육체의 일은 분명하니"라고 말하고 나서 육체의 열매들을 열거한 후에(19-21절), "오직 성령의 열매는"이라고 말하고 나서 육체의 열매들과는 완전히 다르고 정반대되는 것들을 열거한다(22-23절). 성령의 열매들이 우리 안에 있을 뿐만 아니라 차고 넘치게 있다면, 육체의 열매들이 우리 안에서 어떻게 동시에 차고 넘치게 있을 수 있겠는가? 사도는 24절에서 "그리스도 예수의 사람들은 육체와 함께 그 정욕과 탐심을 십자가에 못 박았느니라"고 말함으로써 그럴 수 없다는 것을 보여준다.

어떻게 해야 이것이 가능한가? 사도는 25절에서 "성령으로 살면 또한 성령으로 행할지니"라고 말함으로써 그 대답을 보여준다. 즉, 성령의 그러한 은혜들이 우리 안에 차고 넘치게 하고, 우리가 그 은혜들을 따라 살아갈 때에 그것이 가능하다는 것이다. 왜냐하면 사도가 17절에서 말했듯이, "이 둘"은 서로 "거스르고" "대적하는" 까닭에 한 사람 안에서 동시에 강력하게 역사하여 차고 넘칠 수 없기 때문이다. 디도서 3:5에서 "성령의 새롭게 하심"이라 부르는 바로 이것만이 죄를 죽이는 유일한 방법이다. 성령은 우리 안에서 성령의 은혜들이 자라가고 번성하며 꽃을 피우고 차고 넘치게 해서, 이 은혜들로 하여금 육체의 온갖 열매들과 은밀하게 내재하거나 활발하게 활동하는 죄 자체를 거스르고 대적하며 파괴하게 한다.

(2) 성령은 죄의 뿌리와 습관에 실제로 물리적인 힘을 가해서 약화시키고 파괴하며 제거하는 방식으로 죄를 죽이신다. 그래서 이사야서 4:4에서는 "심판하고 소멸하는 영," 즉 우리의 죄악된 욕망들을 실제로 불태우고 파괴하는 영이라고 부른다. 성령은 전능하신 능력으로 돌 같은 마음을 제거하신다. 왜냐하면 성령은 일단 그 일을 시작하시면 끝내실 때까지 계속해서 그 일을 수행해나가시기 때문이다. 성령은 죄악된 욕망의 뿌리까

지 태워 없애는 불이시다.

(3) 성령은 믿음으로 말미암아 죄인의 마음에 그리스도의 십자가를 끌어들여서, 우리로 하여금 그리스도의 죽으심에 참여하게 하고 그리스도의 고난을 함께 하게 하는 방식으로 죄를 죽이신다. 이 방법에 대해서는 나중에 다시 살펴보자.

4. 왜 우리에게 죄를 죽이라고 하는 것인가?

두 번째 질문은, 죄를 죽이는 것이 오직 성령의 역사라면, 성경은 왜 우리에게 죄를 죽이라고 권면하는가 하는 것이다. 오직 하나님의 영만이 그 일을 하실 수 있는 것이라면, 그 일을 성령께 전적으로 맡겨야 할 것이기 때문이다.

(1) 우리 안에 있는 모든 은혜들과 선한 역사들이 성령의 역사이기 때문에, 죄를 죽이는 일도 성령의 역사 외에 다른 것이 아니다. 성령은 "자기의 기쁘신 뜻을 위하여 우리에게 소원을 두고 행하게 하신다"(빌 2:13). "우리 안에서 우리의 모든 일을 이루시는" 분도 성령이시다(사 26:12). 성령은 "믿음의 역사를 능력으로 이루시는" 분이다(살후 1:11; 골 2:12). 성령은 우리로 하여금 기도하게 하실 뿐만 아니라, "우리를 위하여 친히 간구하시는" 영이시다(롬 8:26; 슥 12:10). 하지만 성경은 우리에게 이 모든 일들을 행하라고 권면하고, 우리는 그런 권면을 받아 마땅하다.

(2) 성령은 우리가 순종할 때에만 우리 안에서 죄를 죽이는 일을 할 수 있다. 왜냐하면 우리의 자유와 자유로운 순종을 훼손하지 않기 위해, 성령은 우리가 준비되어 있는 경우에만 우리 안에서 및 우리에게 역사하기 때문이다. 성령은 우리의 이성과 의지와 양심과 감정에 역사하지만, 그것들 자체가 지니고 있는 성격에 맞춰서 역사한다. 성령은 우리를 거슬러서, 또는 우리를 배제한 채로 역사하는 것이 아니라, 우리 안에서 우리와 함께 역사한다. 따라서 성령의 도우심과 역사는 오히려 우리로 하여금 그

죄 죽이기

일을 수월하게 할 수 있도록 힘을 주는 것이고, 우리가 그 일을 소홀히 해도 되게 해주는 빌미를 주는 것이 아니다.

여기에서 나는 가련한 영혼들이 어리석은 수고를 밑도 끝도 없이 해나가는 모습을 볼 때마다 너무나 서글퍼서 탄식하게 된다. 왜냐하면 그들은 죄를 깨닫긴 했지만 죄의식과 죄책감은 견딜 수 없어서, 어떻게든 죄를 약화시켜 보려고 말도 안 되는 수많은 방법들을 동원하고 의무들을 지키는 데 몰두하지만, 모두 다 하나님의 영을 모르는 자들이어서, 그들의 모든 노력은 수포로 돌아가고 말기 때문이다. 그래서 그들은 결코 승리할 수 없는 싸움과 결코 평화를 얻을 수 없는 전쟁의 노예가 되어 평생을 살아간다. 그들은 떡이 아닌 것을 얻기 위해 자신들의 힘을 사용하고, 아무런 이익도 가져다주지 못하는 것을 위해 수고한다.

이것은 가련한 영혼이라면 누구나 겪을 수 있는 정말 딱하고 서글픈 전쟁이다. 율법을 통해서 죄를 깨달은 영혼은 죄에 대항하여 싸워야 한다는 압박감에 시달리지만, 그 싸움을 수행할 힘은 가지고 있지 않다. 그들은 싸우지 않을 수 없지만, 절대로 이길 수 없다. 그들은 원수들이 그들을 죽이기 위해 휘두른 칼에 찔린 사람들과 같다. 그들은 율법에 의해 정신없이 쫓기고, 죄에 의해 두들겨 맞는다.

종종 그들은 자신이 죄를 이기고 격퇴했다고 생각하지만, 사실은 그들이 일으킨 먼지 때문에 그들의 눈에 죄가 보이지 않은 것일 뿐이다. 즉, 그들은 그들 속에서 두려움과 슬픔과 괴로움 같은 육신적인 감정들이 잦아들면, 자신이 죄를 이겼다고 믿지만, 그것은 단지 그들 안에서 죄의식과 죄책감이 일시적으로 약해진 것일 뿐이기 때문이다. 그러다가 원래의 상태로 되돌아오게 되면, 그들은 다시 싸우지 않을 수 없게 되고, 자신이 죽였다고 생각했던 죄악된 욕망은 아무런 상처도 입지 않은 멀쩡한 모습으로 다시 등장한다.

이렇게 고군분투하며 죄와 싸우고 애쓰고 힘쓰는데도 천국에 들어가지 못하는 사람들의 상태가 그토록 서글프고 안타까운 것이라면, 이 모든 것을 멸시하는 사람들의 상태는 어떻겠는가? 그런 사람들은 계속해서 죄의 권세와 지배 아래 살아가면서도, 그렇게 살아가는 것을 사랑하고, 자신의 그러한 삶에 대해 괴로움이 전혀 없는 사람들이다. 하지만 육체의 욕망은 끝이 없는데, 그들이 무슨 수로 그 욕망을 만족시킬 수 있겠는가?

제4장
죄를 죽이기 위한 세 번째 일반 원리:
죄 죽이기는 영적 생명과 활력을 얻게 해준다

마지막 세 번째 원리: 죄 죽이기의 유익 – 우리의 영적인 삶의 활력과 위로는 죄 죽이기에 달려 있다 – 어떤 의미에서? – 절대적이지는 않지만 필수적이다. 혜만의 상태(시 88편) – 두 번째의 직접적인 원인이 아니라 수단으로서 정반대의 것을 제거한다는 의미에서 – 모든 죽어지지 않은 죄악된 욕망의 치명적인 결과들; 여러 가지로 영혼을 약화시키고(시 88:3, 8) 어둡게 한다 – 죄를 죽임으로써 모든 은혜들이 개선된다 – 진정성의 최고의 증거.

내가 지금까지 설명한 첫 번째 원리는 생명을 위해서는 죄를 죽이는 일이 필수적이라는 것이었고, 두 번째 원리는 죄를 죽였을 때에는 확실하게 살게 된다는 것이었다. 이제 나는 여기에서 마지막 세 번째 원리를 살펴보고자 하는데, 그것은 우리의 영적인 삶의 생명과 활력과 위로는 우리가 죄를 죽이느냐의 여부에 많이 달려 있다는 것이다.

하나님과 동행하는 삶을 살아갈 때에 우리가 원하는 것들은 힘과 위로, 능력과 평안이다. 누군가가 우리를 괴롭히는 것이 무엇이냐고 진지하게 묻는다면, 우리는 이 네 가지 중 어느 하나와 관련된 것이라고 대답할 것임에 틀림없다. 즉, 우리는 하나님께 순종하고 하나님과 동행하는 우리의 삶을 살아갈 힘이나 능력, 활력과 생명이 부족하다거나, 그런 삶을 사는 데서 오는 평안과 위로가 부족하다고 대답할 것이다. 하지만 이 세상을 살아가면서 전자나 후자에 속한 어떤 것이 어느 신자에게 부족하다고 할지라도, 그것을 불평해서는 안 된다. 왜냐하면 이 모든 것은 우리가 끊임없이 죄를 죽이는 일에 달려 있기 때문이다. 이제 이것과 관련해서 몇 가지를 살펴보기로 하자.

1. 영적인 삶의 힘과 위로, 능력과 평안은 죄 죽이기와 필연적으로 결합되어 있는 것은 아니다

나는 영적인 삶의 힘과 위로, 능력과 평안이 죄 죽이기와 필연적으로 결합되어 있어서 죄 죽이기로부터 온다고 말하는 것이 아니다. 어떤 사람은 평생 끊임없이 죄를 죽이는 일을 해 왔지만, 평안과 위로의 좋은 날을 결코 누리지 못할 수도 있다. 헤만이 그랬다(시 88편).

헤만의 삶은 끊임없이 죄를 죽이며 하나님과 동행한 삶이었지만, 평생 그에게 주어진 것은 두려움들과 상처들뿐이었다. 하지만 하나님은 헤만을 최고의 친구로 택하셔서 이후에 환난 가운데 있게 될 모든 사람들의 모범으로 삼으셨다. 하나님의 저 탁월한 종이었던 헤만도 그런 삶을 살았는데, 당신이 그런 삶을 살게 된다고 해서 어떻게 불평할 수 있겠는가? 도리어 당신이 그런 삶을 살게 된 것은 세상 끝날에 당신의 자랑이 될 것이다.

하나님은 평안과 위로를 주는 것은 자신의 대권이라고 말씀하신다(사 57:18-19). 18절에서 하나님은 "내가 그 일을 하리라……내가 그를 위로하리라"고 말씀하신다. 그렇다면 어떤 방법으로 그렇게 하시겠다는 것인가? 그것은 하나님이 친히 행하시는 새로운 창조의 역사를 통해 이루어진다. 하나님은 "내가 그것을 창조하리라"고 말씀하신다. 평안을 얻는 수단들을 사용하는 것은 우리의 몫이고, 평안을 주시는 것은 하나님의 대권이다.

2. 영적 생명과 활력과 담대함과 위로의 직접적인 원인은 양자됨과 칭의이다

하나님이 우리에게 생명과 활력과 담대함과 위로를 주시기 위해 정해놓으신 방법들에서 죄를 죽이는 것은 그런 것들이 우리에게 주어지게 하는 직접적인 원인들 중 하나가 아니다. 우리의 영혼이 우리가 하나님의 자녀가 되는 특권을 얻었다는 것을 알게 되었을 때, 그 즉시 그런 것들이 우리에게 주어진다. 우리에게 새로운 이름과 흰 돌, 즉 양자됨과 칭의가 주어졌을 때, "성령이 친히 우리의 영과 더불어 우리가 하나님의 자녀인 것을 증언하고"(롬 8:16), 우리는 그러한 사실을 인식하고 알게 된다. 이것이 성령을 통해 그런 것들이 우리에게 주어지게 하는 직접적인 원인이다.

3. 영적인 삶의 활력과 위로는 우리가 죄를 죽이느냐의 여부에 많이 좌우된다

하지만 우리가 매일의 삶 속에서 하나님과 동행하며 하나님과 교제하는 것과 관련해서 우리의 영적인 삶의 활력과 위로는 우리가 죄를 죽이느냐의 여부에 많이 좌우된다. 이것은 죄 죽이기가 영적인 삶에서 "없어서는 안 되는 필수적인 조건"이기 때문만이 아니라, 영적인 삶에 실질적으로 영향을 미치기 때문이다. 그 이유는 다음과 같다.

(1) 죄를 죽일 때에만 죄가 우리에게서 활력과 위로를 빼앗아가는 것을 막을 수 있다.

모든 죽지 않은 죄는 반드시 두 가지를 행하게 되어 있다. 첫 번째는, 죄는 영혼을 약화시켜서 영혼의 활력을 빼앗아간다는 것이고, 두 번째는, 영혼을 어둡게 해서 영혼에게서 위로와 평안을 빼앗아간다는 것이다. 이 두 가지에 대해 살펴보자.

[1] 죄는 영혼을 약화시키고 영혼에게서 힘을 빼앗아간다. 다윗의 마음속에 죽지 않은 욕망이 한동안 자리 잡고 있었을 때, 그 욕망은 그의 모든 뼈들을 부수었고, 그에게 모든 영적인 힘을 빼앗아가 버렸다. 그래서 그는 자기가 병들고 약해지며 상처받고 쇠약해져 있다고 탄식했다. 그는 "내 살에 성한 곳이 없고"(시 38:3), "내가 피곤하고 심히 상하였으며"(8절), "내가 우러러볼 수도 없다"(시 40:12)고 말한다. 죽지 않은 죄악된 욕망은 영혼과 영혼의 모든 활력을 삼켜버리고, 영혼을 약화시켜서 자신의 의무를 전혀 수행할 수 없게 만들어버린다. 그렇게 되는 이유는 다음과 같다.

첫 번째는 죄악된 욕망은 감정을 혼란스럽고 뒤엉키게 함으로써 마음의 지향성을 무너뜨려 갈피를 잡을 수 없게 만들기 때문이다. 마음이 하나님과 활발하게 교제하기 위해서는 영적인 지향성이 제대로 정립되어 있어야 하는데, 죄악된 욕망은 바로 그 지향성을 무너뜨려 버린다. 또한 죄악된 욕망은 감정을 장악하여 죄악된 욕망의 대상이 사랑스럽고 바람직한 것으로 느껴지게 만들어서 아버지 하나님을 사랑하는 감정을 몰아낸다(요일 2:15; 3:17).

이렇게 되면 영혼은 하나님이 아니라 죄악된 욕망의 대상을 사랑하는 상태가 되기 때문에, 하나님을 향하여 "주는 나의 분깃입니다"라고 정직하게 진심으로 말할 수 없게 된다. 영혼은 하나님으로 충만해서 자신의 최고의 감정들인 경외함과 소원과 소망으로 차고 넘쳐야 하는데, 거기에 이런저런 방식으로 죄악된 욕망이 뒤섞이게 된다.

두 번째는 죄의 욕망은 그 죄악된 욕망을 실현하고자 하는 이런저런 궁리들로 우리의 생각을 가득 채워 버리기 때문이다. 생각은 영혼에 필요한 양식들을 조달해서 영혼의 소원들을 만족시켜 주는 중요한 역할을 한다. 그런데 마음에서 죄가 죽지 않고 여전히 살아 있다면, 생각은 육체가 원하는 양식들만을 조달해 주어서 육체의 욕망을 충족시켜줄 수밖에 없게 된다. 생각은 육체가 원하는 것들을 아름답고 빛나고 멋있게 장식해서 마음 안으로 끌어들여서 육체의 욕망을 만족시켜 준다. 생각은 말로 표현할

죄 죽이기

수 없을 정도로 더러운 상상을 통해서 그렇게 할 수 있다.

세 번째는 죄악된 욕망은 의무를 깨뜨리고 실제로 방해하기 때문이다. 참된 신자들이 하나님을 섬기는 일에 몰두할 때, 죽지 않은 죄악된 욕망으로 인해 야심을 지닌 사람은 출세하기 위해서 열심히 공부할 것이고, 세상을 사랑하는 속물들은 돈을 벌기 위해 열심히 일하거나 궁리할 것이며, 육신적이고 정욕적인 사람은 부지런히 헛된 것들을 좇을 것이다.

만일 한 가지 죽지 않은 죄의 욕망이 어떤 식으로 영혼을 균열시키고 파멸시키며 약화시키고 황폐화시키는지를 설명하는 것이 지금 내게 주어진 일이라면, 이 강론은 내가 의도했던 것보다 훨씬 더 길어지게 될 것임에 틀림없다.

[2] 죄는 영혼을 약화시킬 뿐만 아니라 영혼을 어둡게 만든다. 죄는 영혼의 표면을 뒤덮어서 하나님의 사랑과 은총의 모든 빛줄기들을 차단하는 구름이고 먹구름이다. 죄는 우리가 하나님의 자녀가 되는 특권을 향유하게 되었다는 모든 지각을 우리에게서 제거해 버린다. 영혼이 자신에게 위로가 되고 힘이 될 모든 생각들을 끌어 모으기 시작하면, 죄는 그 생각들을 신속하게 흩어버린다. 이것에 대해서는 나중에 살펴보기로 하자.

지금까지 우리가 살펴본 것들에 비추어 보았을 때, 우리의 영적인 삶의 활력과 능력은 우리가 우리 안에 내재하는 죄를 죽이느냐의 여부에 달려 있다는 것을 알 수 있다. 죄는 우리의 영적인 삶이 활력을 지니거나 능력을 지니는 것을 허용하지 않을 것이기 때문에, 우리가 그런 영적인 삶을 살기 위해서는 죄를 제거하는 것만이 유일한 방법이다.

죄악된 욕망의 지배 아래에서 병들고 상처를 입고 있는 사람들은 도움을 받기 위해 이런저런 많은 시도들을 한다. 그들은 생각이 혼란스럽고 갈피를 잡을 수 없을 때에 하나님을 향해 부르짖는다. 하지만 하나님께 아무리 부르짖어도, 거기에서 건짐을 받지 못한다. 또한 이런저런 다른 많은 치료법을 사용해 보아도 아무 소용이 없다. 즉, "고침을 받지 못한다."

"에브라임이 자기의 병을 깨달으며 유다가 자기의 상처를 깨닫고서"

(호 5:13), 그 병과 상처를 치료하기 위해 이런저런 많은 방법들을 시도해 보았지만, 그들이 자신의 "죄를 뉘우칠"(15절) 때까지는 아무 소용이 없었다. 사람들은 자신의 병과 상처를 알 수 있지만, 제대로 된 올바른 치료를 받지 못하면, 그 병과 상처는 나을 수 없다.

(2) 죄를 죽이면 은혜들은 잘 자라게 된다.

죄 죽이기는 하나님의 모든 은혜들에 대해서 가지치기를 해서 그 은혜들이 우리의 마음에서 잘 자라게 한다. 우리의 영적인 삶의 생명과 활력은 우리 마음에 심어진 은혜의 나무들이 힘 있게 잘 자라서 번성하는 데 달려 있다.

정원을 한 번 생각해 보라. 거기에 귀한 약초 하나를 심었어도, 잘 가꾸어주지 않는다면, 그 약초 주변에 잡초들이 자라게 될 것이다. 그래서 그 약초는 여전히 살아 있다고 할지라도, 비쩍 마르고 시들시들해서 쓸모없는 것이 되고 말 것이다. 열심히 힘들여서 찾아야 그 약초를 겨우 찾아낼 수 있고, 그렇게 어렵사리 찾아내었다고 해도, 그것이 정말 우리가 찾고 있는 약초인지 아닌지를 잘 알 수 없을 때도 있을 것이다. 이 지경이 되었다면, 그 약초는 비록 죽지는 않았어도 아무 쓸모가 없을 것이다.

반면에, 그 귀한 약초를 메마르고 척박한 정원에 심었고, 당연히 그 주변에 잡초들도 많이 자랐다고 하자. 하지만 이번에는 그 약초에 해악을 끼칠 모든 잡초를 제거해 주었다면, 그 약초는 아주 무성하게 잘 자라나게 될 것이다. 그래서 정원을 바라보면 그 약초를 첫눈에 알아볼 수 있어서, 필요한 때에 언제든지 그 약초를 사용할 수 있을 것이다.

우리의 마음에 심겨진 성령의 은혜들도 마찬가지다. 사실 죄를 죽이는 일을 조금 소홀히 해도, 그 은혜들은 여전히 우리의 마음에 존재하고 살아 있기는 하다. 하지만 그 은혜들은 시들시들하고 피폐해서 죽어가고 있는 것이다(계 3:2). 그런 마음은, 온통 잡초로 뒤덮여서 알곡을 거의 찾아볼 수 없는 게으른 자의 밭과 같다. 그런 사람이 자신의 마음에서 믿음과 사랑과 열심을 아무리 열심히 찾아보아도, 그런 것들은 거의 발견할 수 없다. 그 사람이 그런 은혜들이 아직 자신의 마음에 살아 있고 진정한 은혜들이라는 것을 발견한다고 할지라도, 그 은혜들은 너무나 약하고 죄악된 욕망들이 덕지덕지 붙어 있어서 거의 쓸모가 없다. 그 은혜들은 아직 남아 있기는 하지만, 곧 죽게 될 것이다.

하지만 죄를 죽이는 일을 통해서 그 죄악된 욕망의 잡초들을 날마다 끊임없이 뿌리째 뽑아내어 그 마음을 정결하게 했다면(부패한 본성은 그런 잡초들이 자라나기에 아주 적절한 토양이기 때문에, 이 잡초들은 날마다 생겨난다), 이제 그 마음에서는 은혜들이 무성하게 잘 자라나게 될 것이다. 그런 상태에서 모든 은혜들은 각자의 역할을 하게 될 것이고, 각자의 용도와 목적을 위해 사용되기 위한 만반의 준비를 갖추게 될 것이다.

(3) 죄를 죽여야만 우리의 마음에 진실함과 평안이 존재할 수 있다.

죄를 죽이지 않으면 우리의 마음에는 그 어떤 진실함도 존재하지 않기 때문에, 나는 그런 마음에 진실함을 보여주는 어떤 증거가 있다는 것을 알지 못한다. 그리고 이 진실함은 마음에 평강이 존재하기 위한 중요한 토대이기 때문에, 죄를 죽이지 않으면 평강도 존재할 수 없다. 죄를 죽이는 것은 영혼이 자아에 대항하여 격렬하게 저항하고 싸우는 것이어서, 거기에서 진실함은 아주 극명하게 드러난다.

제5장
죄를 죽이는 것이 아닌 것들

이 강론의 일차적인 의도를 제시함-양심의 가장 중요한 첫 번째 질문에 대해 설명함-죄를 죽이는 것이 무엇인가에 대해 소극적으로 고찰함-현세의 삶 속에서는 죄를 완전히 없앨 수는 없다-죄 죽이기는 죄를 은폐하는 것이 아니다-죄 죽이기는 본성적인 원리를 개선하는 것이 아니다-죄 죽이기는 죄의 다른 출구를 찾는 것이 아니다-죄 죽이기는 죄를 간헐적으로 이기는 것이 아니다-죄에 대한 간헐적인 승리들, 무엇을 언제-위험이나 곤경에 처했을 때 죄의 분출에 대해서.

지금까지 설명한 것들을 전제로 해서, 이제 나는 내가 원래 다루고 싶었던 본론에 도달하게 되었는데, 그것은 신자들 안에 내재하는 죄를 죽이는 일을 할 때에 제기되는 여러 가지 질문들이나 실제적인 사례들을 다루는 것이다.

다른 모든 질문들의 머리이자 토대가 되는 첫 번째 질문은 다음과 같이 표현해 볼 수 있을 것으로 생각된다: 어떤 사람이 참된 신자인데도, 그의 안에 내재하는 강력한 죄가 그를 사로잡아서 죄의 법으로 이끌고, 그의 마음을 괴롭게 하며, 그의 생각들을 혼란스럽게 하고, 그의 영혼을 약화시켜서, 하나님과 교제하는 의무들을 잘 수행할 수 없게 하고, 그의 평안을 빼앗아가서 그를 불안하게 하며, 그의 양심을 더럽게 하고, 죄의 속임수를 통해서 그의 마음을 완고하게 하고 있다고 하자. 그런 경우에 그는 어떻게 해야 하는가? 이 죄와 죄악된 욕망, 죄악된 기질이나 부패한 본성을 완전히 없애지는 못한다고 할지라도 거기에 대항하여 싸우는 가운데 하나님과 교제할 수 있는 능력과 힘과 평강을 유지해나갈 수 있으려면, 그는 어떤 길을 잡아서 밀고 나가야 하는가?

나는 이 중요한 질문에 대답하기 위해 다음과 같은 것들을 하려고 한다: 첫 번째로는, 죄를 죽인다는 것이 무엇인지를 먼저 소극적인 관점에서 살펴보고(제5장), 다음으로 적극적인 관점에서 살펴볼 것이다(제6장). 이것은 우리가 잘못된 토대에 서는 것을 막기 위한 것이다. 두 번째로는, 죄를 죽이기 위한 일반적인 지침들을 제시할 것이다(제7-8장). 이 지침들이 없으면 우리가 어느 한 가지 죄라도 진정으로 및 영적으로 죽이는 것은 절대적으로 불가능하기 때문이다. 세 번째로는, 죄를 죽이기 위한 구체적인 지침들을 도출해낼 것이다(제9-13장).

이 세 가지를 고찰하고 다룰 때에 나의 의도는 죄 죽이기에 관한 일반적인 가르침을 제시하려고 하는 것이 아니라, 전적으로 방금 앞에서 제시한 아주 구체적인 질문에 대답하려고 하는 것이다. 그러면 죄를 죽이는 것이 아닌 것들 중에서 중요한 것으로 다섯 가지를 살펴보자.

1. 죄를 죽인다는 것은 죄를 완전히 죽이는 것을 의미하지 않는다

죄를 죽인다는 것은 죄를 완전히 죽이고 뿌리를 뽑아 박멸해서 죄가 이제 더 이상 우리의 마음에 발을 붙이거나 거주하지 못하게 하는 것이 아니다. 이것이 죄 죽이기의 목표인 것은 사실이지만, 이 목표는 현세의 삶 속에서는 이루어질 수 없다. 죄를 완전히 없애서 죄가 자신의 마음이나 삶에 남아 있거나 열매를 맺지 못하게 하는 것을 목표로 삼지 않는 사람은 죄를 진정으로 죽이기 위해 애쓰는 사람이라고 할 수 없다. 그래서 죄를 죽이려고 하는 사람은 죄를 그렇게 완전히 죽여서, 죄가 영원히 꿈쩍도 할 수 없게 만들고, 결코 소리치거나 부르거나 미혹하거나 유혹하지 못하게 만들려고 한다. 이렇게 죄를 죽이려고 하는 사람은 죄가 존재하지 않게 하는 것을 목표로 삼는다.

하지만 어떤 사람이 죄와의 싸움에서 성령과 그리스도의 은혜에 의지해서 경이롭고 눈부신 승리를 거두고 죄와 싸울 때마다 거의 언제나 승리를 거둔다고 할지라도, 죄를 완전히 죽이고 없애서 존재할 수 없게 만드는 것은 현세의 삶 속에서는 기대할 수 없는 일이다.

바울은 빌립보서 3장에서 "내가 이미 얻었다 함도 아니요 온전히 이루었다 함도 아니라"(12절)고 말함으로써, 이 사실을 우리에게 확인해 준다. 그는 최고의 성도이자 신자들의 모범으로서, 이 세상에서 믿음과 사랑, 성령의 모든 열매에서 그와 견줄 사람이 없었기 때문에, 다른 사람들과 비교해서는 자기가 온전하다고 말했다(15절). 하지만 자기 자신만 놓고 보았을 때는 여전히 자기는 "얻지" 못한 자였고, "온전히 이루지" 못한 자였으며, 오직 "잡으려고 달려가고" 있는 자였다. 그는 여전히 마지막 날에 그리스도의 크신 능력으로 변화를 받아야 할 "낮은 몸"을 지닌 자였고(21절), 그것은 우리도 마찬가지다.

우리는 우리 자신이 온전하게 되기를 원한다. 하지만 하나님은 우리가 어느 한 가지에서라도 스스로 온전하게 되지 않고, 모든 점에서 "그리스도 안에서 온전하게" 되는 것이 우리에게 가장 좋은 것이고 최고의 복이라는 것을 알고 계신다(골 2:10).

2. 죄 죽이기는 단지 외적으로 행하는 죄를 그만두는 것이 아니다

죄 죽이기는 죄를 은폐하고 숨기는 것이 아니라는 것은 내가 굳이 말할 필요조차 없을 것이다. 어떤 사람이 외적인 측면에서 어떤 죄를 행하는 것을 포기했다면, 사람들은 아마도 그 사람이 변화되었다고 여길 것이다. 하지만 하나님은 그 사람이 그 죄를 포기한 것이 전혀 아니라 여전히 그 죄를 행하고 있을 뿐만 아니라, 거기에 가증스러운 위선이라는 죄까지 추가함으로써, 이전보다 더 신속하게 지옥을 향해 달려가고 있다는 것을 아신다. 그의 마음은 달라졌지만, 더 거룩하게 된 새로운 마음을 지니게 된 것이 아니라, 더 교활한 마음이 된 것일 뿐이다.

3. 죄 죽이기는 인격을 수양해서 자연적인 본성을 훌륭하게 만드는 것이 아니다

죄 죽이기는 온순하고 차분한 본성을 계발하는 것이 아니다. 어떤 사람들은 다른 많은 사람들과는 달리 포악한 혈기나 감정을 격렬하게 표출하는 일이 없는 그런 본성을 타고난 이점을 갖고 있다. 그래서 그런 사람들은 인격 수양과 묵상과 사려 깊게 생각하는 법을 훈련함으로써 선천적으로 타고난 자신의 성품과 기질을 갈고 닦으면, 사실은 모든 가증스러운 것들이 그들의 마음 깊은 곳에 가라앉아서 여전히 상존하고 있는데도, 그들 자신이나 다른 사람들에게 죄를 거의 다 죽인 사람들처럼 보일 수 있다.

어떤 사람은 분노와 혈기 때문에 스스로 괴로워하거나 다른 사람들을 괴롭게 한 적이 별로 없이 한평생을 살아왔고, 어떤 사람은 거의 매일같이 분노와 혈기 때문에 스스로 괴로워하거나 다른 사람들을 괴롭히며 살아왔다고 하자. 그런데도 후자가 전자보다 죄를 더 많이 죽인 사람일 수 있다. 왜냐하면 전자는 분노와 혈기가 왕성하게 일어나는 그런 본성을 지니고 태어나지 않아서 분노와 혈기를 죽이려고 굳이 애쓸 필요가 없었던 사람일 수 있고, 반면에 자아도취나 불신앙이나 시기 등과 같은 그런 영적인 죄에 빠져서 살아 왔으면서도, 마치 그들 자신이 신앙이 좋은 것으로 착각하며 살아온 사람일 수 있기 때문이다.

4. 죄 죽이기는 죄의 형태를 바꾸는 것이 아니다

죄를 죽이는 것은 단지 죄의 형태를 바꾸는 것이 아니다. 마술사 시몬은 한동안 마술을 하지 않았다. 하지만 그를 움직여 왔던 탐욕과 야심은 여전히 그의 마음에 남아 있어서 다른 방식으로 작동하고 있었다. 그래서 베드로는 그에게 "내가 보니 너는 악독이 가득하며 불의에 매인 바 되었도다"(행 8:23)라고 말했다. 즉, 그는 이렇게 말한 것이다: "네가 신앙을 고백했고, 네가 행해 왔던 마술을 버리긴 했지만, 그럼에도 불구하고 너의 죄악된 욕망이 네 안에서 이전과 똑같이 강력하다. 그 동일한 욕망은 단지 흘러가는 방향만 바뀌었을 뿐이다. 그 욕망은 지금도 여전히 다른 식으로 발휘되고 표출되고 있기 때문에, 네 안에 있는 악독은 이전이나 지금이나 여전하다."

어떤 사람이 자기 안에 어떤 죄악된 욕망이 있다는 것을 알고서, 그 욕망을 경계하면서 이전처럼 분출되어 나오지 않도록 세심하게 주의를 기울이면, 그 욕망은 실제로 분출되어 나오지 않을 수 있다. 하지만 그 욕망을 만들어내었던 그의 부패한 본성은 다른 형태로 표출된다. 이것은 피부 표면에서 곪은 종기 하나를 치료해서 없앴기 때문에 완치된 것으로 생각했지만, 그 종기를 생겨나게 한 뿌리를 제거하지 않으면, 살의 다른 부분에 염증이 생겨나 곪아서 다른 곳에서 또다른 종기가 출현하는 것과 같다.

이렇게 죄가 계속해서 다른 형태들로 바뀌는 것은 은혜와는 전혀 관계가 없는 이유들로 인해 사람들에게서 자주 일어나는 현상이다. 그런 변화들은 사람의 삶 속에서 관계나 이해득실이나 계획이 바뀌었을 때에 일어나기도 하고, 사람이 인생을 살아가는 과정에서 나이를 먹거나 여러 가지 일들을 겪으면서 자연스럽게 체질이나 성향이 바뀌면서 그런 변화들이 생겨나기도 한다.

일반적으로 사람이 나이를 먹게 되면 젊었을 때에 추구하던 죄악된 욕망들 중에서 어느 하나도 결코 죽이지 않았다고 할지라도 그런 욕망들에 이제 더 이상 집착하지 않는 것이 보통이다. 이것은 젊었을 때에 추구하던 욕망들을 다른 욕망들로 바꾼 것으로서, 젊었을 때에 섬기던 주인을 떠나서 이제 새로운 다른 주인을 섬기게 된 것일 뿐이다.

교만하던 사람이 세상을 사랑하는 사람으로 바뀌었거나, 정욕을 추구하던 사람이 규범을 엄격하게 지키는 사람으로 바뀌었거나, 허영을 좋아하던 사람이 다른 사람들을 경멸하는 사람으로 바뀌어서, 마치 이전의 죄들이 떠나간 것처럼 보인다고 해서, 자기가 이전에 지니고 있던 죄를 마침내 죽였다고 생각해서는 안 된다. 그는 단지 자신의 주인을 바꾼 것일 뿐이고, 그 자신은 여전히 죄의 종이기 때문이다.

5. 죄 죽이기는 어쩌다가 죄를 이기는 것이 아니다

죄를 죽이는 것은 죄를 간헐적으로 이기는 것이 아니다. 죄와 싸워온 사람은 다음과 같은 두 가지 경우에 자기가 드디어 죄를 이겼다고 생각하기 쉽다.

첫째로, 죄가 갑자기 터져 나오고 분출되어서, 평안했던 마음은 어지럽혀져서 혼란스러워지고, 양심은 두려움을 느끼며, 수치심에 사로잡혀 치를 떨고, 하나님이 진노하신 것이 분명해보일 때, 우리는 죄에 대해 극도의 경각심을 지니게 되기 때문에, 우리 안에 있는 죄는 죽은 것처럼 보이게 된다. 이때에 우리 안에 있는 모든 것이 정신이 번쩍 들어서 깜짝 놀라 깨어나 들고 일어나고, 우리 마음은 죄에 대한 혐오감과 그 죄로 인한 우리 자신에 대한 혐오감으로 가득하게 된다. 그래서 우리는 하나님 앞으로 나아가서 살려달라고 부르짖게 되고, 우리 안에 있는 죄악된 욕망을 마치 지옥을 보는 듯이 혐오하며 단호하게 그 욕망에 반대한다. 이렇게 우리가 영적으로나 본성적으로나 전인적으로 깨어나서 눈을 부릅뜨고 있으면, 죄는 움츠러들어서 우리 앞에 그 모습을 나타내지 않고서 머리를 처박고 죽은 듯이 가만히 있게 된다.

이것은 마치 자객이 밤에 적군의 진영에 잠입해서 적장을 암살했을 때, 그 즉시 호위병들이 깨어나서 나팔을 불어 병사들을 일어나게 하여, 자객을 찾아내기 위해 물 샐 틈 없이 꼼꼼하게 수색을 벌이면, 자객은 이 소란과 소동이 끝날 때까지 은신해 있거나 죽은 것처럼 가만히 있는 것과 같다. 하지만 자객은 죽은 것도 아니고 사라진 것도 아니며 단지 가만히 있는 것일 뿐이고, 언제나 동일한 기회가 주어지면 똑같은 타격을 가하고자 하는 확고한 의지를 지니고서 기회를 엿보고 있는 것일 뿐이다.

고린도 교회의 신자들 가운데서 죄가 발견되자, 그들이 깜짝 놀라서 그 죄를 박멸하기 위해 분기탱천해서 얼마나 큰 소동을 벌였는지를 보라(고후 7:11). 어떤 사람이 자신의 삶 속에서 자신 안에 있던 죄악된 욕망으로 인해 실제로 어떤 죄를 지어서 그의 양심과 평안과 자기 자신에 대한 신뢰에 금이 갔을 때 그런 일이 일어난다. 그랬을 때에 그의 속에서는 경각심과 분노와 소원과 두려움과 보복하고자 하는 마음이 총궐기해서 그 죄를 공격하고, 죄악된 욕망은 그 기세에 눌려서 한동안 가만히 있게 된다. 하지만 이런 비상 상황이 끝나고 이 소동이 지나가면, 죄악된 욕망이라는 도둑은 다시 팔팔하게 등장해서 이전처럼 활발하게 일한다.

둘째로, 어떤 사람이 심판이나 재난이나 극심한 환난 가운데 있을 때, 그 사람 안에 내재하는 죄가 죽은 것 같아 보인다. 그런 처지가 되면, 그 사람은 어떻게 하면 현재의 괴로움이나 곤경이나 두려움이나 위험에서 벗어날 수 있을지를 생각하고 궁리해내는 일에 몰두하게 된다.

자신의 죄를 깨달은 그 사람은 그런 것들에서 벗어날 수 있는 것은 죄를 버리고 하나님과의 화평을 이룰 때뿐이라는 것을 깨닫는다. 죄를 깨달은 사람을 정말 괴롭고 고통스럽게 만드는 것은 모든 환난 속에 있는 하나님의 진노다. 그래서 그런 경우에 사람들은 하나님의 진노를 그치게 하기 위해 다시는 죄를 짓지 않겠다고 결심한다.

그 결심이 지속되는 동안에는 죄는 이제 더 이상 그 사람을 지배하지 못하게 되고, 그 사람은 자신을 또다시 죄를 섬기는 데 내어주지도 않는다. 따라서 죄는 움직이지 않고 가만히 있게 되고, 그래서 마치 죽은 것처럼 보이게 된다. 하지만 그것은 죄가 그 어떤 상처를 입었기 때문이 아니라, 단지 그의 영혼이 죄를 대적하려고 하는 생각들을 통해서 여러 기관

죄 죽이기

들을 장악하고서 위세를 떨치고 있어서, 죄가 숨을 죽이고 있기 때문일 뿐이다. 하지만 그 기세등등했던 생각들이 점차 힘을 잃고 옆으로 비켜났을 때, 죄는 다시 자신의 생명과 활력을 되찾는다.

시편 78:32-37에는 내가 말한 그러한 영혼의 상태가 어떤 것인지가 자세하게 묘사되어 있다: "이러함에도 그들은 여전히 범죄하여 그의 기이한 일들을 믿지 아니하였으므로 하나님이 그들의 날들을 헛되이 보내게 하시며 그들의 햇수를 두려움으로 보내게 하셨도다 하나님이 그들을 죽이실 때에 그들이 그에게 구하며 돌이켜 하나님을 간절히 찾았고 하나님이 그들의 반석이시며 지존하신 하나님이 그들의 구속자이심을 기억하였도다 그러나 그들이 입으로 그에게 아첨하며 자기 혀로 그에게 거짓을 말하였으니 이는 하나님께 향하는 그들의 마음이 정함이 없으며 그의 언약에 성실하지 아니하였음이로다."

나는 그들이 돌이켜서 간절히 하나님을 구하고 찾았을 때에 진심으로 자신들의 죄를 버리려고 했다는 것을 결코 의심하지 않는다. 그들의 그런 마음의 태도는 "돌이켜"라는 말 속에 표현되어 있다. 주께로 돌이키거나 돌아오는 것은 죄를 버릴 때에만 가능하기 때문이다. 그들은 "간절히," 즉 온 마음을 다해서 진지하게 그렇게 했다. 하지만 그들이 죄를 버리기 위해 그렇게 온 힘을 기울였음에도 불구하고, 그들의 죄는 죽지 않았다(36-37절).

이것은 일반적으로 사람들이 환난을 당하는 날들에 그 마음이 낮아져 있을 때의 상태인데, 그런 상태에서 신자들의 마음에서는 죄의 커다란 속임수가 전개되는 경우가 비일비재하다. 이런 경우들 및 그 밖의 다른 많은 경우들에 가련한 영혼들은 속아서 자신들이 죄악된 욕망들을 죽였다고 착각하지만, 그 욕망들은 펄펄 살아 있어서, 기회가 주어질 때마다 표출되어서 소동과 분란을 일으킨다.

제6장
죄를 죽인다는 것은 무엇인가

죄 죽이기가 무엇인지를 구체적으로 설명함 – 구체적인 죄 죽이기의 여러 부분들과 여러 단계들 – 죄의 뿌리와 원리를 성향적으로 약화시킴 – 죄악된 욕망의 유혹하는 힘 – 사람과 때에 따라 다른 죄의 힘 – 죄에 맞서 끊임없이 싸움 – 죄의 여러 부분들을 고찰함 – 죄와 맞서 승리함 – 이 강론의 요지를 고찰함.

우리가 다음으로 살펴볼 것은 죄를 죽인다는 것이 일반적으로 무엇인가 하는 것이다. 이것을 살펴보고 나면, 우리는 죄를 죽이기 위한 지침들을 구체적으로 살펴볼 수 있는 토대를 마련하게 될 것이다. 죄악된 욕망을 죽이는 것은 다음 세 가지를 의미한다.

1. 죄 죽이기는 죄의 성향을 약화시키는 것이다

죄를 죽이는 것은 죄의 성향을 약화시키는 것이다. 모든 죄악된 욕망은 우리의 마음이 끊임없이 악에 이끌리게 만드는 타락한 습성 또는 성향이다. 그래서 창세기 6장에서는 죄악된 욕망이 진정으로 죽지 않은 사람을 이렇게 설명한다: "그의 마음으로 생각하는 모든 계획이 항상 악할 뿐"(창 6:5)이다. 그런 사람은 항상 그를 죄로 끌어당기는 강력한 힘 아래 있다. 본성을 따라 살아가는 사람이라고 해서 어느 한 가지 욕망을 밤낮으로 언제나 지속적으로 추구하는 것은 아니다. 이것은 그가 섬기는 죄악된 욕망들이 많고, 각각의 욕망이 자기를 충족시켜 달라고 소리 지르기 때문이다. 그래서 그는 아주 다양한 욕망들을 추구하지만, 전체적으로는 자아의 만족을 지향한다.

따라서 우리가 죽이고자 하는 죄악된 욕망은 겉으로 보면 우리의 상상과 생각을 항상 자극하고 부추겨서 그 욕망을 충족시킬 궁리를 하게 만들지는 않는다고 할지라도, 사실은 그 자체가 우리의 의지와 감정을 어떤 구체적인 죄로 이끄는 강력하고 뿌리 깊으며 습관적인 성향이자 경향성이라고 말할 수 있다. 그래서 성경에서는 사람들은 자신의 "마음을 늘 악에 두고" 있고, 그들의 영혼은 악을 향해 기울어져 있으며, "육신의 일을 도모한다"(롬 13:14)고 말한다.

죄악되고 타락한 성향은 다른 많은 경우들에서와 마찬가지로 이 경우에도 모든 본성적이거나 도덕적인 성향들과 다르다. 왜냐하면 후자는 영혼을 그 자신의 본성에 맞춰서 온유하게 이끄는 반면에, 전자는 폭력적으로 격렬하게 영혼을 밀어붙이기 때문이다. 그래서 성경은 죄악된 욕망들이 "영혼을 거슬러 싸우고" 전쟁을 벌인다고 말하거나(벧전 2:11), 영혼이 하고자 하는 것에 대항해서 반역이나 전쟁을 일으켜서 그 싸움에서 승리하여 효과적으로 영혼을 포로로 사로잡아 자신의 뜻대로 하게 만든다고 말한다(롬 7:23). 즉, 죄악되고 타락한 성향이 하는 모든 일들은 대단히 폭력적이고 격렬한 싸움이 수반된다는 것이다.

나는 방금 인용한 본문이 나오는 로마서 7장의 설명을 토대로 해서, 어떤 식으로 죄악된 욕망이 마음과 생각을 어둡게 하고, 죄에 대한 깨달음을 소멸시키며, 이성을 폐위시키고, 그 욕망을 훼방할 수 있는 모든 고려들과 생각들이 힘을 발휘하거나 영향을 미치는 것을 차단해서, 모든 장애물을 돌파하여 불덩이로 진화해나가는지를 자세하게 드러낼 생각이다.

하지만 이것은 내가 지금 여기에서 해야 할 일은 아니다.*

아무튼 죄를 죽이기 위해서 첫 번째로 해야 할 일은 죄 또는 죄악된 욕망의 성향을 약화시키는 것이다. 우리가 그런 식으로 해서 죄를 죽이지 않을 때는 야고보서 1:14-15이 보여주듯이 죄 또는 죄악된 욕망이 잉태되고 자주 출현해서 끈질기게 폭력적으로 소동을 벌이고 도발하며 미혹하고 휘젓고 다니는 것이 자연스러운 일이 되기 때문이다.

여기에서 나는 한 가지 주의사항, 또는 법칙을 제시하고자 한다. 그것은 모든 죄악된 욕망은 본성적으로 한결같이, 그리고 보편적으로 우리로 하여금 죄에 끌리게 만들고 우리를 죄로 몰아가지만, 거기에는 다음과 같은 두 가지 제한이 있다는 것이다.

첫 번째는, 한 사람 안에서 어느 한 욕망이 우연히 많이 활용되고 강화되어서 힘이 세지면, 그 욕망은 그 사람 안에 있는 다른 욕망들이나 다른 사람 안에 있는 동일한 욕망(즉, 동일한 종류와 본성을 지닌 욕망)보다 훨씬 더 큰 생명과 능력과 활력을 지니게 될 수 있다는 것이다.

어느 한 욕망이 어떤 사람의 본성적인 상태와 기질, 적절한 삶의 환경, 좋은 기회들과 잘 맞아떨어질 수도 있고, 사탄이 무수히 많은 술수들을 동원해서 그 욕망을 장악하여 교묘하게 잘 다루어서 크게 성장시킬 수도 있다. 그렇게 되면 그 욕망은 그 사람 안에 있는 다른 욕망들이나 다른 사람 안에 있는 동일한 욕망보다 더 포악하고 격렬해지게 된다. 그런 경우에 그 욕망이 내뿜는 뜨거운 증기들이 그 사람의 지성을 가려서 어둡게 만든다. 그러면 그 사람은 이전과 동일한 것들을 알더라도, 그러한 지식은 의지에 그 어떤 힘이나 영향도 미치지 못하게 되어서, 부패한 감정들과 혈기들이 자유롭게 놓여나서 활개를 치고 돌아다니게 된다.

---

* 오웬은 『신자 안에 내재하는 죄』라는 책에서 이 주제를 다룬다. 그 책에서는 죄가 우리의 지성과 감정과 의지에 작용하고 역사하여, 어떤 식으로 그것들을 속이고 장악해서 자신의 뜻대로 움직이게 하는지를 구체적으로 설명한다.

죄 죽이기

하지만 특히 욕망은 유혹을 통해서 힘을 얻고 강화된다. 어떤 욕망과 잘 맞아떨어지는 유혹과 그 욕망이 만나면, 그 유혹은 그 욕망이 전에는 갖고 있지 않았거나 가질 수 없었던 것처럼 보이는 새로운 생명과 활력과 능력과 포악함과 광분함을 그 욕망에 부여한다. 나는 그런 예들을 많이 제시할 수 있지만, 이 사실을 증명하는 것은 다른 글을 통해서 별도로 하고자 한다.**

두 번째는, 어떤 욕망들은 포악하게 활동하기 때문에 다른 욕망들보다 훨씬 더 잘 드러나서 아주 쉽게 알 수 있다는 것이다. 바울은 음행을 다른 모든 죄들과 구별한다: "음행을 피하라 사람이 범하는 죄마다 몸 밖에 있거니와 음행하는 자는 자기 몸에 죄를 범하느니라"(고전 6:18). 그래서 음행이라는 죄의 움직임은 다른 죄들보다 더 잘 드러나고 아주 쉽게 알 수 있다.

세상을 사랑하는 것 같은 죄들도 음행의 죄 못지않게 사람들을 성향적으로 지배하고 있다. 하지만 그런 죄들은 그 사람 전체를 큰 소동으로 몰아가지는 않는다. 그렇기 때문에 그런 사람도, 어떤 욕망이 자신들 안에서 큰 소동을 벌여서 당혹스럽고 혼란스럽게 만들어서 자신들의 그런 모습에 경악하여 비명을 지르는 사람들이나, 어떤 욕망이 이끄는 힘에 이끌려서 추악한 죄들을 저지른 사람들만큼이나 욕망의 지배를 받고 있다. 그럼에도 불구하고, 그 사람은 자기 자신의 생각 속에서나 세상 사람들의 눈에 이미 죄를 죽인 사람으로 보일 수 있다. 하지만 그것은 그 사람의 심령 속에서 욕망들이 제거된 것이 아니라, 단지 그 욕망들이 그 사람의 심령 속에서 후자에 속한 사람들의 경우처럼 그런 큰 소동을 일으키지 않는 것일 뿐이다. 이런 일은 선천적으로 차분한 심령을 지닌 사람들에게서 볼 수 있는데, 그것은 그들의 타고난 본성의 상태가 다른 사람들과는 달리 잘

** 앞의 주에서 말했듯이, 오웬은 자신의 또 다른 저서인 『신자 안에 내재하는 죄』에서 이 주제를 다룬다.

드러나서 쉽게 알 수 있는 그런 욕망들과 잘 맞아떨어지지 않기 때문이다.

따라서 죄를 죽이기 위해 가장 먼저 해야 할 일은 이 성향을 약화시켜서 죄가 이전처럼 우리를 죄로 몰아가거나 소동을 벌이지 못하게 하고, 우리를 유혹하여 정도에서 벗어나게 만들지 못하게 하며, 죄의 생명과 활력과 준동하고자 하는 것을 죽이기 위한 우리의 노력을 훼방하고 교란시키지 못하게 하는 것이다.

갈라디아서 5장에서는 이것을 "육체와 함께 그 정욕과 탐심을 십자가에 못 박는" 것(갈 5:24), 즉 육체에 힘과 능력을 공급해주는 피와 원기를 제거하는 것이라고 부르고, 고린도후서 4장에서는 사망의 몸을 날마다 쇠약해지게 만드는 것이라고 부른다(고후 4:16).

어떤 사람을 십자가에 못 박으면, 그 사람은 처음에는 어떻게든 살아보려고 온 힘을 다해 큰 소리를 지르며 발버둥을 치지만, 그의 피와 원기가 점점 줄어들면, 발버둥치는 것도 약해지고, 소리를 지르는 것도 약해지다가, 결국에는 움직임도 없게 되고 소리치는 것도 사라지게 된다.

마찬가지로 어떤 사람이 특정한 욕망이나 기질을 묶어놓으려고 하면, 처음에 그 죄악된 욕망은 거기에서 빠져나오기 위해서 아주 격렬하게 저항하고, 거기에서 놓여나서 마음껏 만족을 얻기 위하여 필사적으로 악을 쓰고 발버둥을 친다. 하지만 죄 죽이기를 통해서 그 욕망의 피와 원기가 어느 정도 빠져나가면, 그 욕망의 움직임은 약해지고 잦아들며, 소리 지르는 것도 약해지고 거의 사라져서, 그 사람의 마음에서 거의 들리지 않게 된다. 그 욕망은 죽어가면서 종종 격렬하게 저항하고 큰 소리로 비명을 지르기 때문에, 엄청난 활력과 힘을 지니고 있는 것처럼 보이지만, 특히 그 사람이 그 요구를 들어주지 않으면, 그러한 최후의 발악은 신속하게 끝난다.

이것을 사도는 로마서 7장 전체를 할애해서 설명하는데, 특히 6절에서는 "죄"가 "십자가에 못 박힌 것"은 "죄의 몸을 죽여서," 즉 죄의 힘을 조금씩 약화시키고 없애서, "다시는 우리가 죄에게 종 노릇 하지" 않기 위

죄 죽이기

한 것, 즉 죄가 지금까지 마치 우리가 그의 종인 것처럼 자기 마음대로 우리를 죄로 몰아가곤 했던 일이 다시는 일어나지 않게 하기 위한 것이라고 말한다.

이것은 단지 육정과 육체의 소욕들, 세상적인 것들에 대한 욕망들 - "육신의 정욕과 안목의 정욕과 이생의 자랑"(요일 2:16) - 만이 아니라, 우리 안에 본성적으로 존재하는 하나님을 대적하는 지성과 의지를 뜻하는 "육체"에 대해서도 말하고 있는 것이다.

우리를 괴롭히는 특정한 욕망이 어떤 본성을 지니고 있고, 어떤 방식으로 자신을 표출하든, 즉 우리를 악으로 몰아가는 방식을 사용하든 우리가 선을 행하는 것을 훼방하는 방식을 사용하든, 우리가 그 욕망에 대해 해야 할 일은 그 힘을 약화시키는 것이다. 이 일을 효과적으로 해내지 않은 상태에서는 모든 것들을 다 동원해서 그 욕망과 맞서 싸운다고 해도 그 욕망을 막는 것은 불가능하다. 이것은 어떤 사람이 온 힘을 다해서 기진맥진할 정도로 애를 써서 나쁜 나무에 맺힌 쓴 열매를 따서 버렸어도, 그 뿌리가 여전히 힘 있고 활발하게 살아 있는 한, 그 나무에서 계속해서 더 많은 쓴 열매가 맺히는 것을 막을 수 없는 것과 같다.

하지만 많은 사람들이 그런 어리석은 짓을 행하고 있다. 그들은 겉으로 분출되어 드러난 죄악된 욕망에 대항하기 위해 모든 것을 동원해서 정말 진지하게 온 힘을 기울여서 고군분투하지만, 그 욕망의 배후에 존재하는 원리와 뿌리는 건드리지도 않을 뿐만 아니라 심지어 찾아보지도 않는다. 그런 사람들은 죄를 죽이는 일에서 전혀 또는 거의 진전을 이루어낼 수 없다.

2. 죄 죽이기는 죄에 맞서서 싸우는 것이다

죄를 죽이는 것은 죄에 맞서서 끊임없이 싸우는 것이다. 죄에게 계속해서 압박을 가할 수 있다면, 그것은 죄를 죽이는 일에서 아주 중요하다. 죄가 힘 있고 활발하게 활동할 때, 우리 영혼이 머리를 들어서 죄와 정면으로 맞서는 것은 거의 불가능하다. 그런 경우에 다윗이 자기 자신에 대해 고백했듯이, 우리 영혼은 한숨을 쉬고 신음하며 슬퍼하고 괴로워하게 되지만, 죄를 몰아낼 수는 없다. 다윗은 자신의 죄가 자기를 덮쳐서 장악해 버렸기 때문에 머리를 들 수조차 없게 되었다고 탄식한다(시 40:12). 그런 상태에서 그가 죄와 맞서서 싸우는 것은 거의 불가능했다! 따라서 죄에 맞서 싸우기 위해서는 다음과 같은 여러 가지 것들이 요구되고, 우리는 그런 것들을 갖추어야 한다.

(1) 첫 번째는, 우리가 싸워서 이겨야 할 원수가 있다는 것을 알아야 하고, 그 원수가 우리의 진정한 원수, 즉 모든 가능한 수단들을 총동원해서 반드시 이겨서 죽여야 할 원수라는 것을 명심해야 한다는 것이다. 이미 앞에서 말했듯이, 이 싸움은 우리의 영원한 운명을 결정짓는 치열하고 위험이 가득한 싸움이다. 따라서 어떤 사람이 자신 안에 있는 죄악된 욕망들을 일시적인 것이라고 생각해서 경시한다면, 그것은 그 사람의 죄와 욕망들이 아직 죽지 않았고, 그는 자신의 죄와 욕망들을 죽이는 과정에 있지도 않다는 것을 보여주는 중요한 증거가 된다.

이것은 각 사람이 "자기의 마음에 재앙을 깨닫는"(왕상 8:38) 것이고, 이것이 없으면 다른 것은 아예 할 수가 없게 된다. 정말 두렵고 염려되는 것은 아주 많은 사람들이 자신의 가장 중요한 원수를 품속에 품고 다니면서도 그런 사실을 거의 알지 못하고 있다는 것이다. 그래서 사람들은 자기가 얼마나 큰 위험에 처해 있는지를 알지 못하고, 그들 자신을 의로운 것으로 여기고서는, 그들에 대한 책망이나 훈계를 참지 못한다(대하 16:10).

(2) 두 번째는, 이 싸움을 시작하고자 할 때에 가장 먼저 해야 할 것은, 이 원수가 다니는 길들과 이기기 위해 사용하는 술수들과 방법들, 이 원수의 이점들과 이 원수가 노리는 기회들이 어떤 것들인지를 알려고 애써야 한다는 것이다.

이것은 사람들이 실제로 원수인 사람들과 싸우고자 할 때에 하는 일이다. 사람들은 자신의 원수들을 저지하기 위해서 그들의 계획과 의도가 무엇인지를 알아내려고 하고, 그들의 목적이 무엇인지를 숙고하며, 전에 어떤 수단들을 사용해서 어떻게 그들을 이겼는지를 생각한다. 이렇게 할 때에 원수들을 이길 수 있는 최선의 방법을 찾아내어 사용해서 최고의 결과를 얻어낼 수 있기 때문이다. 전쟁에서는 인간의 최고의 지혜와 성실함이 요구되는데, 이 과정을 생략하고서 전쟁을 벌인다면, 그 결과가 잔혹한 패배가 될 것임은 두말할 필요가 없다.

마찬가지로 진정으로 죄악된 욕망을 죽이고자 하는 사람들도 그렇게 한다. 죄악된 욕망이 실제로 그들을 괴롭히고 유혹하고 미혹하고 있을 때만이 아니라 뒤로 물러나서 가만히 있을 때에도, 그들은 "이 죄악된 욕망이 바로 우리의 원수이고, 이것이 이 원수가 사용한 방법이며, 이것들이 이 원수가 지닌 이점들이어서, 이 원수는 그렇게 해서 우리를 이겼고, 그를 저지하지 않으면, 앞으로도 우리를 이기고 말 것"이라고 생각한다. 그래서 다윗도 "내 죄가 항상 내 앞에 있나이다"(시 51:3)라고 고백했다.

사실 진정한 영적 지혜의 가장 훌륭하고 가장 탁월한 부분들 중 하나는 우리 안에 내재하는 죄의 교묘한 계략들과 전술들과 깊은 속셈들을 알아내는 데 있다. 그것은 죄의 가장 큰 힘이 어디에 있는지, 죄가 어떠한 계기들과 기회들과 유혹들을 자신의 거점과 발판으로 이용하는지, 죄가 어떠한 그럴 듯한 주장들과 논리들을 사용해서 자신의 뜻을 관철시키려고 하는지, 죄가 어떠한 기치들을 내걸고 어떠한 전략들과 구실들을 들고 나오는지를 고찰하는 것이다. 또한 그것은 옛 사람의 교묘한 계략에 대해 성령의 지혜로 맞서서, 이 뱀의 변화무쌍한 모든 움직임들을 추적해서 알아내어, 통상적인 마음 상태에서는 알 수 없는 죄의 아주 은밀한 움직임들에 대하여 "이것이 네가 옛적부터 써먹어 오던 방식이고, 나는 네가 그런 움직임을 통해 무엇을 이루고자 하는지를 잘 안다"고 말할 수 있는 것이다. 이런 준비가 늘 되어 있는 것은 우리의 싸움에서 아주 중요하다.

(3) 세 번째는, 죄를 괴롭게 하고 죽이고 없애는 그런 특성을 지닌 모든

것들로 날마다 죄를 공격하는 것이 이 싸움의 핵심이라는 것을 알아야 한다는 것이다. 그런 것들이 어떤 것들인지에 대해서는 나중에 설명하겠지만, 진정으로 죄를 죽이기로 결심한 사람은 자신의 욕망이 잠잠하고 조용하다고 해서 자신이 그 욕망을 죽였다고 결코 생각하지 않고, 날마다 그 욕망에 새로운 상처와 새로운 타격을 주기 위해 계속해서 애쓴다. 실제로 사도도 그렇게 했다: "그러므로 땅에 있는 지체를 죽이라 곧 음란과 부정과 사욕과 악한 정욕과 탐심이니 탐심은 우상 숭배니라"(골 3:5).

우리의 영혼이 죄와 싸우기로 결심하고서 지금까지 말한 방식으로 행하고 있다면, 그것은 분명히 최상의 상태로 싸우고 있는 것이고, 죄는 영혼이 휘두르고 있는 칼 아래에서 죽어가고 있는 것이다.

3. 죄를 죽인다는 것은 죄를 죽이는 데 지속적으로 성공하고 있다는 것이다

어떤 죄악된 욕망에 맞서서 그 욕망을 죽이는 데 자주 성공하고 있다는 것은 죄 죽이기의 또 하나의 부분이고, 죄를 죽이고 있음을 보여주는 또 하나의 증거이다. 여기에서 내가 말하는 "성공"은 단지 죄를 저질러서 밖으로 표출되어 나오지 못하게 하거나 자신의 목적을 이루지 못하게 한 것을 의미하는 것이 아니라, 죄와 맞붙어 싸워서 승리해서 끝까지 추적하여 완전히 정복하는 것을 의미한다.

예컨대, 우리 마음에서 죄가 활동하여 육체에 양식을 공급하기 위해 어떤 생각들을 만들어내어 유혹하고 미혹하여 육체의 욕망들을 만족시켜 주려고 하는 것을 발견했을 때, 우리가 그 즉시 죄를 인식하고서, 그 죄를 하나님의 법과 그리스도의 사랑 앞으로 데려가서, 그 죄를 단죄하고 나서 처형하는 것까지 다 완료했을 때, 나는 그것을 성공이라고 부른다.

어떤 사람이 자기 안에서 죄악된 욕망의 뿌리와 원리가 약화되어서, 욕망의 움직임과 활동이 이전보다 더 줄어들고 약화됨으로써, 그가 신앙의 의무를 이행하는 것을 훼방할 수도 없고 그의 평안을 방해할 수도 없는 그런 상태에 도달했다고 하자. 즉, 그 사람의 영혼이 고요하고 평안한 상태에서 죄를 발견해내어 죄와 맞서 싸워서 이기는 데 지속적으로 성공할 수 있게 되었다고 하자. 그렇게 되었을 때에 그 사람 안에서 죄는 상당한 정도로 죽은 것이기 때문에, 그 사람은 자신 안에 내재하는 죄의 온갖 반대와 저항에도 불구하고 자신이 이 땅에서 살아가는 날들 동안 하나님과 화목하게 살아갈 수 있게 된다.

따라서 우리가 목적으로 하는 죄를 죽이는 것, 즉 우리를 당혹스럽게 만드는 어떤 죄악된 욕망이나 기질을 통해서 우리 본성의 전체적인 타락과 부패가 힘을 발휘하고 자신을 드러내려고 하는 것을 죽이는 것은 두 가지로 요약된다.

첫 번째는, 우리 안에 심어져서 성향으로 내재하면서 죄와 정면으로 맞서서 죄를 파괴하는 은혜의 원리를 소중히 품음으로써, 우리를 악에 끌리게 하고 유혹하며 악으로 내몰고 하나님을 대적하여 반역하여 싸우게 하는 우리 안에 내재하는 죄의 성향을 약화시키는 것이 죄 죽이기의 토대라는 것이다.

그렇게 해서 우리 마음에 겸손이 심어져서 자라나면 교만이 약화되고, 인내가 심어져서 자라나면 혈기가 약화되며, 마음의 순전함과 양심이 심어져서 자라나면 더러운 음행이 약화되고, 천국에 마음을 두는 것이 심어져서 자라나면 이 세상을 사랑하는 마음이 약화된다. 이런 것들은 모두 성령의 은혜들이다. 또한 이런 것들은 성령이 역사하는 대상들의 다양함이나 차이에 따라 다양하게 나타나는 하나의 동일한 성향적 은혜라고 말할 수도 있다. 이것은 그 반대되는 것들(교만, 혈기, 음행, 이 세상을 사랑하는 마음)이 죄의 여러 가지 욕망들이거나, 죄가 다양한 이점들과 계기들을 통해 역사해서 다양하게 나타나는 하나의 동일한 부패한 본성인 것과 같다.

두 번째로 요구되는 것은, 성령 또는 새 사람이 죄의 움직임과 활동들에 맞서 싸우기 위해 주어진 모든 방법들과 모든 수단들과 원군들을 끊임없이 사용해서 즉각적이고 신속하며 활기차게 기꺼이 죄악된 욕망을 대적하여 싸워야 한다는 것이다.

이 두 가지가 갖추어졌을 때에는 죄를 죽이는 일에서 여러 수준의 성공을 거두게 된다. 죄악된 욕망이나 기질이 어떤 사람 안에서 깊이 뿌리 내리고 강력한 힘을 발휘할 수 있는 천혜의 조건을 갖추고 있어서 도저히 정복할 수 없는 경우가 아니라면, 영혼이 죄악된 욕망의 반대와 저항을 이제 더 이상 느끼지 못할 정도로 죄를 전반적으로 정복하는 것이 가능하다. 그렇게 되었을 때에는 은혜 언약에서 주어진 약속에 따라 분명히 양심은 평안을 얻게 된다.

죄 죽이기

제7장

죄를 죽이기 위한 일반적인 지침들(1)

일반적인 법칙들, 이것들 없이는 죄악된 욕망을 죽이는 것은 불가능하다 - 신자
가 아니라면 죄 죽이기는 불가능하다 - 거듭나지 않은 자들이 죄 죽이기를 시도
할 때의 위험성들 - 죄 죽이기와 관련해서 회심하지 않은 자들의 의무 - 죄 죽이
기와 관련한 교황주의자들의 시도들과 원칙들은 헛되다

이제 우리는 사탄이 우리 영혼을 교란시키고 약화시키기 위해 사용하는
특정한 욕망과 죄를 우리 영혼이 죽이기 위해 사용해야 하는 방법들과 수
단들을 살펴볼 것이다. 죄를 죽이는 이 일과 관련해서 전제되어야 할 몇
몇 원리들과 토대들이 있고, 이제 우리가 살펴보고자 하는 것들은 그러한
것들에 관한 어떤 일반적인 지침들이다.

　이 세상에서 살아가는 어떤 사람이 자신의 죄를 아무리 크게 깨닫고
그 죄를 죽이기 위해 아무리 단호하게 결심한다고 할지라도, 이 지침들을
지키지 않는다면 그 목적을 결코 이룰 수 없다. 이렇게 이 일반적인 지침
들과 원리들을 따르지 않는 경우에는 결코 죄를 죽일 수 없게 되는데, 다
음과 같은 것들이 그런 것들이다.

1. 첫 번째 일반적인 지침: 죄 죽이기는 오직 신자에게서만 가능하다

어떤 사람이 신자가 아니라면, 즉 진정으로 그리스도께 접붙임이 된 사람이 아니라면, 그는 단 하나의 죄도 결코 죽일 수 없다. 나는 어떤 사람이 자기가 신자라는 것을 알지 못하면 죄를 죽일 수 없다고 말하는 것이 아니라, 어떤 사람이 스스로 알든 모르든 실제로 신자가 아닌 경우에는 죄를 죽일 수 없다고 말하는 것이다.

죄를 죽이는 것은 신자들이 하는 일이다: "너희가 영으로써 몸의 행실을 죽이면"(롬 8:13). 여기에서 "너희"는 1절에서 말한 "정죄함이 없는" 자들을 가리킨다. 그리고 죄를 죽이라는 권면은 오직 신자들에게만 주어진다: "그러므로 땅에 있는 지체를 죽이라"(골 3:5). 여기에서 사도는 누구에게 죄를 죽이라고 권면하고 있는가? 그들은 "그리스도와 함께 다시 살리심을 받은" 자들이고(1절), 그들의 "생명이 그리스도와 함께 하나님 안에 감추어진" 자들이며(3절), "그리스도와 함께 영광 중에 나타날" 자들이다(4절).

거듭나지 않은 자들도 죄를 죽이는 것처럼 보이는 일은 할 수 있지만, 하나님이 인정하시는 진정으로 죄를 죽이는 일은 결코 행할 수 없다. 여러분은 세네카, 키케로, 에픽테토스* 같은 몇몇 철학자들이 죄를 죽이는 것처럼 보이는 어떤 것에 대해 설명하고 있다는 것을 안다. 그들은 세상과 자아를 멸시해야 하고, 온갖 지나치고 터무니없는 감정들과 정념들을

---

* "세네카"(주전 4년경-주후 65년)는 로마 제정 시대에 활동한 후기 스토아학파 철학자로서 네로 황제의 스승이었다. "키케로"(주전 106-43년)는 플라톤이 꿈꾸었던 철인정치가 어떠한 것인지를 몸소 보여준 철학자였다. "에픽테토스"(주후 55-135년경)는 노예 출신의 후기 스토아학파 철학자였다. 고대의 현자들이 추구했던 스토아학파 철학은 절제를 토대로 한 높은 도덕적 삶을 추구해서, 도덕적으로만 본다면 기독교에서 말하는 최고의 도덕을 많이 닮은 것이었다.

죄 죽이기

절제하고 극복해야 한다고 얼마나 열정적으로 역설하는가! 하지만 그들 대부분의 삶은 그들이 그토록 열렬히 주창하고 제시했던 것들이 참된 죄 죽이기와는 얼마나 동떨어진 것인지를 여실히 보여주었다. 그것은 이정 표에 그려진 태양과 실제로 창공에 떠 있는 태양의 차이만큼이나 다른 것이었다. 그들이 주창하고 제시했던 것들에는 빛도 없었고 열기도 없었다. 그들 가운데 살았던 루키아노스가 그들 모두가 어떤 사람들이었는지를 충분히 보여주었다.** 그리스도의 죽음 없이는 죄의 죽음도 없다.

또한 여러분은 교황주의자들이 죄를 죽이기 위해 어떠한 시도들을 하고 있는지도 알고 있다. 그들은 서약들과 고해들과 보속의 고행들을 통해서 죄를 죽이려고 한다. 나는 감히 바울이 의의 문제와 관련해서 이스라엘에 대해 말한 것(롬 9:31-32)을 죄를 죽이기 위한 교황주의자들(그들은 자신들이 교회라고 부르는 그들의 교회가 정립한 원리들에 따라 행하는 자들이다)의 시도에도 그대로 적용해서, "그들은 죄를 죽이기 위해 자신들의 방법들을 따라갔지만 죄 죽이기에 이르지 못하였다"고 말하고자 한다. 바울은 그 이유를 무엇이라고 말하는가? "이는 그들이 믿음을 의지하지 않고 행위를 의지함이라." 이것은 우리 가운데서 죄에 대한 자신의 깨달음과 깨어난 양심에 순종해서 죄를 버리려고 시도해온 모든 사람들에게도 동일하게 적용된다. 그들은 죄를 버리려고 했지만, 죄를 버리는 데 이르지 못했다.

율법이나 복음을 들은 모든 사람에게는 죄를 죽이는 것이 요구된다는 것은 사실이다. 그것은 그들에게 주어진 의무이기는 하지만, 그들이 직접 모든 것을 알아서 스스로의 힘으로 해야 하는 의무인 것은 아니다. 그 일을 하지만 하나님의 방식으로 하는 것이 그들의 의무이다.

** "루키아노스"(주후 120-180년경)는 고대 로마 시대에 활동한 그리스 출신의 풍자작가였다. 그는 대화와 편지의 형식으로 작품을 써서, 당시의 종교와 정치와 철학과 사회의 어리석음과 위선과 결함 등을 풍자를 통해 공격하였다.

여러분이 종에게 여러분을 위해서 어느 곳에 얼마의 돈을 지불하라고 지시했지만, 먼저 어디로 가서 돈을 가져와서 그 돈을 지불하라고 말했다면, 그 종의 의무는 먼저 여러분이 정해준 곳으로 가서 돈을 가져온 후에 그 돈으로 지불하는 것이다. 따라서 그 종이 그렇게 하지 않는다면, 여러분에게 책망을 받게 될 것이다. 여러분이 그 종에게 어느 곳에 돈을 지불하라고 한 것이 주된 지시였고, 특정한 곳에 가서 돈을 가져와서 그 돈으로 지불하라고 한 것은 부수적인 지시였지만, 부수적인 지시를 따르지 않은 경우에는 비록 주된 지시를 이행했다고 해도 전체적으로 여러분의 지시를 따른 것이 아니게 되기 때문이다. 이것은 죄를 죽이는 일도 마찬가지다. 우리는 죄를 죽여야 하지만, 우리가 그렇게 할 수 있기 위해서는 먼저 해야 할 일이 있다.

오직 성령만이 죄를 죽일 수 있다는 것은 앞에서 이미 증명했다. 하나님은 성령을 통해서 이 일을 하시겠다고 약속했기 때문에, 성령이 빠진 다른 모든 수단들은 공허하고 헛될 뿐이다. 그런데 어떻게 성령이 내주하지도 않는 사람이 죄를 죽일 수 있겠는가? 성령 없이 단 한 가지 죄라도 진정으로 죽이는 것보다는 차라리 눈 없이 보거나 혀 없이 말하는 것이 더 쉬울 것이다.

그렇다면 사람은 어떻게 죄를 죽이는 데 이르게 되는가? 그 열쇠는 그리스도의 영에 있다. 사도는 "누구든지 그리스도의 영이 없으면 그리스도의 사람이 아니라"(롬 8:9)고 말한다. 따라서 우리가 그리스도의 사람이고 그리스도 안에 우리의 분깃이 있다면, 우리에게는 성령이 있고, 그렇기 때문에 죄를 죽이는 능력이 우리에게 주어져 있다. 이것이 사도가 로마서 8장에서 말하고 있는 바로 그것이다: "육신에 있는 자들은 하나님을 기쁘시게 할 수 없느니라"(롬 8:8). 이것은 사도가 앞에서 우리의 본성적인 상태에 대해 자세하게 추론한 후에 도출해낸 결론이다. 즉, 본성적인 상태에 있는 우리는 하나님과 하나님의 율법에 대해 적대할 수밖에 없다는 것이다. 우리가 육신에 있어서 우리에게 성령이 없다면, 우리는 하나님이 기뻐하시는 일을 단 하나도 할 수 없다.

　우리가 이 상태에서 벗어날 수 있는 방법은 무엇인가? 사도는 9절에서 그 대답을 제시한다: "만일 너희 속에 하나님의 영이 거하시면 너희가 육신에 있지 아니하고 영에 있나니." 이것은 "너희 신자들은 그리스도의 영이 있기 때문에, 너희는 육신에 있지 않다"는 것이다. 그리스도의 영으로 말미암지 않고서는 육신에 있는 상태에서 벗어날 수 있는 방법이 없다.

　그리스도의 영이 여러분 안에 있으면, 무슨 일이 일어나는가? 그렇게 되었을 때에 여러분은 죽게 된다. 즉, "몸은 죄로 말미암아"(10절) 또는 죄에 대하여 "죽게" 된다. 죄를 죽이는 일이 진행되고, 새 사람은 의에 대해 살아나게 된다. 사도는 11절에서 우리가 성령으로 말미암아 그리스도와 연합됨으로써 성령이 그리스도 안에서 행하셨던 역사를 우리 안에서도 행하신다는 사실에 의거해서 이것을 증명한다.

　따라서 그리스도와 상관없이 죄악된 욕망을 죽이고자 하는 모든 시도는 헛되다. 말씀을 듣고서 죄를 깨닫게 하는 그리스도의 화살들이 자신의 마음에 박히거나, 어떤 환난으로 인해 자신의 죄를 생생하게 깨닫게 되어서 죄로 인해 큰 괴로움을 당하게 된 많은 사람들은 그들의 양심을 크게 교란시키거나 혼란스럽게 하고 있는 이런저런 욕망을 물리치기 위해 온 힘을 다해 격렬한 싸움을 벌인다. 하지만 이 가련한 영혼들은 불구덩이 속에서 고군분투하다가, 그 불을 끄기는커녕 도리어 그 불에 의해 삼켜져 버리고 만다.

　그리스도의 영이 죄 죽이는 일을 위해 오셨을 때, 그 영은 "연단하는 자의 불과 표백하는 자의 잿물"과 같아서, 금과 은의 찌꺼기를 다 제거하듯이 사람들을 정화하실 것이고(말 3:2-3), 그들의 "찌꺼기"와 "혼잡물"(사 1:25), 그들의 "더러움"과 "피"(사 4:4)를 제거하실 것이다. 하지만 이런 연단은 그들이 근본적으로 금과 은이어야만 효과를 발휘한다. 그렇지 않은 경우에는 이런 연단은 그들에게 아무런 유익도 없게 될 것이다.

　선지자 예레미야는 악인들이 하나님이 그들에게 제공해주신 수단들을 통해서 죄를 죽이기 위해 온 힘을 다해 애를 썼을 때의 서글픈 결과를 우리에게 말해 준다: "풀무불을 맹렬히 불면 그 불에 납이 살라져서 단련하는 자의 일이 헛되게 되느니라……사람들이 그들을 내버린 은이라 부르게 될 것은 여호와께서 그들을 버렸음이라"(렘 6:29-30). 이 일이 이렇게 된 이유는 무엇인가? 선지자는 28절에서 그들이 풀무불에 던져졌을 때에 이미 "놋과 철"이었기 때문이라고 말한다. 놋과 철은 아무리 오랫동안 연단해도 좋은 은이 되지 못한다.

여기에서 내가 말하고자 하는 것은, 죄를 죽이는 것은 거듭나지 않은 사람들이 지금 해야 할 일이 아니라는 것이다. 하나님은 그들에게 아직은 죄를 죽이라고 명령하지 않는다. 그들이 지금 해야 할 일은 이런저런 죄악된 욕망을 죽이는 일이 아니라 회심하는 것, 즉 그들의 심령 전체를 돌이키는 것이다.

어떤 사람이 건물의 기초를 닦는 데는 아무런 관심도 보이지 않고 오직 큰 건물을 세우는 데만 몰두하는 것을 여러분이 본다면, 분명히 그 사람을 비웃을 것이다. 특히 그 사람이 오늘 쌓은 것이 다음날 무너지는 경험을 무수히 하고서도 여전히 그런 과정을 계속해서 반복하고 있는 것을 여러분이 본다면, 저런 어리석은 사람이 어디 있느냐며 그 사람을 비웃을 것이 분명하다.

자신의 죄를 깨닫기는 했지만 거듭나지는 않은 사람들이 바로 그렇게 하고 있다. 그들은 자신들이 오늘 죄를 물리치기 위해 쌓은 것들이 내일이면 다 무너져버리는 것을 뻔히 보면서도, 자신들이 한 일들 중에서 어디가 결함이 있어서 무너져버리는 것인지를 살피지 않고, 계속해서 그 동일한 일을 반복한다.

유대인들이 자신들의 죄를 깨닫고 마음이 찔려서, "우리가 어찌할꼬"라고 부르짖었을 때(행 2:37), 베드로는 그들에게 어떻게 하라고 했는가? 그들에게 자신들의 교만과 분노와 악의와 잔인함 등등을 죽이라고 했는가? 아니다. 베드로는 그것이 그들이 지금 해야 할 일이 아니라는 것을 알고 있었기 때문에, 먼저 회개하고 그리스도를 믿을 것을 촉구했다(38절). 먼저 그들의 마음이 철저하게 회개하고 회심하고 나서, 그런 후에 "그들이 찔렀던 그리스도를 바라보았을" 때, 그들의 낮아짐과 죄 죽이기가 시작될 것이었다.

세례 요한은 회개와 회심을 전파하러 왔을 때, "이미 도끼가 나무 뿌리에 놓여 있다"(마 3:10)고 말했다. 바리새인들은 금식과 결례 등과 같이 죄를 죽이기 위한 엄격한 수단들을 마련해놓고서 사람들에게 무거운 짐들을 지우고 무수히 많은 의무들을 부과했었지만, 그 모든 것들은 헛되어서 죄를 죽이는 데는 아무런 소용도 없는 것들이었기 때문이다. 세례 요한은 "너희에게는 회심에 관한 가르침이 있고, 내 손에 들려 있는 도끼는 뿌리에 놓여 있다"고 말한다.

우리 구주께서도 이 경우에 무엇을 해야 하는지를 우리에게 말씀해 주신다: "가시나무에서 포도를 따겠느냐"(마 7:16). 가시나무에서 가시들을 잘라내 버리면 고통을 느낄 것이다. 하지만 그렇다고 해서 거기에서 무화과가 열리는 일은 결코 없을 것이다(17-18절). 모든 나무는 그 나무가 어떤 나무이냐에 따라 거기에 따른 열매를 맺을 수밖에 없다. 따라서 그런 경우에 어떻게 해야 하는지를 주님은 우리에게 말씀해 주신다: "나무를 좋게 하라 그러면 그 열매가 좋을 것이다"(한글개역개정에는 "나무도 좋고 열매도 좋다 하든지 나무도 좋지 않고 열매도 좋지 않다 하든지 하라 그 열매로 나무를 아느니라"-마 12:33). 그 나무가 나쁜 나무인 경우에는 뿌리가 그대로이고 그 나무의 본성이 바뀌지 않는다면, 거기에서 좋은 열매가 맺히는 것은 불가능하다.

여기에서 내가 말하고자 하는 것은, 사람이 거듭나서 신자가 되지 않으면, 그가 죄를 죽이기 위해 행하는 모든 시도들이 아무리 그럴 듯해 보이고 성공할 것처럼 보이더라도 아무 소용이 없고, 그가 모든 수단들을 총동원해서 아무리 진지하고 부지런히 밤낮으로 깨어 온 마음과 정신을 집중해서 주의 깊게 시도하더라도 아무 소용이 없다는 것이다. 그가 아무리 많은 치료책들을 사용해도 헛될 것이고 고침을 받지 못할 것이다. 게다가 죄를 깨달았지만 거기에서 멈추고 거듭나지 않은 사람이 죄를 죽이는 일을 하려고 했을 때에는 다음과 같은 여러 가지 치명적인 해악들이 수반된다.

(1) 그들이 진정으로 해야 할 일인 회개를 하지 못하게 된다

불신자의 마음과 생각이 그가 해야 할 일이 아닌 것을 하기 위해 몰두하면, 그는 자기가 마땅히 해야 할 일을 하지 못하게 된다. 하나님은 자신의 말씀과 심판들을 통해서 그 사람 안에 있는 어떤 죄를 지적하고, 그의 양심을 괴롭게 하며, 그의 마음을 불안하게 하고, 그에게서 안식을 빼앗아 가신다. 이렇게 해서 죄를 깨닫게 된 사람은 이제 하나님이 그에게 원하시는 것을 해야 한다. 그런 상태에서 벗어나기 위해서 다른 회피하는 방법들을 사용하는 것은 아무 소용이 없다. 이런 상태에서 그가 해야 할 일은 그를 괴롭히는 죄를 죽이기 위해 몰두하는 것이 아니라, 자신의 전 존재를 일깨워서 자기가 지금 어떠한 상태에 있는지를 숙고함으로써 하나님 앞에 나아가는 것이다.

이런 상태에서 불신자가 자신이 깨달은 죄를 죽이는 일에 몰두하는 것은 순전히 자신이 겪고 있는 괴로움에서 벗어나기 위한 자기애에서 나오는 행위일 뿐이고, 하나님이 그에게 요구하시는 일이 전혀 아니다. 그렇기 때문에 그는 하나님이 그에게 요구하시는 일에서 도리어 멀어지게 된다.

그래서 하나님은 에브라임에 대해서 "그들이 갈 때에 내가 나의 그물을 그 위에 쳐서 공중의 새처럼 떨어뜨리고……그들을 징계하리라"(호 7:12)고 말씀하셨다. 즉, 그들을 사로잡아서 옴짝달싹할 수 없게 만들어서, 그들이 도망칠 수 없다는 것을 깨닫게 하시겠다는 것이다. 그리고 이어서 그들에 대해서 "그들은 돌아오나 높으신 자에게 돌아오지 아니하니"(16 절)라고 말씀하신다. 즉, 그들은 죄를 버리려고 애를 쓰고 온 힘을 기울이긴 하지만, 하나님이 그들에게 요구하시는 것, 즉 전인적으로 회개하고 하나님께로 돌아오지는 않는다는 것이다.

죄 죽이기

이렇게 사람들은 하나님 앞에 나아오고자 할 때에 하나님이 그들에게 정해주신 가장 영광스러운 길을 통해서 하나님께로 나아오는 것을 회피한다. 그리고 이것이 사람들이 자신의 영혼을 파멸에 이르게 하는 가장 흔한 속임수들 중 하나다. 하나님께 속한 일들에서 얼토당토않은 말들을 늘어놓는 것을 일삼는 자들*이 이 속임수를 가르쳐서 무지한 사람들이 잘못된 길로 가는 일이 없기만을 나는 바랄 뿐이다.

사람들이 자신의 양심이 죄로 인해 괴롭고, 하나님이 그들을 누르심으로써 그들이 불안감을 느낄 때, 그들은 흔히 어떻게 하고 어디로 향하는가? 그런 경우에 사람들은 일반적으로 자기를 당혹스럽게 하고 혼란스럽게 만들고 있는 그 죄를 없애기 위해서 그 죄와 맞붙어서 자신의 온 힘을 싸우는 일에 몰두하지 않는가? 그리고 그런 과정에서 그들이 깨달은 죄를 해결해주려고 있는 것이 복음이라는 사실을 잊어버리지 않는가? 그리고 사람들이 계속해서 이 상태에 머물러 있는다면, 그들은 결국 죄 가운데서 멸망하게 될 것이다.

(2) 죄를 죽이겠다고 결심하고 행하는 것 자체를 선한 것으로 여겨서 자신의 상태가 선해졌다고 착각하게 된다

죄를 죽이고자 하는 것은 그 자체로 선한 일이고, 양심이 진실하다는 것을 증명해주는 일이며, 양심에 평안을 가져다주는 일이다. 따라서 어떤 사람이 실제로 죄를 죽이는 일을 시작해서, 이런저런 죄를 버리려고 하는 목적과 결심으로 자신의 생각과 마음을 그 죄를 죽이는 일에 몰두하게 되면, 그는 이제 자신의 상태가 선해졌다고 결론을 내리기 쉽다. 하지만 이것은 그 자신의 영혼을 속이는 것이다. 그 이유는 다음과 같다.

---

* 여기에서 "하나님께 속한 일들에서 얼토당토않은 말들을 늘어놓는 것을 일삼는 자들"로 번역한 문장은 직역하면 "하나님께 속한 일들에서 적절하게 희석시키지 않은 모르타르를 사용해서 바르는 것이 그들이 하는 일인 자들"이다. 이것은 아직 거듭나지도 않은 사람들에게 무차별적으로 죄를 죽일 것을 가르치고 요구하는 자들을 가리킨다.

[1] 그것은 양심이 죄로 병들어 있고 안식을 발견할 수 없을 때에는, 마땅히 영혼의 위대한 의사이신 분께로 나아가서 그의 피로 고침을 받아야 하는 것이 마땅한데도, 그는 그리스도께로 나아가지는 않고, 스스로의 힘으로 죄와 맞붙어 싸운다는 미명 아래 자신의 양심을 달래고 진정시키며 주저앉아 있는 것이기 때문이다.

얼마나 많은 가련한 영혼들이 영원에 이르도록 이렇게 속임을 당하고 있는가! "에브라임"은 "자기의 병을" 깨닫고서는 "야렙 왕에게 사람을 보내었다"(호 5:13). 이것은 그로 하여금 하나님께로 나아가지 못하게 만들었다. 교황의 종교 전체는 그리스도 없이 양심을 진정시키기 위한 온갖 술수들과 계책들로 이루어져 있다. 사도는 그런 모든 시도들을 이렇게 설명한다: "하나님의 의를 모르고 자기 의를 세우려고 힘써 하나님의 의에 복종하지 아니하였느니라"(롬 10:3).

[2] 그렇게 할 때에 사람들은 그런 상태에서 자신이 마땅히 해야 할 일을 하는 것이 아닌데도, 그 자체로 선한 일을 하고 있다고 생각해서, 자신의 상태가 선하다고 스스로 만족하기 때문이다. 그들은 자기는 진정으로 그 선한 일을 하고 있는 것이라고 생각하기 때문에 자신의 상태는 좋은 것이라고 여기게 되고, 그 결과 그의 마음은 일종의 자기 의로 인해 완고해진다.

(3) 오랜 후에 자기가 죄와 싸워온 것이 헛된 것이었음을 알고서 절망하고 포기해버린다

그는 이렇게 속임을 당하고 자신의 영혼을 속여 오다가, 오랜 시간이 지나서 자신의 죄가 실제로 죽지 않았다는 것, 또는 어느 특정한 죄는 짓지 않게 되었는데 또다른 죄를 짓고 있다는 것을 발견하게 된다. 그러면 그는 마침내 지금까지 자기가 죄와 싸워온 것이 헛된 것이고, 자기는 죄와 싸워서 결코 이길 수 없다는 것을 알게 된다. 또한 그는 자기가 그동안 댐을 쌓아서 죄의 물길을 막아왔는데, 이제 그 댐은 무너지고 댐 안에 쌓여

죄 죽이기

있던 거대한 물이 그를 곧 덮치게 될 것임을 알게 된다. 이것을 깨달았을 때, 그는 죄를 이기는 일에서 자기가 결코 성공할 수 없다고 절망하고서 이제까지 죄와 싸우기 위해 구축해 왔던 온갖 헛된 방책들을 내던져버린 채 항복하고서 자기 자신을 죄의 권세에 맡겨 버린다.

이것은 사람들이 먼저 그리스도 안에서 자신의 분깃을 얻지도 않고 죄를 죽이려고 시도할 때에 일반적으로 초래되는 결과다. 그런 시도는 그들을 속이고, 그들을 완고하게 하며, 그들을 파멸시킨다. 따라서 우리는 자신의 죄를 깨달았을 때에 그리스도 앞으로 나아가서 그리스도를 발견하지 않고, 도리어 스스로의 힘으로 죄를 죽이는 일에 착수해서 온갖 애를 쓰다가 결국에는 그렇게 하는 것이 아무런 열매도 없다는 것을 발견하고서 모든 것을 포기해 버리는 사람들보다 이 세상에서 정말 더 비참하고 절망적인 죄인들은 없다는 것을 알게 된다. 그리고 이것은 이 세상에서 가장 훌륭해 보이는 율법주의자들, 즉 가축들을 몰아서 물 속으로 들어가게 하듯이 아메리카 대륙의 원주민들로 하여금 강제로 세례를 받게 하고, 로마 가톨릭 회중에게 죄 죽이기를 강요하는 자들이 지닌 종교와 경건의 실체다.

이것이 내가 죄 죽이기는 신자들의 일이고, 오직 신자들만의 일이라고 말하는 이유다. 죄를 죽이는 것은 살아 있는 자들의 일이다. 왜냐하면 사람들이 죽어 있을 때에는(모든 불신자들은 그들 중에서 아무리 훌륭한 자들이라고 할지라도 죽은 자들일 뿐이다), 그들 안에서는 죄가 살아 있고, 그들이 무슨 짓을 해도 죄는 계속해서 살아 있을 것이기 때문이다.

죄 죽이기는 믿음의 일이고, 오직 믿음만이 해낼 수 있는 일이다. 어떤 일을 해낼 수 있는 유일한 방법이 있고, 오직 그 방법만으로만 그 일을 해낼 수 있는데도, 누군가가 그 방법이 아닌 다른 방법으로 그 일을 하려고 시도한다면, 그것은 이 세상에서 가장 미친 짓일 수밖에 없다. 마음을 깨끗하게 하는 것은 믿음이다(행 15:9). 또는 베드로가 말했듯이, 우리는 성령으로 말미암아 "진리를 순종함으로" 우리 "영혼을 깨끗하게" 한 자들이다(벧전 1:22). 믿음이 없이는 이 일은 불가능하다.

나는 지금까지 말한 것으로 죄 죽이기와 관련해서 다음과 같은 첫 번째 일반적인 원칙을 충분히 증명했다고 생각한다: "그리스도를 믿어서 그리스도 안에서 먼저 자신의 분깃을 확보하라. 여러분이 먼저 그렇게 하지 않고 자신이 깨달은 어떤 죄를 죽이고자 한다면, 그 일은 결코 성공하지 못할 것이다."

반론

여러분은 이렇게 말할 것이다: "그렇다면 당신은 거듭나지 않은 사람들이 자신의 죄악을 깨달았을 때에는 어떻게 해야 한다고 말하는 것인가? 그들은 죄와 맞서 싸우는 것을 그치고 자신의 욕망들에 휘둘려서 이 세상에서 가장 악한 자들처럼 방탕하고 악하게 살아가야 한다는 것인가? 만일 사람들이 그렇게 한다면, 이 세상 전체는 걷잡을 수 없는 혼란에 빠져들고, 모든 것은 어둠 속으로 빨려 들어가며, 욕망의 문들이 활짝 열려서 홍수가 되어 세상을 덮쳐 사람들의 목까지 차올라서, 온갖 죄들이 환희와 탐욕에 사로잡혀 전쟁터의 말처럼 거침없이 내달리며 기승을 부리게 될 것이 아니겠는가?"

답변

1. 그런 일은 결코 일어나지 않는다! 왜냐하면 그것은 하나님의 지혜와 선하심과 사랑과 관련된 중요한 문제로서, 하나님은 다양한 방법들과 수단들을 사용하셔서, 사람들이 자신의 부패한 본성에 이끌려서 아주 포악해져서 지나친 패역과 방탕으로 내달리는 것을 막으시기 때문이다. 그것이 어떤 방식을 통해서 이루어지든, 하나님의 돌보심과 인자하심과 선하심으로 인해 그것은 반드시 이루어진다. 만일 하나님이 지금까지 그렇

게 해오시지 않았다면, 이 세상 전체는 이미 죄와 혼돈이 판을 치는 지옥이 되어 있을 것이다.

2. 하나님의 말씀에는 죄를 깨닫게 하는 고유한 능력이 있어서, 죄인들이 회심하지 않는다고 할지라도, 하나님은 자주 자신의 말씀을 통해서 역사하여 그들에게 상처를 주고 놀라게 해서 어느 정도 그들의 마음을 낮추신다. 물론 하나님의 말씀이 전파되는 목적은 사람들에게 상처를 주고 놀라게 하기 위한 것이 아니라, 사람들을 회심시키기 위한 것이다. 하지만 사람들에게 전파된 하나님의 말씀은 원래의 목적인 사람들의 회심을 이끌어내지 못하는 경우에도, 사람들의 죄를 책망하고, 그들의 욕망을 억제함으로써, 죄를 어느 정도 저지하는 결과를 만들어낸다.

3. 죄를 죽이는 일은 말씀과 성령의 일이고 역사이며 그 자체로 선한 일이긴 하지만, 여전히 흑암의 권세 아래에서 고통과 괴로움 속에 있는 사람들에게는 말씀과 성령이 역사하더라도, 죄를 죽이는 것이 그 역사의 주된 목적이 아니기 때문에, 죄 죽이기는 그들에게서는 아직 일어나지 않는다.

4. 사람들은 죄를 죽이는 것이 그들의 의무라는 것을 알아야 하지만, 자신이 그 일을 하기에 합당한 위치에 있을 때에만 그 일을 할 수 있다는 것을 알아야 한다. 따라서 나는 거듭나지 않은 사람들에게 죄를 죽이는 일을 아예 하지 말라고 하는 것이 아니라, 먼저 회심을 하라고 하는 것이다. 어떤 사람에게 그의 집의 벽에 나 있는 구멍을 고치는 일을 하기에 앞서 먼저 그 집 전체를 태우고 있는 불을 끄라고 말해주는 사람을 원수 취급해서는 안 된다. 가련한 영혼이여! 당신이 지금 신경 써서 몰두해야 할 일은 당신의 아픈 손가락을 치료하는 것이 아니라 당신의 온 몸의 기력을 소모시키고 있는 폐결핵을 고치는 것이다. 당신은 하나의 특정한 죄를 물리치려고 몰두하고 있지만, 당신 전체가 죄덩어리라는 것을 생각하지는 않는다.

내가 하나님의 선하신 손길을 통해서 말씀을 전하고 있거나 앞으로 말씀을 전하고자 하는 사람들에게 말해주고 싶은 것은 이것이다. 즉, 사람들에게 그들의 죄들에 대해 말해주고, 그들이 저지르는 구체적인 죄들을 지적하는 것은 설교자들이 반드시 해야 할 일이긴 하지만, 율법과 복음 각각의 고유한 목적을 염두에 두고서 그렇게 해야 한다는 것을 항상 기억하라는 것이다. 다시 말해서, 설교자들은 사람들로 하여금 자신의 상태, 즉 자신이 죄인이라는 것을 발견하게 하기 위한 목적으로 그들의 죄들에 대해 말하고 그들의 구체적인 죄들을 지적해 주어야 한다는 것이다. 그렇게 하지 않으면, 사람들은 율법주의와 위선과 외식에 빠지게 되고, 복음을 전하는 참된 목적을 달성하는 데는 십중팔구 실패하게 될 것이다.

매일같이 술에 취해 살아가는 어떤 사람의 죄를 지적하고 겁을 주어서 그 사람이 술을 마시지 않고 건전한 삶을 살아가게 만드는 것은 복음의 목적을 달성하는 데는 별 소용이 없다. 회중을 잘 다룰 줄 아는 노련한 설교자는 그들의 죄들을 지적함으로써 뿌리에 도끼를 들이댄 채로 계속해서 그들의 마음을 공략해 나간다.

이 땅을 가득 채우고 있는 무지하고 거듭나지 않은 사람들의 수많은 구체적인 죄들을 지적하고 맹공을 퍼붓는 것은 선한 일이다. 하지만 그렇게 한 결과가 그들이 설교자가 지적한 자신들의 죄들에 깜짝 놀라서 그 죄들을 죽이기 위해 온 힘과 최선을 다해 애쓰고 고군분투하게 된 것이 전부라면, 설교자가 한 일은 단지 광장에서 난동을 부리는 어떤 사람을 흠씬 두들겨 패서 난공불락의 성채로 끌고 와 가두어서 소동을 벌이지 못하게 해놓는 것과 같다.

설교자가 한 죄인의 어떤 특정한 죄를 지적해서 그 죄를 가두어 놓으면 그 죄인은 언제라도 또다른 죄를 지을 것인데, 그렇게 하는 것이 무슨 유익이 있겠는가? 설교자는 그 죄를 지적한 후에 그 죄의 근원을 끝까지 추적해서, 그 죄인으로 하여금 자신의 상태, 즉 자기가 죄인이라는 것을 깨닫게 함으로써 그 죄인 자체를 처리하지 않으면 안 된다. 사람들이 저지른 구체적인 죄들을 깨뜨리면서도 그들의 마음 자체를 깨뜨리지 않는

죄 죽이기

다면, 그것은 그런 구체적인 죄들을 사용해서 그 죄인들 자체를 깨뜨릴 기회를 내팽개쳐버리는 것이다.

로마 가톨릭에서 사용하는 죄 죽이기의 방법들은 바로 이 점에서 심각한 잘못을 범하고 있다. 그들은 어떤 사람에게 죄를 죽일 수 있는 원리가 갖춰져 있는지 없는지를 확인하기는커녕, 그런 것은 조금도 고려하지 않은 채로, 모든 사람들에게 그들 안에 내재하는 죄를 죽일 것을 강요한다. 죄악된 욕망들을 죽일 수 있기 위해서는 먼저 믿음이 필요한데도, 그들은 사람들에게 믿음을 가지라고 하지도 않은 채로 죄를 죽일 것을 요구한다.

사실 교황주의자들은 믿는다는 것이 무엇인지, 죄를 죽이는 것이 무엇을 목적으로 하는지를 알지 못한다. 그들이 말하는 믿음이라는 것은 단지 로마 가톨릭에서 가르치는 교리에 대한 일반적인 동의에 지나지 않고, 죄를 죽인다는 것은 로마 가톨릭에서 요구하는 어떤 것들을 지키는 삶을 살겠다고 서약하고서 이 세상의 것들을 어느 정도 절제하고 그 대신에 거기에 대한 상당한 보상을 받는 것일 뿐이다. 그런 사람들은 성경도 알지 못하고 하나님의 능력도 알지 못한다. 그들이 자신들이 죄를 죽이고 있다고 자랑하는 것은 그들의 수치를 자랑하는 것일 뿐이다.

우리 가운데 어떤 궤변가(casuist)들은, 죄를 죽이기 위해서는 거듭남이 반드시 필요하다는 사실을 무시해버리고서는, 어떤 죄나 죄악된 욕망으로 인해 괴로워하고 탄식하는 모든 사람들에게 무차별적으로, 그들이 적어도 한동안은, 그러니까 한 달 정도는 그 죄나 죄악된 욕망에 맞서 싸우겠다고 서약해야 한다는 것을 거기에 대한 해법으로 공공연하게 제시한다. 그런 사람들은 복음의 신비 속에 있는 빛을 단지 희미하게만 받은 자들로서, 그리스도를 처음으로 찾아온 니고데모와 같은 자들이다. 그들은 사람들에게 한동안 죄를 저지르지 않겠다고 서약하라고 요구한다. 이 요구를 따라 서약한 사람들 안에는 죄악된 욕망이 이전보다 더 맹렬하게 일어나는 것이 보통이다. 그리고 그들은 자기가 한 서약을 지키느라고 애를 쓰지만 결국에는 지키지 못해서 큰 혼란에 빠지게 되고, 그들의 죄책감과 괴로움은 커진다.

과연 이렇게 해서 그들의 죄가 죽는가? 그들은 자기가 죄를 이긴 것을 발견하는가? 그들이 그 죄를 버렸다고 해서 그들의 상태가 변화되는가? 그들은 여전히 괴로움과 고통 속에 있지 않는가? 이것은 사람들에게 볏짚을 주지도 않고 벽돌을 만들어내라고 강요하는 것이 아닌가? 게다가 더 심각한 것은 그들은 벽돌을 만들어낼 힘이 없는 자들이라는 것이 아니겠는가? 거듭나지 않은 사람도 죄를 죽이는 일을 할 수 있다고 약속하고 있는 말씀이 성경에 나오는가? 거듭나지 않은 사람에게 그 일을 해낼 수 있는 어떤 힘이 있다는 것인가? 그리스도의 죽으심에 참여함이 없이도, 그리고 성령 없이도 죄를 죽이는 것이 가능하다는 것인가?

그러한 방법들은 사람들의 삶을 변화시킬 수 없지만, 설령 사람들의 삶을 변화시킨다고 할지라도, 그들의 마음이나 영적 상태를 변화시키는 데는 결코 이를 수 없다. 그런 방법들은 사람들을 자기 의(自己義)에 충만한 자들이나 위선자들(또는, 외식하는 자들)로 만들 수는 있지만, 그리스도인들이 되게 할 수는 없다.

가련한 영혼들이 하나님에 대한 열심과 영원한 복락에 대한 소원을 가지고 있으면서도, 그리스도의 의와 성령에 대해서 전혀 알지 못해서, 그런 지도자들과 그런 방법들에 묶여서, 견딜 수 없을 정도로 힘겹고 무거운 하나님에 대한 외형상의 예배와 섬김을 평생 반복하며, 죄를 죽이는 데 효과가 있을 것으로 보이는 그럴 듯한 수많은 시도들을 끊임없이 계속해 나간다. 그런 모습을 볼 때마다, 내 마음은 참담하기 짝이 없다. 나는 그런 사람들과 그런 일들을 아주 많이 알고 있다.

하나님이 그들의 마음에 빛을 비쳐주셔서 하나님의 아들 예수 그리스도의 얼굴에 있는 하나님의 영광을 아는 지식을 그들에게 주시면, 그들은 자신들이 지금 가고 있는 길이 얼마나 어리석은 길인지를 알게 될 것이다.

죄 죽이기

제8장

죄를 죽이기 위한 일반적인 지침들(2)

두 번째 일반적인 지침을 제시함 – 모든 죄악된 욕망을 죽이고자 하는 총체적인
진실함이 없이는 그 어떤 욕망도 죽일 수 없다 – 부분적인 죄 죽이기는 언제나
부패한 원리에서 온다 – 어떤 욕망에 의한 시험과 혼란은 흔히 다른 어떤 신앙
의 의무들이나 욕망들을 소홀히 한 것에 대한 징계다

2. 두 번째 일반적인 지침: 모든 면에서 보편적이고 전체적으로 순종하고자 하는 간절함과 부지런함 없이는 그 어떤 죄도 죽일 수 없다

내가 지금부터 제시하고자 하는 두 번째 일반적인 원리는 모든 면에서 보
편적이고 전체적으로 순종하고자 하는 간절함과 부지런함 없이는 우리를
괴롭히고 혼란스럽게 하는 어느 한 가지 죄악된 욕망을 죽이는 것도 성공
할 수 없다는 것이다. 여기에서 간절함은 사람과 관련된 것이고, 부지런
함은 일과 관련된 것이다. 나는 이것들에 대해서 조금 설명하고자 한다.

어떤 사람이 어느 특정한 죄악된 욕망이 자기를 앞에서 설명한 상태,
즉 괴롭고 혼란스러운 상태로 끌고 가는 것을 발견했다고 하자. 그 욕망
은 힘 있고 강하며, 소동을 벌이고, 그를 포로로 사로잡아 괴롭히고 불안

하게 하며 그에게서 평안을 앗아간다. 그는 그런 것을 견딜 수 없어서 그 욕망과 맞서 싸우며 기도하고, 그 욕망 아래에서 신음하며 거기에서 건짐 받기 위해 탄식한다. 반면에 하나님과 끊임없이 교제하고 성경을 읽고 기도하며 묵상하는 것 같은 다른 의무들, 그리고 자기를 괴롭히고 있는 그 욕망이 아닌 다른 욕망들에 대해서는 소홀히 한다. 그런 경우에 이 사람은 자기를 혼란스럽게 하는 그 죄악된 욕망을 죽이는 일에서 성공할 것이라고 기대해서는 안 된다.

이것은 사람들이 순례길을 가는 동안에 종종 부딪치는 상황이다. 이스라엘 사람들은 자신의 죄를 깨달았을 때에 금식하고 기도하며 간절함과 부지런함으로 하나님께 가까이 나아갔다. 이사야서 58장에는 이 일과 관련해서 그들의 간절함이 어떠했는지를 보여주는 많은 표현들이 나온다: "그들이 날마다 나를 찾아 나의 길 알기를 즐거워함이 마치 공의를 행하여 그의 하나님의 규례를 저버리지 아니하는 나라 같아서 의로운 판단을 내게 구하며 하나님과 가까이 하기를 즐거워하는도다"(2절). 하지만 하나님은 그 모든 것을 거부하신다. 그들의 금식은 그들을 고쳐줄 치료책이 아니었기 때문이다. 그 이유는 5-7절에 나와 있다. 즉, 그들은 이 한 가지 의무에만 몰두했기 때문이다. 그들은 그 의무를 부지런히 행했지만, 다른 의무들은 소홀히 하고 부주의했다.

어떤 사람의 몸에 그의 잘못된 습관, 즉 무절제와 잘못된 식습관으로 인해 "종기"가 났다고 하자. 그런 경우에 그가 그 종기의 원인인 자신의 잘못된 습관 전체는 내버려둔 채로, 오직 그 종기만을 고치려고 온갖 방법과 수단들을 총동원해서 온 힘을 다해 애쓴다면, 그의 수고와 노력은 결국 헛될 것이다. 마찬가지로 어떤 사람의 영혼에서 죄와 더러움의 피고름이 흘러나오고 있을 때에도, 그 사람의 전체적인 영적 상태와 체질을 고치려고 하지는 않은 채로, 오로지 그 피고름만을 그치게 하려고 온갖 방법들을 다 동원해서 애를 쓴다면, 그 수고와 노력도 결국 헛될 뿐이다. 그 이유는 다음과 같다.

(1) 그것은 죄 자체를 미워하는 것이 아니라 단지 괴로워서 죄를 죽이려고 하는 것이기 때문이다

첫 번째는 죄를 죽이기 위한 그런 종류의 시도는 잘못된 원리와 근거와 토대에서 나오는 것이어서 결코 좋은 결과를 얻을 수 없다는 것이다. 죄를 죽이기 위한 참되고 검증된 원리들에 대해서는 나중에 자세하게 살펴볼 것이지만, 간단하게 말하자면 죄를 죽이기 위한 모든 참된 영적 원리의 근저에는, 죄가 우리를 괴롭게 하거나 불안하게 하기 때문에 죄를 미워하는 것이 아니라 죄 자체를 미워하고, 십자가에서 나타난 그리스도의 사랑을 아는 것이 자리 잡고 있다. 따라서 죄 죽이기와 관련해서 내가 방금 앞에서 말한 시도들은 자기애로부터 나온 것임이 분명하다.

당신은 방금 말한 그런 죄악된 욕망이나 죄를 죽이기 위해 온 힘을 다해 모든 부지런함과 간절함을 가지고 애쓰고 있다. 그런데 당신이 그렇게 하는 이유는 무엇인가? 그 욕망이나 죄가 당신을 불안하게 하고, 당신의 평안을 빼앗아갔으며, 당신의 마음을 슬픔과 괴로움과 두려움으로 가득 채우고, 그 욕망이나 죄로 인해 당신에게는 안식이 없기 때문이다.

그런데 친구여, 당신은 기도하거나 성경을 읽는 것을 소홀히 해왔다. 또한 당신은 지금 당신을 괴롭히고 있는 저 죄악된 욕망 외에 다른 욕망들에 대해서는 별 관심을 갖고 있지 않고 소홀히 해왔다. 하지만 그 다른 욕망들도 지금 당신을 괴롭히고 있는 그 욕망보다 결코 작은 죄악들이 아니다. 예수 그리스도께서는 그 욕망만이 아니라 그 다른 욕망들을 위해서도 피 흘리신 것이기 때문이다. 그런데 왜 당신은 그 다른 욕망들에 대해서는 신경조차 쓰지 않는 것인가?

만일 당신이 죄와 모든 악한 길을 그 자체로 미워하는 것이라면, 당신은 지금 당신의 영혼을 근심하게 하고 불안하게 하는 것만이 아니라, 하나님의 영을 근심하게 하고 불안하게 하는 모든 것들을 경계할 것이다. 따라서 당신이 지금 오직 그 한 가지 욕망 또는 죄와만 싸우고 있다면, 분명히 그것은 그 욕망이나 죄가 당신을 괴롭게 하기 때문이다. 만일 그 욕망이 준동하는 데도 당신의 양심이 평안하다면, 당신은 그 욕망도 내버려 둘 것이 틀림없다. 그 욕망이 당신을 불안하게 하지 않았다면, 당신도 그 욕망을 귀찮게 하지 않았을 것이다.

사실이 이러한 데도, 당신은 하나님이 당신의 그런 위선적인 노력들을 받아주실 것이고, 하나님의 영이 당신의 영의 속임수와 거짓을 증언하지 않을 것이라고 생각하는가? 당신은 하나님이 당신을 괴롭히고 있는 그 죄악된 욕망에서 건져주셔서 편안하게 해주시고, 하나님께도 괴로움인 바로 그 욕망을 당신이 마음대로 충족시키도록 하게 하실 것이라고 생각하는가? 아니다. 하나님은 이렇게 말씀하신다: "어느 누가 스스로의 힘으로 이 죄악된 욕망에서 벗어날 수 있다고 생각한다면, 그는 결코 내게 구하지 않을 것이다. 그로 하여금 그 욕망과 혼자 싸우게 내버려두라. 결국 그는 멸망 받을 자가 되고 말 것이다."

누구든지 스스로의 힘으로 자기 일을 하면서 마치 하나님의 일을 하는 것처럼 생각해서는 안 된다. 하나님의 일은 보편적이고 전체적인 순종에 있다. 지금 그들이 자신을 괴롭히고 있는 것에서만 벗어나려고 하는 것은 그들 자신의 일을 하는 것일 뿐이다. 그래서 사도는 "하나님을 두려워하는 가운데서 거룩함을 온전히 이루어 육과 영의 온갖 더러운 것에서 자신을 깨끗하게 하자"(고후 7:1)고 말한다. 우리가 어떤 한 가지 것을 하려고 한다면, 그것과 관련된 모든 것을 해야 한다. 마찬가지로 죄를 죽이는 일과 관련해서도 이런저런 특정한 죄악된 욕망을 죽이는 일에만 몰두하지 않고, 모든 악에 대해 경계하며 모든 의무를 수행함으로써 우리 마음의 상태와 성향이 하나님 앞에서 전체적으로 낮아져야만, 하나님이 우리를 받으셔서 죄를 죽이는 일에 성공할 수 있게 된다.

(2) 그것은 다른 의무들이나 욕망들에 대해 소홀히 함으로써 하나님과 동행하는 것을 소홀히 한 결과이기 때문이다

당신이 다른 여러 가지 의무들을 소홀히 하고, 하나님과 동행하는 것과 관련해서 전체적으로 미지근한 태도를 보인다고 하자. 그러면 하나님은 그런 당신을 징계하기 위해서, 그리고 적어도 당신을 일깨워서 당신의 행실을 되돌아보고 숙고함으로써 현재의 잘못된 것들을 바꾸어서 하나님과 더 철저하게 동행하게 하기 위해서 당신을 괴롭혀 온 특정한 죄악된 욕망을 당신 안에서 강화시키고 당신을 지배하게 하여 당신을 괴롭게 하신다. 당신은 이것을 아는가? 이렇게 하나의 특정한 욕망이 광분하여 날뛰며 어떤 사람을 압도하고 지배하는 것은 흔히 그 사람이 전체적으로 하나님과 동행하는 것을 소홀히 하고 부주의한 열매이자 결과이다. 이것은 두 가지로 설명된다.

[1] 그것은 그 욕망의 본성적인 결과라고 말할 수 있다. 내가 앞에서 일반적으로 보여주었듯이, 모든 사람의 마음에는 아무리 훌륭한 사람일지라도 이 땅에서 살아가고 있는 동안에는 죄악된 욕망이 자리 잡고 있다. 그리고 우리는, 그 욕망은 교묘하고 교활하며 약삭빠르고, 우리를 유혹하고 미혹하며 싸우고 반역한다고 성경이 말하고 있는 것을 흘려들어서는 안 된다.

어떤 사람이, 생명과 죽음의 원천이어서 다른 무엇보다도 지켜야 할 마음과 그 뿌리와 근원을 부지런히 살피고 경계하는 동안에는, 그 욕망은 마음에서 시들어서 죽게 된다. 하지만 경계를 소홀히 하는 경우에는 그 욕망은 어떤 특정한 방식으로 분출되어서, 감정들과 생각들을 장악하여, 그 감정들과 생각들을 통해서 죄악된 행실로 표출된다. 그렇게 해서 그 욕망은 자신이 찾아낸 그 길을 강화시켜서 주로 그 잘 닦인 길을 통해 자신을 계속해서 분출시킴으로써, 그 사람을 괴롭히고 불안하게 한다. 그리고 그런 상태가 되었을 때에는 그 욕망을 제어하는 것이 쉽지 않다. 따라서 그 사람은 자신을 전체적으로 살피며 엄격하게 경계하였더라면 쉽게 저지할 수 있었을 그 욕망과 평생 비탄 속에서 씨름하지 않을 수 없게 된다.

[2] 앞에서 이미 말했듯이, 하나님은 우리가 다른 욕망들을 경계하는 것을 소홀히 했을 때에 우리를 징계하시는 데 어느 특정한 욕망을 사용

하신다. 왜냐하면 하나님은 악인들을 다루실 때에 그들이 저지른 어느 한 죄를 심판하셔서 그들을 괴롭게 함으로써 다른 죄들을 짓지 못하게 하시기 때문이다. 즉, 하나님은 그들이 저지른 더 작은 죄를 심판하셔서 그들을 괴롭게 함으로써 그들이 고질적으로 저질러 온 더 큰 죄에 대해 경고하시거나, 그들이 좀 더 쉽게 벗어날 수 있는 죄를 심판하셔서 그들을 괴롭게 함으로써 그들이 더 견고하게 붙잡고 있는 죄에 대해 경고하신다.

이것은 하나님의 백성의 경우에도 마찬가지여서, 하나님은 어떤 다른 악을 막거나 고치시기 위하여 종종 그들을 어떤 골치 아프고 괴로운 죄악 속에 두신다. 하나님이 사탄의 사자를 바울에게 주셔서, 그가 "신령한 계시를 받은 것이 지극히 크므로 너무 자만하지 않게 하신"(고후 12:7) 것이 그런 경우였다. 또한 하나님이 베드로가 자기 주를 부인하는 것을 내버려 두신 것은 바울의 허세를 고치시기 위한 것이 아니었겠는가?

이렇게 하나님은 종종 적어도 우리에게 경고하고 우리를 낮아지게 하며, 그리고 아마도 우리가 전체적으로 하나님과 동행하는 일을 게을리하고 부주의한 것을 징계하고 고치기 위하여 어느 특정한 욕망이 우리 안에서 힘을 얻게 하고 우리를 지배하게 한다. 이것이 사실이라면, 그 원인은 그대로 내버려두고 결과만을 제거하는 것, 즉 우리를 지금 괴롭히고 있는 특정한 욕망만을 죽이고 그 원인인 우리의 부패한 상태를 고치지 않고 그대로 두는 것이 어떻게 가능하겠는가?

따라서 어떤 사람이 자신을 괴롭히고 불안하게 하는 어떤 죄악된 욕망을 진정으로 철저하게 하나님이 인정하시는 방식으로 죽이려고 한다고 하자. 그러면 그 사람은 오직 하나의 욕망만이 그를 괴롭게 하는 것이라고 할지라도, 모든 하나하나의 욕망을 내버려두는 것과 모든 의무를 하나라도 소홀히 하는 것이 하나님께는 괴로운 일임을 명심하고서, 모든 면에서 동일하게 순종을 이루어내는 데 주의를 기울여야 한다.

마음에 어떤 속임수가 있어서 모든 면에서 온전한 순종을 이루려고 전방위적으로 애쓰는 것을 소홀히 하는 동안에는, 영혼은 연약해져서 자신의 모든 활동을 믿음으로 행하지 못하게 되고, 이기적이 되어서 죄의 더러움과 죄책을 근원적으로 해결하려고 하기보다는 죄로 인한 괴로움에서 벗어나고자 하는 것에 더 몰두하게 된다. 그래서 끊임없이 하나님을 진노하시게 하는 삶을 살아가게 된다. 이렇게 되면 영혼은 어떤 영적인 의무를 행하더라도 거기에서 그 어떤 바람직한 결과도 기대할 수 없게 되고, 죄를 죽이는 일에 있어서는 더욱더 그 어떤 바람직한 결과를 기대할 수 없게 된다. 죄를 죽이는 일에 성공하기 위해서는 그런 것과는 다른 영혼의 상태와 원리가 요구되기 때문이다.

제9장

죄를 죽이기 위한 구체적인 지침들(1)

앞에서 제시한 사례와 관련해서 구체적인 지침들을 제시함 - 첫째로, 욕망의 위험한 징후들을 살피라. 1. 상습성; 2. 죄악된 욕망 아래에서 편안함; 그렇게 되는 여러 방식들; 3. 욕망의 유혹들이 자주 성공함; 4. 영혼이 오직 형벌이 두려워서 욕망과 싸움; 5. 영혼이 하나님의 심판으로 인해 완고해짐; 6. 영혼이 하나님의 구체적인 치료들을 거부함 - 이런 것들이 발견되는 사람의 상태.

앞에서 우리는 영혼이 죄악된 욕망이나 기질로 인해 교란되어 불안함을 느낄 때에 어떻게 해야 하는지와 관련한 일반적인 지침들을 살펴보았다. 이제 여기에서는 주로 그런 경우에 어떻게 해야 하는지에 대한 구체적인 지침들을 살펴보고자 한다. 이 지침들 중에서 어떤 것들은 사전적이고 예비적인 것들이고, 어떤 것들은 죄를 죽이는 일 자체에 관한 것들이다. 죄를 죽이기 위한 구체적인 지침들이라는 제목으로 아래에서 다루는 것들(제9장부터 제13장까지)은 첫 번째 부류(예비적인 것들)에 속하는 지침들이다.

1. 첫 번째 지침 : 당신의 어떤 죄악된 욕망이 위험함을 보여주는 징후들이 있는지를 살피라

죄를 죽이기 위해서 가장 먼저 구체적으로 해야 할 것은 당신 안에 내재해 있는 어떤 욕망이 지금까지 어떤 위험한 징후들을 보여왔는지, 그리고 그 욕망이 치명적인 것임을 보여주는 어떤 증표가 있는지의 여부를 살피는 것이다. 그 욕망이 치명적인 것이라면, 죄를 죽이기 위한 통상적인 방법은 통하지 않을 것이기 때문에 특별한 치료책들을 사용해야 한다.

여러분은 "당신이 말하는 우리 안에 내재하는 욕망이 보여주는 위험하고 치명적인 징후들과 증표들이라는 것이 무엇을 의미하는가"라고 물을 것이다. 나는 그런 것들 중 일부를 이제 열거해 보고자 한다.

(1) 어떤 욕망이 상습적이고 고질적인 경우

어떤 죄악된 욕망은 당신의 마음에서 오랜 시간 부패해 왔을 수 있다. 즉, 당신이 치열한 싸움을 통해서 어떤 욕망을 죽이려고 시도하지 않았거나, 그 욕망으로 인해 받아온 상처들을 고침 받지 않고 오랫동안 방치해 왔다면, 당신은 그 욕망이 큰 힘을 가지고 당신의 마음을 지배하도록 놓아둔 것이다. 그런 경우에 그 욕망은 위험하다.

당신은 세상적인 삶, 야심, 공부에 대한 욕심에 빠져서, 하나님과 끊임없이 교제하기 위해 당신이 행해야 할 다른 의무들을 오랫동안 소홀히 해오지 않았는가? 또는, 더럽고 추악한 것들에 빠져서 많은 날들 동안 당신의 마음을 헛되고 어리석으며 악한 생각들로 더럽혀 오지 않았는가? 그렇다면 당신 안에 내재하는 욕망은 위험한 징후를 보이고 있는 것이다.

다윗의 경우가 그런 것이었다: "내 상처가 썩어 악취가 나오니 내가 우매한 까닭이로소이다"(시 38:5). 죄악된 욕망이 마음에 오랫동안 머물러 있으면, 영혼을 부패시키고 곪게 하며 너덜너덜하게 만들어서 끔찍한 상태로 바꾸어 놓는다.

그런 경우에는 낮아짐이라는 통상적인 방법으로는 그 욕망을 죽이는 것이 불가능하다.* 그 욕망이 무엇이든, 그 욕망은 영혼의 모든 기능들 속

---

* 오웬은 "낮아짐"(humiliation)이 우리의 죄악된 욕망을 죽이는 통상적인 방법이라고 말한

에 침투해서, 앞에서 말한 대로 그것들을 부패시킴으로써, 그 모든 기능들이 그 욕망의 정서에 익숙해져서 함께 잘 어울리고 친숙하게 되도록 만든다. 이렇게 해서 그 죄악된 욕망은 우리의 지성 및 양심과도 점점 더 친해져서, 우리의 지성과 양심은 그 욕망을 이질적이고 낯선 것으로 보고서 놀라는 일이 없게 되고, 오랫동안 친하게 잘 지내왔던 친구 사이처럼 그 욕망과 스스럼없이 어울리게 된다. 이 죄악된 욕망은 이런 식으로 자리를 잡고 자신의 입지를 견고하게 굳혀 놓고서는, 수시로 자신의 힘을 발휘하여 자기가 원하는 것들을 관철시키지만, 우리의 마음은 그런 것들을 전혀 신경 쓰지도 않고 의식하지도 못한다. 요셉이 애굽 왕 바로의 생명을 걸고 맹세한 것이 그런 것이었던 것 같다(창 42:15-16).** 이런 경우에 어떤 특단의 조치가 취해지지 않는다면, 그런 사람의 이후의 삶이 평안할 것이라고 기대할 근거는 전혀 없다. 그 이유는 다음과 같다.

첫 번째는 그런 사람 안에는 죽지 않은 욕망이 오랫동안 그 사람 안에 머물러 있는 것이지만, 그의 그러한 상태는 거듭난 사람에게는 있을 수 없는 죄의 지배와 거의 차이가 없기 때문이다. 두 번째는 그 죄악된 욕망은 그 사람 안에 오랜 세월 동안 거하면서 그 사람과 함께 온갖 우여곡절과 풍파를 다 겪으면서 굳건히 자리를 잡고 뿌리를 내렸는데, 그 욕망이 이제 와서 이전과는 완전히 달라져서 그 사람을 미혹시키고 유혹하며 그 사람 안에서 준동하는 일을 멈출 것이라고 기대할 수는 없기 때문이다.

그 죄악된 욕망은 어떤 때에는 느슨하게 휴식을 취하며 그 사람의 영혼에 자비를 베풀었을 것이고 어떤 때에는 격렬하게 활동해서 그 사람의

다. "낮아짐"은 신앙의 의무들을 지키는 경건의 훈련을 통해 우리의 마음이 하나님 앞에서 낮아지는 것을 가리킨다. 그런데 죄악된 욕망이 우리의 마음을 지배적으로 장악하고 있는 경우에는, 그런 낮아짐의 훈련 자체가 불가능해지기 때문이다.

** 요셉은 하나님의 사람이었지만, 오랫동안 애굽에 살면서 애굽 총리로 일해 왔다. 그래서 애굽 왕 바로의 생명을 걸고 맹세하는 것이 습관화되어서, 그렇게 맹세하는 것을 이상한 것으로 여기지도 않았고 의식하지도 않은 것으로 보인다. 여기에서 오웬은 우리가 죄악된 욕망의 지배를 받게 된 상태를 그런 요셉의 모습에 비유한다.

영혼을 모질게 괴롭혔을 것이다. 이 욕망의 그런 서로 대비되는 활동들은 너무나 뚜렷이 드러나는 것들이어서, 그의 영혼은 이 욕망의 활동들을 분명하게 알 수밖에 없었을 것이다. 또한 이 욕망은 하나님의 말씀과 수많은 다양한 은사들의 거센 공격과 풍랑들도 다 헤쳐 왔을 것이다.

이렇게 오랫동안 그 사람 안에서 살아와서 자기에게는 법률상의 취득시효 규정에 의거해서 거기에 계속해서 거주할 권리가 있다고 주장하는 그 욕망을 퇴거시키는 것이 과연 쉬운 일이겠는가?*** 또한 오랫동안 소홀히 하고 방치해둔 상처들도 흔히 치명적이고 언제나 위험하다. 우리 안에 내재하는 영혼의 잘못된 기질들은 계속해서 가만히 내버려두면 점점 더 상습적이 되고 완고해진다. 욕망이 우리 안에서 오랫동안 머물러 있어서 법률상의 취득시효를 주장하며 동거인으로서의 권리를 내세우면, 그 욕망을 쉽게 쫓아낼 수 없게 된다. 욕망이라는 것은 저절로 죽는 법이 결코 없기 때문에, 날마다 죽이지 않으면 언제나 점점 더 힘을 얻는다.

(2) 어떤 욕망을 묵인하고 타협하는 경우

우리 마음에 어떤 죄악된 욕망이 있는데도 불구하고, 복음으로 그 욕망을 죽이려고 치열하게 싸우기는커녕 도리어 자기를 인정해 달라는 그 욕망의 은밀한 요청을 그대로 묵인해주고 계속해서 그 욕망과 타협한 상태를 유지하며 살아갈 때, 그것은 우리 마음에 치명적이고 위험한 이상이 있음을 보여주는 또다른 징후이다. 그런 상태를 초래하게 되는 몇 가지 경우들이 있는데, 여기에서는 그 중에서 일부만 제시할 것이다.

*** "법률상의 취득시효"는 어떤 사람이 특정한 땅의 소유자가 아닌데도 오랫동안 그 땅을 자기 마음대로 사용해 왔는데도, 그 땅의 소유자가 자신의 소유권을 주장하지 않은 경우에는, 그렇게 그 땅을 사용해 온 사람에게 그 땅의 소유권을 인정해주는 법률상의 제도이다. 이것을 취득시효가 완성되었다고 말하는데, 취득시효가 완성되면, 그 땅의 원래의 소유자의 소유권은 상실되어서 그 땅에 대한 소유권을 더 이상 주장할 수 없게 되고, 그 땅을 불법으로 사용해온 사람이 소유권을 주장할 수 있게 된다.

[1] 어떤 사람이 죄로 말미암아 생각이 어지럽고 혼란스러울 때, 그 죄를 죽이는 데 몰두하지 않고, 도리어 죄와 욕망이 자기 안에 존재함에도 불구하고, 자신의 마음이 좋은 상태에 있다는 것을 보여주는 어떤 증거들을 찾아내어서, 죄와 잘 지내는 경우에 그런 상태가 초래된다.

사람이 하나님에 대한 자신의 경험들을 찾아내어 상기해서 수집하여 묵상하고 이모저모로 뜯어보며 선하게 활용하는 것은 아주 좋은 일이고, 모든 성도들이 행해온 의무이며, 신구약에서 권장하고 있는 일이다. 다윗도 그렇게 행하여서, 여호와께서 이전에 베풀어주신 인자하심을 마음으로 되뇌며 추억했다(시 77:6-11). 또한 이것은 바울이 우리에게 행하라고 명령한 의무이기도 하다(고후 13:5). 이렇게 하는 것은 그 자체로 아주 좋은 일이기 때문에, 환난이나 시험의 때, 또는 죄로 인해 마음이 불안할 때 같이 적절한 때에 그렇게 하면 그 힘을 발휘해서, 솔로몬이 말한 것처럼 "은 쟁반에 금 사과"(잠 25:11)가 된다.

하지만 죄를 죽이라고 부르짖고 요구하는 양심을 달래기 위한 목적으로 하나님이 우리에게 베풀어주신 사랑과 은혜들을 떠올릴 때, 그것은 죄와 사랑에 빠진 우리의 마음이 죄를 감싸기 위해 벌이는 필사적인 흉계일 뿐이다.

우리의 양심이 우리 마음의 죄악된 욕망을 지적하며 그 욕망을 죽일 것을 요구하고, 하나님이 우리의 그 욕망을 인하여 우리를 책망하신다고 하자. 그런 경우에 우리가 그리스도의 피를 의지하여 그 죄를 용서받고 그리스도의 영을 의지하여 그 죄를 죽이려고 하지 않고, 우리 자신이 갖고 있거나 갖고 있다고 생각하는 어떤 다른 증거들, 즉 지금 우리가 좋은 상태에 있다는 것을 증명해주는 것으로 보이는 증거들을 찾아서 제시함으로써, 하나님이 우리의 목에 메워 주신 멍에에서 벗어나고자 한다면, 우리의 상태는 매우 위험하고, 우리의 상처는 거의 치료할 수 없을 정도로 심각한 것이다.

예컨대, 유대인들은 우리 구주의 말씀을 듣고서 양심의 찔림을 받고 자신의 죄를 깨닫고서는 마음이 괴로웠다. 하지만 그들은 즉시 자신들이 "아브라함의 자손들"이라는 것을 내세워서, 그렇기 때문에 자신들은 의심할 여지 없이 하나님의 백성이라고 주장하여 마음의 위로를 얻고 괴로움에서 벗어났다. 그리고 동시에 자신들의 모든 가증스러운 악들을 묵인함으로써 철저한 파멸의 구렁텅이로 떨어지고 말았다.

어떤 사람이 목마를 때에 물을 마시지 않고 술을 마시고 취하고서는, 그럼에도 불구하고 이런저런 다른 이유들을 들어서 자기는 평안할 것이라고 말했을 때, 그것은 어느 정도 그 사람의 마음에 거짓된 위안을 줄 수는 있다. 하지만 그것은 그 사람이 하나님으로부터 오는 평안과 사랑을 맛보는 것보다는 죄를 더 사랑하는 마음 상태에 사로잡혀 있다는 것을 증명해 주는 것이다. 그런 사람은 "장차 임할 진노"를 피할 수만 있다면, 하나님과의 관계를 완전히 끊지는 않고 겨우 명맥만 유지하는 가운데 최대한으로 하나님으로부터 멀리 떨어져서 이 세상에서 열매 맺지 못하는 삶을 사는 것으로 얼마든지 만족할 수 있다는 것을 분명하게 보여주고 있는 것이다. 그런 마음을 지닌 사람에게서 무엇을 기대할 수 있겠는가?

[2] 어떤 사람이 자기 안에 내재해 있는 어떤 죽지 않은 죄에 대해 은혜와 자비를 베풀거나, 그 죄를 죽이기 위해 진심으로 애쓰고 힘쓰지 않는 경우에 앞에서 말한 속임수가 진행되고 결국에는 죄를 쫓아내기 힘든 상태가 초래된다. 이것은 그 사람의 마음이 죄를 사랑하고 그 사랑에 심각하게 붙잡혀 있다는 것을 보여주는 증표다.

나아만이 신전에서 림몬 신을 경배하면서, "내가 다른 모든 일들에서는 하나님과 동행할 것이지만, 이 일에서는 하나님께서 내게 자비를 베푸시옵소서"(왕하 5:18)라고 말한 것처럼, 어떤 사람이 자신의 마음속에 은밀한 생각들을 품고서 그것들을 놓지 않고 있다면, 그의 심령 상태는 비참한 것이다. 사실 사람이 어떤 죄에 빠져 있으면서 자기가 그 죄를 놓지 않겠다고 결심하고서는 하나님께 그런 자기에게 자비와 긍휼을 베풀어 주시라고 하는 것은 어느 모로 보든지 참된 기독교 신앙과는 철저하게 모순

된 것으로서 위선자임을 보여주는 증표이고, "하나님의 은혜를 방탕한 것으로 바꾸는"(유 1:4) 것임에 틀림없다.

하지만 나는 사탄의 교묘한 술수와 신자들 안에 남아 있는 불신앙으로 인해서 하나님의 자녀들이 종종 그러한 죄의 속임수에 걸려들 수 있다는 것을 의심하지 않는다. 만일 그렇지 않다면, 바울은 신자들에게 그렇게 되지 않도록 조심하라고 경고하지 않았을 것이다: "그런즉 우리가 무슨 말을 하리요 은혜를 더하게 하려고 죄에 거하겠느냐 그럴 수 없느니라 죄에 대하여 죽은 우리가 어찌 그 가운데 더 살리요"(롬 6:1-2).

실제로 하나님의 자비를 빙자해서 사람이 자신의 어떤 죄나 욕망을 버리지 않고 계속해서 간직하려고 할 때, 육신의 생각들은 점점 더 강해지고 기고만장해질 것임은 두말할 필요가 없다. 육신은 은혜를 빙자해서 점점 더 대담하게 죄악들을 자행하고, 성경에 나오는 하나님의 자비에 관한 모든 말씀들을 가져와서 그 뜻과 의도를 왜곡하여 자신의 부패한 목적과 뜻들을 관철시키는 데 아무렇지도 않게 악용하고자 할 것이다. 따라서 치열하게 싸워서 죽여야 할 죄에게 자비를 베푸는 것은 복음을 빙자해서 육신의 목적을 이루는 것이다.

속이는 마음은 이런 것들을 비롯해서 수많은 방법들과 술수들을 수시로 사용해서 자신의 가증스러운 행위들을 합리화한다. 어떤 사람이 자신의 마음을 지배하고 있는 죄를 은밀하게 즐기고, 그의 의지는 그 죄를 철저하게 옹호하지는 않을지라도 어느 정도 용인하고 은근히 반기는 상태에 있을 때, 그 사람은 그 죄를 용인하고서, 어떤 다른 사정이 있지 않는 한 그 죄를 행하게 될 것이다. 이것은 그리스도의 피로 죄를 죽이고 죄 사함을 받지 않고, 다른 방법들을 사용해서 자신을 구원하려고 하는 것이다. 그런 사람은 "상처가 썩어 악취가 나는" 사람이어서, 신속하게 구원을 얻기는커녕 도리어 머지않아 사망의 문 앞에 서 있게 될 것이다.

죄 죽이기

(3) 죄의 미혹이 자주 성공하는 경우

죄의 미혹이 자주 성공해서 의지가 대체로 죄의 요구에 동의를 해주는 것은 또 하나의 위험한 징후이다. 이것은 이런 의미이다. 즉, 의지가 죄의 요구를 흔쾌히 동의해줄 때에는, 죄가 실제로 밖으로 표출되지 않는다고 할지라도, 죄는 성공을 거둔 것이라는 의미이다. 어떤 사람이 죄의 요구에 대한 의지의 동의를 얻어내긴 했지만, 어떤 사정으로 인해 그 죄를 외적으로 표출하지 못할 수도 있다. 그런 경우에는 야고보가 "죄가 장성했다"고 부른 상태가 된다(약 1:15). 즉, 외적인 죄악의 행위가 이루어지지는 않는다. 하지만 의지가 죄를 짓는 것에 동의해준 것만으로도 이미 죄는 성공한 것이다. 따라서 어떤 죄악된 욕망이 어떤 사람의 영혼을 그 정도까지 지배하고 있다면, 그의 상태는 거듭나지 않은 사람만큼이나 아주 악하다고 할 수 있기 때문에 위험할 수밖에 없다.

그런 일이 의지의 선택에 의해서 행해지든, 아니면 부지불식간에 무의식적으로 행해지든, 그것은 마찬가지이다. 부지불식간에 행하는 것 자체가 어떤 의미에서는 그 사람의 선택이기 때문이다. 우리가 깨어서 주의하고 있어야 할 때에 부주의하고 태만해서 그런 상태로 부지불식간에 어떤 것을 행하는 것은 우리의 의지로 행하는 것과 다르지 않다. 왜냐하면 그런 경우에 우리가 부주의하고 태만한 태도로 행하겠다고 적극적으로 결심하고 선택한 것은 아니지만, 우리가 그러한 태도로 어떤 행위를 했다면, 그것은 그 행위를 하는 데 부주의하고 태만한 태도를 취하는 쪽을 스스로 선택한 것이라고 할 수 있기 때문이다.

우리는 우리 마음이 어떤 악에 대해 동의했다는 것이 대체로 의외이고 의도하지 않은 것으로 여겨진다는 이유로, 마치 우리 마음에 있는 악에 대해 우리 자신이 그렇게 큰 책임이 없다는 듯이 생각해서는 안 된다. 왜냐하면 우리 마음에 있는 악이 의외이고 의도하지 않은 것처럼 보이는 것은 우리가 정신을 바짝 차리고서 우리 마음을 살피고 경계하는 일을 소홀히 한 결과이기 때문이다.

(4) 형벌에 대한 두려움이 죄와 싸우려고 하는 동기인 경우

어떤 사람이 오직 죄로 인한 결과나 형벌을 생각해서 자신의 죄와 맞서 싸운다면, 그것은 죄가 그 사람의 의지를 아주 견고하게 장악하고 있고, 그의 마음에는 추악함과 더러움이 차고 넘치고 있다는 것을 보여주는 증표이다. 그런 사람은 사람들로부터 수치를 당하거나 하나님으로부터 지옥에 던져지는 형벌을 받을 것이 겁이 나서 죄와 욕망의 유혹을 물리치려고 하는 것이다. 따라서 죄를 지어도 벌을 받는 것이 전혀 없다면, 그는 얼마든지 죄를 지으려고 할 것이다. 그런 사람은 죄를 밥 먹듯이 지으며 살아가는 사람과 전혀 다르지 않다.

그리스도께 속하여 복음의 가르침들과 원리들에 따라서 순종하는 삶을 살아가는 사람들은 그리스도의 죽으심과 하나님의 사랑, 가증스러운 죄의 본성, 하나님과의 교제가 귀하다는 것을 알고, 죄 자체를 마음 깊은 곳에서부터 혐오하여, 자신의 마음에 있는 죄와 욕망의 온갖 유혹과 역사와 시도와 공격에 맞서 싸우는 사람들이다.

요셉이 그런 사람이었다. 그는 "내가 어찌 이 큰 악을 행하여 하나님께," 곧 나의 선하시고 은혜로우신 하나님께 "죄를 지으리이까"(창 39:9)라고 말했다. 바울도 "그리스도의 사랑이 우리를 강권하시는도다"(고후 5:14)라고 말했고, "이 약속을 가진 우리는 하나님을 두려워하는 가운데서 거룩함을 온전히 이루어 육과 영의 온갖 더러운 것에서 자신을 깨끗하게 하자"(고후 7:1)고 말했다.

반면에, 어떤 사람이 자신의 죄악된 욕망의 권세 아래 있는데, 오직 율법만으로 그 욕망을 대적하고 있어서, 복음의 병기들을 가지고 싸울 수 없고, 오로지 율법의 고유한 병기인 지옥과 심판만으로 싸우고 있다면, 죄가 그 사람의 의지와 감정을 거의 완전히 압도하고 지배해서 장악하고 있는 것이 아주 분명하다.

그런 사람은 새롭게 하시는 은혜의 역사는 내팽개쳐 버리고, 오직 죄를 억제하는 은혜만을 의지해서 파멸을 피하고 있는 것이기 때문에, 은혜로

죄 죽이기

부터 떨어져서 율법의 권세 아래 되돌아간 사람이다. 사람들이 그리스도의 쉽고 가벼운 멍에와 가르침을 내팽개쳐 버리고, 스스로 율법의 쇠 멍에 아래 들어가서, 자신의 죄악된 욕망들로 빠져드는 것만을 겨우 피하고 있다면, 어떻게 그것이 그리스도의 큰 진노를 불러일으키는 일이 아니라고 생각할 수 있겠는가?

다음과 같은 질문에 비추어서 당신 자신이 어떤지를 한번 살펴보라: "죄가 당신을 궁지로 몰아넣음으로써, 당신이 죄를 섬겨서, 죄의 명령을 따라 마치 전쟁터로 내달리는 말처럼 어리석은 짓으로 달려가거나, 아니면 죄를 진압하기 위해서 정면으로 맞서 싸우거나, 둘 중의 하나를 선택하지 않으면 안 되게 되었을 때, 당신은 당신의 영혼에게 무엇이라고 말하겠는가? 당신 자신에게 어떻게 하라고 충고하겠는가?" 당신은 "만약 내가 이 길로 간다면, 이 길의 끝은 지옥일 것이고, 거기에서 하나님은 마침내 내게 보응하실 것이다"라고 대답할 것인가? 그리고 그것이 당신의 대답의 전부인가? 그렇다면 지금은 당신이 자신을 돌아볼 때다. 악과 재앙이 문 앞에 엎드려 있기 때문이다.

죄가 신자들을 지배하거나 주관하지 못할 것임을 증명할 때에 바울이 사용한 주된 논거는 그들은 "법 아래에 있지 아니하고 은혜 아래에 있다"(롬 6:14)는 것이었다. 그렇다면 당신이 오로지 율법적인 원리들과 동기들과 토대 위에서 죄와 맞서 싸울 때, 죄가 당신을 지배해서 당신을 파멸에 이르게 하지 못할 것이라는 확신을 어떻게 가질 수 있겠는가?

당신이 오로지 율법에 의지해서 버티는 것은 한계가 있기 때문에 오랫동안 버티는 것은 불가능하다는 것을 알아야 한다. 당신 안에 내재해 있는 죄악된 욕망은 당신을 율법보다 더 강력한 복음의 요새로부터도 당신을 끌어냈는데, 율법의 요새쯤이야 신속하게 함락시켜서 거기에서 당신을 끌어내지 않겠는가? 원수가 가지고 있는 것들보다 천 배는 더 강력해서 당신을 아주 안전하게 지켜줄 복음의 병기들을 당신의 원수에게 자원해서 내어주어 버리고서는, 율법이라는 형편없는 병기들을 든 당신이 저 원수를 이길 수 있을 것이라고 착각하지 말라. 당신이 그런 상태를 신속하게 벗어나서 신자로서의 원래의 상태를 회복하지 않는다면, 당신이 두려워하는 것이 당신에게 임할 것임을 명심하라. 당신이 복음의 원리들을 가지고서도 해내지 못했던 일을 율법적인 동기들에 의거해서 해내는 것은 불가능하다.

(5) 어떤 죄악된 욕망이 하나님의 심판으로 주어진 경우

당신을 불안하게 하고 있는 어떤 죄악된 욕망이 하나님이 당신을 심판하여 완고하게 하신 것이거나 적어도 당신을 징계하는 벌인 가능성이 클 때, 그것은 당신이 위험한 상태에 있음을 보여주는 징후이다. 하나님은 종종 자기 백성조차도 그들의 이전의 죄들이나 나태함이나 어리석음을 바로잡기 위해서 어떤 욕망이나 죄의 준동을 통한 괴로움 아래 두신다는 것을 나는 전혀 의심하지 않는다. 이것이 교회가 "어찌하여 우리의 마음을 완고하게 하사 주를 경외하지 않게 하시나이까"(사 63:17)라고 탄식한 이유였다. 이것이 하나님이 거듭나지 않은 사람들을 다루는 방식이라는 것에 대해서는 아무도 의문을 갖지 않는다.

하지만 문제는 사람이 자신 안에서 어떤 죄악된 욕망의 준동으로 인해 괴롭고 불안해졌을 때, 그것이 그를 징계하시는 하나님의 손길인지 아닌지를 어떻게 아느냐 하는 것이다. 나의 대답은 자신의 마음과 행실을 세심하게 살펴보라는 것이다.

지금 당신이 그토록 괴로워하고 탄식하고 있는 그 죄에 걸려들어서 떨어지기 전까지 당신의 마음 상태는 어떠했는가? 신앙의 의무들을 한동안 소홀히 해왔는가? 당신 자신을 절제하지 않고 마음대로 살아오지는 않았는가? 어떤 큰 죄를 지어놓고서는 회개하지 않아서 그 죄책이 당신 안에 그대로 있는 것은 아닌가? 하나님은 당신의 해묵은 죄를 깨닫게 하기 위해 당신으로 하여금 새로운 죄를 짓게 하시고 당신에게 새로운 환난을 보내실 수 있기 때문이다.

죄 죽이기

당신은 하나님으로부터 어떤 특별한 자비나 보호하심이나 건지심을 경험하고도 그것들을 적절하게 선용하지 않았거나 그것들에 대해 감사하지 않은 것은 아닌가? 하나님께서 당신에게 어떤 환난을 보내셔서 당신에게서 어떤 일을 이루고자 하셨는데, 당신은 그 환난에 대해 하나님이 정하신 목적을 이루어 드리는 방식으로 응답하지 않은 것은 아닌가? 하나님이 자신의 선하신 섭리 가운데서 당신에게 은혜를 베푸셔서 당신이 하나님께 영광을 돌릴 수 있는 기회들을 주셨는데도, 당신은 그 기회들을 사용해서 이 세대 속에서 하나님을 영화롭게 해드리지 못한 것은 아닌가? 당신은 이 땅에서 살아온 동안에 당신에게 찾아온 수많은 시험들로 인해 이 세상 및 세상 사람들에게 영합하여 살아온 것은 아닌가?

지금까지 내가 말한 것들이 바로 당신이 해온 것들임을 발견했다면, 깨어나서 하나님의 이름을 부르며 하나님을 찾으라. 당신 주변에서 진노의 폭풍이 거세게 불고 있는데도, 당신은 깊이 잠들어 있는 것이기 때문이다.

(6) 하나님이 당신의 어떤 욕망을 죽이기 위해 여러 가지 조치들을 취하셨는데도 여전히 그 욕망이 살아 있는 경우

하나님이 당신 안에 내재하는 어떤 죄악된 욕망을 제거하시기 위하여 여러 가지 방법들을 통해서 구체적으로 역사하셨는데도, 그 욕망이 여전히 살아남아서 건재할 때, 그것은 당신이 위험한 상태에 있음을 보여주는 징후이다.

이 상태는 이사야서 57장에 잘 묘사되어 있다: "그의 탐심의 죄악으로 말미암아 내가 노하여 그를 쳤으며 또 내 얼굴을 가리고 노하였으나 그가 아직도 패역하여 자기 마음의 길로 걸어가도다"(사 57:17). 하나님은 그들을 지배하고 있는 죄악된 욕망을 처리하기 위해서, 그들에게 환난을 보내기도 하고 그들을 버려두기도 하는 등 여러 가지 방법들을 동원해서 그들을 치셨다. 하지만 그들은 그 모든 것들에 대항하여 버텼고, 그들의 죄악된 욕망은 건재했다. 이것은 비참한 상태이다. 그런 상태에 있는 사람을 구원할 수 있는 것은 오직 하나님의 주권적인 은혜 외에는 아무것도 없기 때문에(하나님은 앞에서 인용한 이사야서 본문의 다음 절에서 이것을 약속하신다), 그런 상태에 있는 사람은 구원을 기대할 수도 없고 스스로의 힘으로 자신을 구원할 수도 없다.

하나님은 흔히 섭리에 의한 경륜 속에서 사람을 만나시고, 그 사람의 마음의 악에 대해 구체적으로 말씀해 주신다. 예컨대, 요셉을 애굽에 팔아버린 형들에게 그렇게 하셨다. 이것은 그 사람으로 하여금 자신의 죄를 성찰하게 만들고, 특히 그 죄와 관련해서 자기 자신을 살펴보게 만든다. 하나님은 그런 식으로 죄를 지적해 주심으로써, 그 사람이 처해 있는 어떤 위험이나 환난이나 곤경이나 병든 상태를 드러내 주신다. 하나님은 종종 어느 사람이 성경을 읽고 있을 때에 특정한 본문에서 성령의 감동을 느끼게 함으로써 그 사람을 흔들어서 자신의 현재의 상태를 점검하게 만든다. 하나님이 사람들을 만나는 역사가 가장 자주 일어나는 것은 하나님이 사람들로 하여금 죄를 깨닫고 회심하게 하며 사람들의 덕을 세우기 위해 주신 위대한 규례인 하나님의 말씀이 선포되는 것을 사람들이 들을 때다. 사람들이 하나님의 말씀을 듣고 있을 때, 하나님은 흔히 자신의 말씀의 검으로 사람들을 베시고, 그들이 애지중지하는 마음속의 욕망을 정면으로 공격하셔서, 죄인을 깜짝 놀라게 하시고, 그 죄인으로 하여금 자신의 마음의 악을 죽이고 버리는 일에 동참하게 만드신다.

그런데 어떤 사람의 죄악된 욕망이 그 사람을 완전히 장악하고 있을 때에는, 그 사람으로 하여금 주님과 연결되어 있는 그러한 동아줄들을 끊어서 내버리지 않을 수 없게 만들어 버린다. 그리고 그 사람이 자신의 죄를 깨달았다고 할지라도, 그 죄악된 욕망은 그 사람으로 하여금 그런 깨달음을 내버리고 이전의 상태로 되돌아가게 하고, 그런 깨달음으로 말미암아 그 사람이 받은 상처들을 고쳐 준다. 어떤 사람의 영혼이 이렇게 하고 있다면, 그 영혼은 비참한 상태에 있는 것이다.

그런 마음 상태 속에 내재되어 있는 악들은 이루 말할 수 없을 정도로 지독한 악들이다. 그런 상태에 있는 사람에게 주어지는 온갖 구체적인 경고들은 헤아릴 수 없이 큰 자비이고 긍휼이다. 그렇다면 그런 경고들에 저항하고 완강하게 버티는 자들은 얼마나 하나님을 멸시하는 자들이겠는가! 또한 그런 자들을 버리지 않으시고, 그런 자들에게 진노하셔서 그들이 결코 안식에 들어오지 못하게 할 것이라고 맹세하지 않으시는 하나님은 얼마나 오래 참으시는 하나님이신가!

어떤 죄악된 욕망이 치명적이지는 않지만 위험하다는 것을 보여주는 증거들은 이런 것들 외에도 많이 있다. 우리 구주께서 귀신에 대하여 "금식과 기도 외에는 이런 종류가 나갈 수 없느니라"(마 17:21, 한글개역개정에는 없다)고 말씀하신 것처럼, 나도 이런 종류의 죄악된 욕망들에 대하여 그렇게 말할 것이다. 죄를 죽이기 위해 사용하는 통상적인 방법들은 그런 욕망들에는 통하지 않을 것이다. 특별한 방법들이 사용되어야 한다. 그러한 특별한 방법들과 관련해서 첫 번째 지침은 당신이 싸우고 있는 어떤 욕망이나 죄가 그러한 위험스러운 징후들을 수반하고 있는지의 여부를 살피라는 것이다.

나는 계속해서 진행하기 전에 여러분에게 한 가지 주의사항을 말씀드려야 할 것 같은데, 그것은 내가 지금까지 말하고 설명한 것들을 여러분이 제대로 이해하지 못하고 오해해서 스스로 속는 일이 없어야 한다는 것이다. 즉, 내가 앞에서 말한 것들이나 악들은 참된 신자들에게서도 일어날 수 있지만, 그렇다고 해서 그 동일한 것이 여러분 속에서 발견되었다고 해서, 그것을 근거로 삼아서 자기는 참된 신자라고 결론을 내려서는 안 된다는 것이다. 그런 것들은 신자들도 빠질 수 있고 휘말려들 수 있는 악들이기는 하지만, 신자라는 것을 증명해주는 것들은 아니기 때문이다. 만일 내가 앞에서 설명한 것들이 참된 신자라는 것을 증명해주는 것들이라면, 어떤 사람들은 다윗이 간음을 저질렀고 자기도 간음을 저질렀기 때문에 자기는 다윗과 마찬가지로 참된 신자라고 결론을 내리게 될 것이다. 하지만 사실은 그것들은 신자들의 마음에 존재하는 죄일 뿐이고 사탄에게 속한 악들일 뿐이다.

로마서 7장은 거듭난 사람에 대한 묘사를 담고 있다. 그런데 어떤 사람이 거기에서 그 거듭난 사람의 어두운 면, 그의 거듭나지 못한 부분, 그 사람 안에 남아 있는 내재하는 죄의 힘과 폭력에 대해 말하고 있는 것들을 읽고서는, 자기 안에도 그런 동일한 것들이 있기 때문에 자기도 거듭난 사람이라고 결론을 내린다면, 그는 그 말씀을 착각하여 스스로 속은 것이다.

그것은 이렇게 논증하는 것과 같다: "지혜로운 사람도 병에 걸릴 수 있고 상처를 입을 수 있으며 어리석은 짓들을 행할 수 있다. 그러므로 병에 걸리고 상처를 입으며 어리석은 짓들을 하는 모든 사람은 지혜로운 사람이다." 또는, 한 어리석고 기형적인 사람이 어떤 아름다운 사람에게도 보기 흉한 흉터나 자국이 있다는 말을 듣고서는, 자기에게도 그런 보기 흉한 흉터와 사마귀와 점들이 있기 때문에 자기도 아름다운 사람이라고 결론을 내리는 것과 같다.

당신이 참된 신자라는 것을 증명하려면, 참된 신자임을 증명해주는 그런 증거들을 제시해야 한다. 앞에서 말한 그런 위험한 상태임을 보여주는 증거들을 자신 안에 갖고 있는 사람들은 "비록 내가 신자라고 할지라도, 나는 그 중에서 가장 비참한 자임에 틀림없다"고 결론을 내리는 것이 안전할 것이다. 하지만 그들이 마음의 평안을 얻으려면, 자기가 참된 신자임을 증명해 주는 다른 증거들을 찾아야 한다.

죄 죽이기

두 번째 구체적인 지침: 다음과 같은 것들을 분명하게 알아야 한다. 1. 우리를 혼란스럽게 하는 죄책; 이때에 도움이 되는 것들을 설명함. 2. 다양한 위험. (1) 완고해짐; (2) 일시적인 고침; (3) 평안과 힘의 상실; (4) 영원한 멸망; 이 문제를 다루기 위한 법칙들. 3. 죄의 해악. (1) 성령을 근심하게 함; (2) 새로운 피조물에 상처를 줌; [(3) 한 사람의 유용성을 앗아감]

2. 두 번째 지침: 죄책과 죄의 위험과 해악을 분명하게 알라

죄를 죽이기 위한 두 번째 구체적인 지침은 당신을 혼란스럽게 하고 있는 그 죄책과 죄의 위험과 해악을 당신의 지성과 양심이 분명히 알고 계속해서 유념해야 한다는 것이다.

(1) 죄로 인한 죄책

우리의 마음에서 상당한 힘을 지니고 있는 죄악된 욕망이 사용하는 속임수들 중 하나는 우리로 하여금 그 욕망으로 인한 죄책이 별 것 아닌 것처럼 생각하게 만든다는 것이다: "이것은 작은 일이 아닌가?" "내가 림몬의 신당에서 몸을 굽힐 때에 여호와께서 이 일에 대하여 당신의 종을 용서하시기를 원하나이다"(왕하 5:18). "이것이 악한 것이기는 하지만, 다른 죄악들만큼 악한 것은 아니다. 하나님의 백성에 속한 다른 사람들도 그 정도의 악은 저지르며 살아가고 있지 않는가. 아니, 하나님의 백성 중에는 실제로 너무나 끔찍한 죄악들에 빠져 살아가는 사람들도 있지 않는가!"

죄는 헤아릴 수 없이 많은 방법들을 사용해서 우리의 지성의 시선을 다른 곳들로 돌려서 죄로 인한 죄책을 올바르고 정확하게 볼 수 없게 만든다. 죄는 역겹고 해로운 기운들을 내뿜어서 우리의 지성을 어둡게 하여 제대로 올바르게 판단할 수 없게 만든다. 우리 지성의 추론과 생각들을 혼란스럽게 하고 교란시키는 것, 하나님이 주신 약속들을 희미하고 가물가물하게 만드는 것, 욕망들을 준동시켜 소란하게 하는 것, 지성을 속여서 잘못된 방법들을 사용해서 죄를 버리려고 애쓰게 하는 것, 죄를 지어도 하나님의 자비와 긍휼을 받을 수 있다는 희망을 갖게 하는 것 등이 죄가 지성을 교란시켜서 우리 안에서 상당한 힘을 갖고 있는 죄악된 욕망으로 인한 죄책을 제대로 올바르게 보지 못하게 하는 방법들이다.

호세아 선지자는 죄악된 욕망이 절정에 도달하면 이런 일이 아주 강도 높게 벌어지게 될 것이라고 우리에게 말해준다: "음행과 묵은 포도주와 새 포도주가 마음을 빼앗느니라"(호 4:11). 여기에서 "마음"은 성경에서 흔히 사용되는 의미인 "깨닫는 능력"(한글개역개정에는 "명철" 또는 "총명"으로 번역된다)을 가리킨다. 죄악된 욕망들은 거듭나지 않은 사람들 안에서는 강도 높게 이런 일을 이루고, 거듭난 사람들 안에서도 부분적으로 이런 일을 이룬다.

솔로몬은 음탕한 여자의 유혹에 넘어간 어떤 남자를 "어리석은 자들" 중의 한 명이고 "명철이 없는 젊은이"라고 말한다(잠 7:7). 그렇다면 그의 행동은 어떤 점에서 어리석은 짓인가? 솔로몬은 거기에 대한 대답을 23절에서 제시한다. 즉, 그가 그런 식으로 행하면 "그의 생명을 잃어버릴 줄을 알지 못한" 것이 그의 어리석음이라는 것이다. 그는 자기가 저지른 악으로 인한 죄책이 무엇일지를 생각하지 않았다는 점에서 어리석은 자다.

여호와께서는 자기가 에브라임에게 여러 가지 조치들을 취했지만 좋

죄 죽이기

은 결과를 얻지 못한 이유를 설명하면서, "에브라임은 어리석은 비둘기 같이 지혜가 없기"(호 7:11) 때문이라고 말씀하신다. 여기에서 "지혜"는 "깨닫는 능력"을 의미하기 때문에, 이것은 에브라임이 자신의 비참한 상태를 전혀 깨닫지 못했다는 뜻이다.

다윗이 저 가증스러운 죄로 인한 죄책을 그토록 오랫동안 마음속에 간직해 온 것은 그의 마음에 수많은 부패한 추론들과 생각들이 자리 잡고 있어서 자신 안에 있는 죄의 추악함과 그 죄책을 율법의 거울에 비추어 분명하게 볼 수 없었기 때문에 가능했던 것이 아니겠는가? 그래서 하나님은 다윗으로 하여금 자신의 죄를 깨닫게 하셔서 그의 문제를 해결하기 위해 나단 선지자를 그에게 보내어 한 가지 비유를 들려주어서 온갖 핑계와 변명들을 다 틀어막음으로써, 그가 자신의 죄로 인한 죄책을 인정하고서 완전히 무릎을 꿇게 만드셨다.

죄악된 욕망이 우리 마음에 있을 때에는 필연적으로 그런 결과가 생겨난다. 즉, 그 욕망은 우리의 지성을 어둡게 하여 그 욕망으로 인한 죄책을 올바르게 판단할 수 없게 만들어버린다. 그 욕망이 우리의 지성으로 하여금 그 죄책을 별 것 아닌 것으로 생각하게 만드는 데 사용하는 그 밖의 다른 많은 방법들에 대해서는 지금 여기에서는 다루지 않을 것이다.

따라서 죄를 죽이려고 하는 사람이 가장 먼저 해야 할 일은 그 죄로 인한 죄책을 자신의 지성으로 올바르게 판단하는 것이다. 다음과 같은 설명들은 당신이 그렇게 하는 데 도움을 줄 것이다.

[1] 은혜를 받은 신자들 안에서는 그들 속에 내재하는 은혜로 말미암아 죄의 권세가 약화되어서, 불신자들의 경우와는 달리 죄가 그들을 지배할 수 없게 되지만, 신자들 안에 여전히 머물러 있는 죄로 인한 죄책은 그 은혜로 말미암아 더 심각해지고 더 부각된다. 그래서 사도는 "그런즉 우리가 무슨 말을 하리요 은혜를 더하게 하려고 죄에 거하겠느냐 그럴 수 없느니라 죄에 대하여 죽은 우리가 어찌 그 가운데 더 살리요"(롬 6:1-2)라고 말한다. "죄에 대하여 죽은 우리가 어찌"에서 강조점은 "우리"에 있다. 사

도가 나중에 설명하고 있는 것처럼, 그리스도에게서 은혜를 받은 우리가 어떻게 은혜와 정반대되는 쪽으로 행할 수 있겠느냐는 것이다.

만약 우리가 정말 그렇게 한다면, 의심할 여지 없이 우리는 다른 그 누구보다도 더 악한 자들이 되고 말 것이다. 나는 신자들 중에서 그렇게 하는 자들이 저지르는 죄들이 특별히 더 무겁고 심각한 것들이라고 주장하는 것이 아니라, 불신자들보다 더 큰 사랑과 자비와 은혜와 도우심과 구원하심과 은사들과 건지심들을 받은 사람들이 어떻게 그 모든 것들을 거슬러 죄를 지을 수 있느냐고 말하는 것이다. 이것을 생각했을 때, 당신이 전혀 은혜를 받지 못했더라도 당신의 죄는 크겠지만, 은혜를 받고 나서도 당신의 마음에 죄가 남아 있다면, 그 죄로 인한 악과 죄책은 헤아릴 수 없이 더 크다는 것이 나의 생각이다.

[2] 하나님은 악인들이 공공연하게 저지르는 흉악무도한 죄악들보다도 성도들의 마음에서 죄악된 욕망이 활동하고 외적으로 많은 죄들을 저지르는 것을 훨씬 더 큰 악으로 보신다. 이것은 불신자들은 마음으로 은혜를 사모하고 갈급해하는 것이 아니라 그들의 마음에 있는 허다한 죄를 표출하여 가장 찬란한 외적인 업적들과 행위들을 이루어내는 것이기 때문에, 하나님은 불신자들의 그런 업적들과 행위들보다도 자신의 종들의 마음이 은혜를 사모하고 갈급해하는 것을 이루 말할 수 없이 아름답고 훌륭한 것으로 보시는 것과 동일한 논리다. 따라서 그런 경우에 대체로 하나님은 그렇게 행하는 신자들을 더 강력하게 대적하셔서 철저하게 낮추신다.

그래서 그리스도께서는 죄에 빠진 신자들을 고치고자 하실 때에 그들의 신앙고백은 옆으로 제쳐두시고서는, "내가 네 행위를 아노니"(계 3:15)라고 말씀하심으로써 그들이 실제로 어떤 자들인지를 지적하신다. 즉, "너는 네가 고백한 것과는 완전히 다른 사람으로 행하고 있기 때문에 가증스러운 자가 되어 있다"는 것이다.

따라서 이런 것들을 잘 숙고하면 당신은 당신 안에 내재하는 죄악된 욕망으로 인한 죄책을 분명하게 알게 되어서, 그 욕망을 별 것 아닌 것으로 여기는 생각들이나 변명하고 핑계하는 생각들이 당신의 마음에서 생겨나서 부지불식간에 죄가 더 힘을 얻어서 당신을 더 강하게 장악하는 일이 벌어지지 않게 한다.

(2) 죄로 인한 위험

우리는 죄로 인한 위험을 생각해야 한다. 죄가 초래하는 위험들은 다음과 같이 여러 가지다.

[1] 죄의 속임에 의해 완고하게 됨. 죄로 인해 초래되는 첫 번째 위험은 죄에게 속아서 완고하게 되는 것이다. 사도는 히브리서 3장에서 이것을 신신당부한다: "형제들아 너희는 삼가 혹 너희 중에 누가 믿지 아니하는 악한 마음을 품고 살아 계신 하나님에게서 떨어질까 조심할 것이요 오직 오늘이라 일컫는 동안에 매일 피차 권면하여 너희 중에 누구든지 죄의 유혹으로 완고하게 되지 않도록 하라"(히 3:12-13). 이것은 이런 의미이다: "항상 조심하고 모든 수단들을 동원해서 너희를 유혹하는 것들이 어떤 것들인지를 주의 깊게 생각하고 살피라. 죄 안에는 너희의 마음을 완고하게 하여 하나님을 경외하는 것으로부터 멀어지게 만드는 속임수와 기만이 있다."

여기에서 "완고하다"는 것은 완강하게 고집부리는 것을 뜻한다. 죄는 우리의 마음을 그런 완고함으로 몰고 가기 때문에, 온갖 죄악된 기질과 욕망은 우리의 마음을 적어도 어느 정도는 완고함을 향해 나아가게 만든다. 당신의 마음이 완고하지 않고 부드러웠고, 말씀에서 마음이 녹아내리곤 했다고 할지라도, 누군가가 불경스럽게 말했듯이, 환난을 반복적으로 겪다보면 점점 "설교에도 무디어지고 영적인 질병에도 무디어지게" 되고 만다. 이전에는 당신이 장차 죽어서 하나님 앞에 서게 될 것이 두려워서 떨었고, 하나님의 사랑에 대해 확신을 가지고 있었더라도, 이제는 당신의 심령이 딱딱해져서 그런 것들을 생각해도 아무렇지도 않게 될 수 있다. 그렇게 되었을 때, 당신의 영혼과 당신의 죄에 대한 말씀들을 들어도 당신은 전혀 관심이 없게 되고, 신앙의 의무들을 행하거나 기도하거나 말씀을 읽거나 듣는 것을 건너뛰어도, 당신의 마음은 조금도 영향을 받지 않게 된다. 죄는 당신에게 별 것 아닌 것으로 여겨지기 때문에, 당신은 죄를 아무것도 아닌 것으로 여기고서 간과해 버린다. 그런 식으로 죄는 자라간다.

그런 상태의 끝은 무엇이겠는가? 이것보다 더 비참한 일이 당신에게 일어날 수 있을까? 우리가 죄를 가볍게 생각하는 그런 상태에 이르게 될 수 있다고 생각하는 것만으로도, 우리의 마음이 두렵고 떨려야 마땅하지 않겠는가? 왜냐하면 우리가 그런 상태가 되었을 때에는 하나님의 은혜와 자비, 그리스도의 피, 율법, 천국과 지옥에 대해서도 똑같이 별 것 아닌 것으로 가볍게 생각하게 될 것이기 때문이다. 당신의 죄악된 욕망은 당신 안에서 역사하여, 당신의 마음을 완고하게 하고, 양심을 마비시키며, 지성을 눈멀게 하고, 감정을 무감각하게 만들며, 당신의 영혼 전체를 속인다는 것을 명심하라.

[2] 큰 징계를 초래함. 죄는 이 세상에서 하나님으로부터 어떤 큰 징계를 받을 위험을 초래한다. 성경에서는 이 징계를 "보응" 또는 "심판" 또는 "벌"이라고 부른다. 하나님은 당신의 마음에 있는 저 가증스러운 죄로 인해 당신을 완전히 버리지는 않으실 것이지만, 회초리로 당신을 징계하실 것이다. 하나님은 당신의 잘못을 용서하시고 당신의 죄를 사하실 것이지만, 당신이 저지른 일들에 대해서는 보응하실 것이다. 다윗과 그가 겪은 모든 환난들을 기억하라! 그가 광야로 도망쳐야 했던 것을 주목하고, 하나님의 손이 그를 짓눌렀던 것을 곰곰이 생각해 보라.

하나님이 진노하셔서 당신의 자녀를 죽이고, 하나님이 진노하셔서 당신의 사업을 망하게 하며, 하나님이 진노하셔서 당신의 뼈들을 부러뜨리시고, 하나님이 진노하셔서 당신으로 하여금 수치와 망신을 당하게 하시며, 하나님이 진노하셔서 당신을 죽이시고 멸하시며 흑암 가운데 눕게 하실 것인데, 그런 것이 당신에게는 아무것도 아닌 것인가? 하나님이 당신으로 인해 다른 사람들을 벌하시고 망하게 하시며 파멸시키실 것인데, 그런 것이 당신에게는 아무것도 아닌 것인가? 내 말을 오해하지 말라. 나는 하나님이 자기 백성이 죄를 지을 때마다 언제나 진노하셔서 그 사람에게 이 모든 일들을 행하신다고 말하는 것이 아니다. 결코 그렇지 않다!

나는 하나님이 당신에게 그렇게 행하시고, 당신의 양심이 하나님과 더불어서 당신이 하나님을 진노하시게 한 것이 무엇인지를 증언할 때, 하나님이 당신을 고치시기 위해 행하시는 이 모든 일들로 인해 당신의 영혼이 큰 괴로움과 고통을 겪게 될 것이라고 말하고 있는 것일 뿐이다. 그런데도 당신이 이런 일들이 당신에게 일어나는 것을 두려워하지 않는다면, 당신의 마음은 이미 완고하게 되어 있는 것이다.

[3] 평생 동안 평안과 영적인 힘을 상실하게 됨. 하나님과 화목하게 되어 평안을 누리고 하나님 앞에서 행할 수 있는 힘을 얻게 되는 것은 은혜 언약의 위대한 약속들의 핵심이다. 우리 영혼의 생명은 이것들에 있다. 이것들이 상당한 정도로 있지 않다면, 살아 있다고 해도 죽어 있는 것이다. 우리가 하나님과 화목하게 지내며 평안 가운데서 종종 하나님의 얼굴을 뵈옵고, 하나님과 동행할 수 있는 힘을 갖고 있지 못하다면, 도대체 우리의 삶이 우리에게 무슨 유익이 있겠는가?

그런데 죽지 않은 죄악된 욕망은 사람들의 영혼에서 이 두 가지를 반드시 빼앗아버린다. 우리는 이것을 다윗에게서 더할 나위 없이 아주 분명하게 본다. 그는 자기 안에 있는 죄악된 욕망으로 인해 자신의 뼈들이 으스러졌고, 자신의 영혼이 불안에 떨고 있다고 얼마나 자주 탄식하였는가! 또 다른 예는 이사야서 57장에 나온다: "그의 탐심의 죄악으로 말미암아 내가 노하여 그를 쳤으며 또 내 얼굴을 가리고 노하였으나"(사 57:17). 하나님이 그에게 얼굴을 가리셨는데 그의 영혼에 무슨 평안이 있겠으며, 하나님이 그를 치셨는데 그의 영혼에 무슨 힘이 있겠는가? 또한 호세아서 5장에서는 하나님께서 "그들이 그 죄를 뉘우치고 내 얼굴을 구하기까지 내가 내 곳으로 돌아가리라"(호 5:15)고 말씀하신다. 이것은 "내가 그들을 떠나 내 얼굴을 숨기면, 그들의 평안과 힘이 어떻게 되겠느냐"는 것이다.

따라서 당신이 전에는 하나님 앞에서 평안을 누렸고, 당신이 전에는 하나님의 두려우심을 생각하고 두려워하였으며, 당신이 전에는 하나님과 동행할 힘이 있었고, 당신의 연약함으로 인해 괴로워하고 애통해하며 기도했는데, 지금은 그렇지 않다면, 이 위험이 당신의 머리 위에 걸려 있다는 것을 생각하라.

얼마 후에는 당신은 이제 더 이상 평안 가운데서 하나님의 얼굴을 뵙지 못하게 될 수 있다. 아마도 내일이 되면 당신은 이제 더 이상 기도하고 성경을 읽고 들으며 신앙의 의무들을 행할 수 있는 최소한의 힘과 즐거움과 생명력도 갖지 못하게 될 수도 있다. 그리고 아마도 당신은 앞으로 이 땅에서 살아가는 동안 평안한 시간을 결코 가질 수 없게 되어서, 당신의 모든 뼈들이 으스러진 채로 고통과 공포로 가득 차서 평생을 보내게 될지도 모른다.

또한 하나님은 당신에게 화살들을 쏘아서, 당신을 고뇌와 불안과 두려움과 당혹감으로 가득하게 하시고, 당신을 당신 자신 및 다른 사람들에게 두려움과 놀람이 되게 하시며, 매순간마다 당신에게 지옥과 진노하심을 보여주시고, 당신으로 하여금 하나님이 당신을 미워하신다는 비참한 사실을 깨닫게 하셔서 놀라게 하시며 겁을 집어먹게 하실 것이다. 그래서 당신의 상처는 더욱 깊어져서, 당신의 영혼은 위로받기를 거절하고서, 사는 것보다는 죽기를 원하게 될 것이다. 즉, 당신의 영혼은 목을 매서 죽는 쪽을 선택하고자 할 것이다.

하나님은 당신을 완전히 멸하지는 않으실 것이지만, 당신을 그런 상태로 몰아넣으셔서, 머지않아 당신으로 하여금 당신이 계속해서 지금처럼 행했다가는 결국 멸망하게 되리라는 것을 생생하게 깨닫게 하실 것임을 명심하라. 당신의 마음이 이것을 늘 유념하게 하라. 당신의 심령 상태가 그렇게 되었을 때에 그 결과가 무엇일지를 똑똑히 알라. 당신의 영혼이 당신 안에서 두려워 떨게 될 때까지 계속해서 이것을 묵상하라.

[4] 영원한 멸망의 위험이 있다. 이것을 제대로 다루기 위해서는 다음과 같은 것들을 살펴보아야 한다.

죄 죽이기

첫 번째는, 죄 안에 계속해서 머무는 것과 영원한 멸망은 서로 연결되어 있기 때문에, 하나님은 어떤 사람들은 죄 안에 계속해서 머무는 것으로부터 건지셔서 멸망하지 않게 하시지만, 죄 안에 계속해서 머물러 있으려고 하는 자들은 그 누구도 멸망에서 건지시지 않는다는 것이다.

그래서 성경은 죄의 권세 아래 계속해서 있는 사람들에게 그들이 멸망할 것이고 하나님으로부터 영원히 분리될 것이라고 경고한다: "형제들아 너희는 삼가 혹 너희 중에 누가 믿지 아니하는 악한 마음을 품고 살아 계신 하나님에게서 떨어질까 조심할 것이요"(히 3:12); "나의 의인은 믿음으로 말미암아 살리라 또한 뒤로 물러가면 내 마음이 그를 기뻐하지 아니하리라"(히 10:38).

어떤 사람이 불신앙으로 인해 하나님에게서 "떠나" "뒤로 물러가면 하나님의 마음이 그를 기뻐하지 않으신다"는 것, 즉 "하나님의 진노가 그 사람을 추격하여 멸망에 처하시리라"는 것은 하나님이 정하신 법칙이다. 갈라디아서 6장에서는 이것을 아주 분명하게 보여준다: "자기의 육체를 위하여 심는 자는 육체로부터 썩어질 것을 거두고 성령을 위하여 심는 자는 성령으로부터 영생을 거두리라"(갈 6:8).

두 번째는, 앞에서 설명한 대로 어떤 부패한 욕망의 힘 아래 사로잡혀 있는 사람은 그런 상태에서는 자기가 은혜 언약에 참여하여 영원한 멸망에 대한 두려움에서 건짐을 받았음을 보여주는 분명한 증거를 가질 수 없어서, 현세에서의 자신의 삶의 끝이 하나님에 의한 영원한 멸망일 것이라고 생각하게 되기 때문에 두려워할 수밖에 없다는 것이다.

로마서 8장에서는 "이제 그리스도 예수 안에 있는 자에게는 결코 정죄함이 없나니"(롬 8:1)라고 말한다. 이것은 사실이다. 하지만 이 말씀을 통해 위로와 힘을 얻는 사람은 누구일까? 누가 이것이 자기를 두고 하신 말씀이라고 생각할 수 있을까? 당연히 "육신을 따라" 행하지 않고 "성령을 따라 행하는" 사람이다.

여기에서 여러분은 "그런 식으로 말하는 것은 자신의 죄로 말미암아 자기에게 영원한 멸망이 임할 것이라고 생각해서 두려워하는 사람들은 참된 신자들이 아니고 불신앙 가운데 있는 것이라고 말하는 것이 아닌가"라고 말할 것이다. 이 질문에 대한 나의 대답은 그렇지 않다는 것이다. 사람은 자기 자신에 대해 판단할 때에 두 가지로 나누어서 판단해야 한다. 하나는 자신의 영적 신분에 대한 판단이고, 다른 하나는 자신의 행실에 대한 판단이다. 지금 내가 다루고 있는 것은 한 사람의 영적 신분에 대한 판단이 아니라 그 사람의 삶과 행실에 대한 판단이다.

신자는 자신의 영적 신분과 관련해서는 할 수 있는 한 최고의 증거를 갖고 있어야 한다. 하지만 자신이 계속해서 악한 길로 행했을 때의 결말은 멸망이라고 생각하는 것은 신자의 의무이고, 그렇게 생각하지 않는 자는 무신론자이다. 나는 어떤 신자가 계속해서 악을 행할 때에 그리스도 안에 그의 분깃이 있다는 증거가 아무 소용이 없게 된다고 말하는 것이 아니라, 그 증거를 계속해서 유지할 수 없다고 말하는 것이다.

한 사람과 관련해서 두 종류의 정죄가 존재한다. 하나는 그 영혼이 자기는 하나님의 임재로부터 쫓겨나는 것이 마땅하기 때문에 하나님으로부터 버림을 받았다고 결론을 내리는 것이다. 하지만 이것은 불신앙에서 나오는 것이 아니라 신앙으로부터 나온다. 다른 하나는 영혼이 자기는 결국 영원한 멸망에 처해지게 될 것이라고 결론을 내리고 실제로 그렇게 되는 것이다. 나는 신자가 계속해서 죄를 지었을 때에 그런 식으로 자신을 정죄해야 한다고 말하는 것이 아니다. 다만 그 악한 길을 계속해서 걸었을 때의 결말이 멸망이라는 것을 명심하고서 그 악한 길에서 벗어나기 위해 분발해야 한다는 것이다. 이것은 죄악된 욕망들에 사로잡히지 않고 거기에서 벗어나기를 원하는 영혼이 반드시 명심해야 할 것이다.

(3) 죄로 인한 해악들

우리는 죄로 인해 초래될 해악들을 생각해야 한다. 여기에서 해악들이라는 것은 현세에서 받는 해악들을 말한다. 앞에서 말한 위험이라는 것이다가올 미래와 관련된 것이라면, 여기에서 말하는 해악은 현재와 관련된 것이다. 죽지 않은 죄악된 욕망이 우리 안에 있을 때는 많은 해악들이 초래되는데, 다음은 그 가운데 일부다.

[1] 죄는 성령을 근심하게 한다. 찬송 받으시기에 합당한 거룩하신 성령은 신자들에게 주어져서 신자들 안에 내주하여 신자들과 함께 살아가신다. 그래서 사도는 에베소서 4:25-29에서 많은 죄악된 욕망들과 죄들을 멀리하라고 경고한 후에, 30절에서 신자들이 그렇게 해야 할 중요한 동기로 다음과 같은 것을 제시한다: "하나님의 성령을 근심하게 하지 말라 그 안에서 너희가 구원의 날까지 인치심을 받았느니라." 여기에서 사도는 "하나님의 성령을 근심하게 하지 말라"고 경고하면서, "너희가 성령을 통해서 아주 크고 많은 은택들을 받았고 앞으로도 받게 될 것"이기 때문이라고 말하고, 그러한 은택들 중 한 가지 아주 중요하고 포괄적인 것, 즉 "구원의 날까지 인치심을 받은" 것을 예로 든다.

죄는 성령을 근심하게 한다. 사랑이 많고 다정한 친구가 자기를 친절하게 대해 주어야 마땅한 자신의 친구의 불친절에 근심하듯이, 우리의 마음을 자신의 처소로 선택해서 거기에 내주하여 우리를 위해 우리 영혼이 바라는 모든 것들을 공급해주시는 사랑이 많으시고 자애로우신 성령도 마찬가지여서, 자신이 없애야 할 자신의 원수들을 우리가 마음에 품고서 성령과 동거하는 것을 용납할 때에 근심하신다. "하나님은 의도적으로 우리를 괴롭히지도 않으시고 근심하게 하지도 않으신다"(애 3:33, 한글개역개정에는 "주께서 인생으로 고생하게 하시며 근심하게 하심은 본심이 아니시로다"). 그런데 우리가 매일같이 성령을 근심하게 해드려서야 되겠는가? 그래서 성경은 우리가 성령을 거슬러 도발하는 것이 정말 심각한 일이라는 것을 우리에게 알게 하기 위해서 성령이 "진노하신다"거나 "마음에 근심하신다"는 표현을 사용한다.

우리 영혼에 조금이라도 참된 은혜가 남아 있고, 우리 마음이 죄의 속임수에 의해 완전히 완고해진 것이 아니라면, 다음과 같은 것들을 깊이 숙고하고 묵상하는 것은 우리의 심령 상태에 분명히 영향을 미칠 것이다: "나는 누구이고 어떤 존재인가? 나의 죄로 인해 근심하시는 성령은 누구신가? 성령은 나를 위해 어떤 일들을 해 오셨는가? 성령은 무슨 일들을 하기 위해 내 영혼에 오셨는가? 성령이 내 안에서 이미 행하신 일들은 어떤 것들인가?" 이런 것들을 묵상하라. 그러면 우리는 부끄러워하지 않을 수 없게 될 것이다.

하나님과 동행하는 사람들이 자신들을 모든 면에서 성결하게 하고, 자신의 마음과 영을 진정으로 정결하고 깨끗하게 하려고 함에 있어서 가장 큰 동기와 유인으로 작용하는 것은, 저 찬송 받으실 성령께서 그들 안에 내주하셔서 그들이 자신들의 마음에 어떤 것들을 품고 있는지를 지속적으로 살피셔서 자신의 성전인 그들의 마음이 더럽혀지지 않고 깨끗하게 보존되고 있는 것을 보셨을 때에 기뻐하신다는 것이다.

이것이 회막 문에서 이스라엘 백성의 죄로 인해 울고 있던 모세와 온 회중이 보는 앞에서 시므리가 자신과 간음을 저지른 여인을 데리고 왔을 때에 그의 죄가 더욱 크고 가증스러웠던 이유였다(민 25:6). 그러므로 성령이 자신의 성전인 우리의 마음을 순전하고 거룩하게 지키시기 위해 눈을 부릅뜨고 지켜보고 계시는데(우리가 신자라면, 이것은 엄연한 사실일 수밖에 없다), 우리가 우리 안에 있는 어떤 죄악된 욕망을 묵인하여 우리 마음에 거주하게 한다면, 그것은 얼마나 크고 가증스러운 죄이겠는가?

[2] 그리스도께서 다시 상처를 입으신다. 죄는 주 예수 그리스도께 다시 새롭게 상처를 입힌다. 우리 심령 속에서 그리스도께서 지으신 새로운 피조물도 상처를 입는다. 그리스도의 사랑은 좌절되고, 그리스도의 원수가 자신의 뜻을 이루고 의기양양하게 된다. 죄에게 속아서 그리스도를 완전히 버리는 것이 "그리스도를 또다시 십자가에 못 박고 공공연히 욕보이는 것"이듯이, 그리스도께서 멸하시려고 온 죄를 우리가 품고 있는 것은 그리스도께 상처를 입히고 근심하시게 하는 것이다.

[3] 사람을 무익하게 만들어 버린다. 죄는 한 사람이 살아가는 동안에 그

의 세대 중에서 그의 유용성을 제거해 버린다. 그 사람이 하는 일들과 노력들과 수고들은 하나님으로부터 거의 복을 받지 못한다. 만일 그 사람이 설교자라면, 흔히 하나님은 그 사람의 사역을 치실 것이기 때문에, 그는 불 가운데서 일하는 것 같은 느낌을 받게 될 것이고, 하나님을 위해 그 어떤 일을 해도 열매가 없고 존귀한 대접을 받지도 못하게 될 것이다. 다른 일들에 대해서도 우리는 동일하게 말할 수 있다.

오늘날 이 세상은 죄로 인해 시들어가는 가련한 교인들로 가득하다. 아름다움이나 영광 가운데서 행하는 사람은 거의 없다! 대부분의 교인들은 아무런 열매도 맺지 못하는 무익한 자들일 뿐이다! 이 비참하고 서글픈 상태를 초래하게 된 데는 많은 이유들이 있지만, 그 중에서도 많은 사람들이 자신의 영혼을 잡아먹는 죄악된 욕망을 품고 있어서, 욕망이라는 그 벌레가 그들의 순종의 뿌리를 날마다 갉아먹어서 약화시키고 있는 것이 가장 큰 원인들 중 하나라는 사실은 우리를 두렵게 한다. 이 죄악된 욕망이 모든 은혜들을 갉아먹어 버리고, 그 은혜들을 발휘하고 선용하는 데 사용되는 모든 방법들과 수단들을 갉아먹어 버린다. 그리고 설령 그런 사람들이 어떤 열매를 맺었다고 할지라도, 하나님은 돌풍을 일으키셔서 그 열매를 땅에 떨어뜨려 버리신다.

따라서 나의 두 번째 구체적인 지침은, 우리 영혼 속에 눌러앉아 자리를 잡고 있는 죄악된 욕망을 어떻게 대적하고 처리할 것이냐에 관한 것이다. 그 지침을 요약하면 다음과 같다: 그 죄악된 욕망으로 인한 죄책과 위험과 해악에 관해 지금까지 고찰한 것들을 명심하여 당신의 마음에 늘 생생하게 살아 있게 하라. 그것들을 자주 묵상하라. 당신의 마음이 그것들에 집중하고 유념하게 하라. 당신의 생각이 그것들을 숙고하게 하라. 그것들에 대한 생각이 당신의 영혼에 강력한 영향을 미치기 시작해서 두려워 떨게 될 때까지 그 생각을 멈추지도 말고 그 생각에서 떠나지도 말라.

제11장
죄를 죽이기 위한 구체적인 지침들(3)

세 번째 구체적인 지침: 당신을 괴롭히는 죄악된 욕망으로 인한 죄책으로 당신
의 양심에 부담을 주라; 그렇게 할 수 있는 방법들과 수단들 – 네 번째 구체적
인 지침: 건짐을 받기를 간절히 원하라 – 다섯 번째 지침: 사람들의 본성적인 기
질들에 깊이 뿌리를 내리고 있는 몇몇 죄악된 욕망들을 처리하라; 그런 욕망들
에 대한 고찰; 그것들을 처리하는 방법들 – 여섯 번째 지침: 죄의 계기들과 발
판들을 저지하라 – 일곱 번째 지침: 죄의 첫 번째 움직임에 격렬하게 대적하라

3. 세 번째 구체적인 지침: 죄책을 상기시켜 양심에 부담을 주라

죄를 죽이기 위해 내가 제시하는 세 번째 구체적인 지침은, 당신을 괴롭히
고 있는 죄악된 욕망으로 인한 죄책을 끊임없이 상기시켜서 당신의 양심
에 부담을 주라는 것이다. 죄악된 욕망에는 죄책이 수반된다는 것을 묵상
할 뿐만 아니라, 그 욕망의 실제적인 분출들과 준동들로 인한 죄책을 상
기시켜서 당신의 양심에 부담을 주어야 한다. 나는 이 지침을 제대로 활
용하는 데 필요한 몇 가지 구체적인 방법들을 제시할 것이다.

(1) 일반적인 것들을 통해 죄책을 일깨워서 양심에 부담을 주라
죄책을 상기시켜 양심에 부담을 주고자 할 때에는 일반적인 것들에서 시
작해서 구체적인 것들로 내려가는 하나님의 방법을 사용해야 한다.

[1] 바르고 거룩한 율법에 비추어서 드러나는 죄책으로 당신의 양심에 부담을 주라. 하나님의 거룩한 율법을 당신의 양심에 들이대어서, 그 율법에 비추어서 당신의 부패함을 드러내고, 하나님의 율법을 따라 행할 수 있게 해 달라고 기도하라. 율법의 거룩함과 신령함과 엄격함, 내면성과 절대성을 묵상하고, 당신이 그런 율법 앞에서 과연 설 수 있는지를 살펴보라. 당신의 양심으로 하여금 율법에 나타난 하나님의 두려우심을 알게 하고, 당신이 저지른 온갖 죄악들이 합당한 보응을 받는 것이 얼마나 의로운 일인지를 알게 하라. 아마도 당신의 양심은 이런 생각으로 인해 생겨나는 부담을 피하기 위해서 온갖 핑계와 구실들을 만들어낼 것이다. 예컨대, 당신은 이렇게 말할지도 모른다: "나는 율법으로부터 해방되었기 때문에, 율법의 정죄하는 권세는 나와 상관이 없고 내게 적용되지 않는다. 따라서 내가 율법에 따라 행하지 않는다고 할지라도, 그것에 대해 그렇게 괴로워할 이유는 없다." 하지만 당신은 그런 식으로 핑계를 대지 말고 다음과 같이 해야 한다.

첫 번째는, 죽지 않은 죄악된 욕망이 당신의 마음에 있는 동안에는 당신이 죄의 정죄하는 권세로부터 해방되었음을 증명해 주는 증거를 당신의 양심이 찾을 수 없다는 사실을 당신의 양심에게 말해주어야 한다는 것이다. 따라서 당신이 그런 상태에 있다면, 율법은 자기에게는 당신을 완전히 지배할 수 있는 권한이 있고, 당신은 장차 영원한 멸망에 처해지게 될 사람이라고 주장할지도 모른다. 그러므로 율법이 당신에게 무엇이라고 말하는지를 최대한 깊이 성찰해 보는 것이 가장 좋다. 마음의 가장 은밀한 곳에서 자기는 율법의 정죄하는 권세로부터 해방되었다고 주장하면서 죄나 죄악된 욕망을 은밀하게 묵인하고 용납하고 있는 사람은 복음을 근거로 해서도 그가 영적으로 어느 정도 안전하다는 것을 증명해 줄 그 어떤 증거를 발견할 수 없다. 즉, 그런 사람은 자기가 율법으로부터 해방된 사람인 것처럼 행세하지만 실제로는 율법에서 해방된 사람이 아님이 분명하다.

두 번째는, 최종적인 결과가 어떻게 나오든, 율법은 죄를 지은 자들을 발견할 때마다 그들을 붙잡아서 하나님의 보좌 앞으로 끌고 가서 거기에서 그들로 하여금 스스로를 변호하게 하는 임무를 하나님으로부터 부여받았다는 것이다. 이것은 당신의 현재의 상태에 적용된다. 율법은 당신이 죄를 짓는 것을 적발했다. 그러므로 율법은 당신을 하나님 앞으로 끌고 갈 것이다. 이제 당신이 하나님 앞에서 용서를 구하면, 당신은 무사히 율법으로부터 놓여날 것이다. 하지만 용서를 구하지 않는다면, 율법은 당신을 떠나지 않고 계속해서 자신의 임무를 수행할 것이다.

세 번째는, 율법의 고유한 사역은 죄와 죄로 인한 죄책을 찾아내어서 그 죄를 추궁하여 죄를 지은 영혼을 낮추고, 죄의 실체를 보여주는 거울로서의 역할을 하는 데 있다는 것이다. 따라서 당신이 율법에 따라 자신의 죄를 처리하고자 하지 않는다면, 그것은 믿음으로 행하지 않고, 당신의 마음의 완고함과 죄의 속임수를 따라 행하는 것이다.

수많은 교인들이 바로 이 문을 통과해서 배교자의 길로 나아갔다. 그런 사람들은 마치 자기가 율법으로부터 해방된 것처럼 여기고서는, 율법의 인도와 지도를 이제 더 이상 구하려 하지 않고, 율법이라는 척도에 비추어서 자신의 죄를 평가하려고 하지 않는다. 그들의 이러한 원칙은 단지 율법에 대한 그들의 인식에서 그치지 않고, 자신들도 모르는 사이에 점점 그들의 실제적인 지성과 생각들에도 영향을 미쳐서 그것들을 장악하게 되고, 그런 상태에서 그들의 의지와 감정은 온갖 가증스러운 행위들에 대해 개방적이 된다.

따라서 나는 당신이 자신의 양심을 설득해서, 율법이 주님의 이름으로 당신의 죄악된 욕망과 부패함에 대해 말하는 것을 성실하게 경청하게 하라고 말하고자 한다. 그렇게 하여 당신이 귀를 열면, 율법은 당신의 양심에 말할 것이고, 당신은 율법의 소리를 듣고서 경악하여 두렵고 떨려서 땅에 엎드러지게 될 것이다. 당신에게 정말 당신의 부패한 것들을 죽이려고 하는 의지가 있다면, 당신은 당신의 양심이 자신의 죄책을 분명하고

죄 죽이기

철저하게 깨닫고 시인하여, 다윗이 그랬던 것처럼 "내 죄가 항상 내 앞에 있나이다"(시 51:3)라고 고백할 때까지 율법에 묶어놓고서 온갖 핑계와 구실들을 차단해야 한다.

[2] 당신의 죄악된 욕망을 복음 앞으로 가져가라. 이것은 그 욕망으로 인한 괴로움에서 벗어나기 위한 것이 아니라, 그 욕망으로 인한 죄책을 더욱 분명하게 깨닫기 위한 것이다. 당신이 찌른 주님을 바라보고 애통해하며, 당신의 영혼에게 이렇게 말하라:

"내가 무슨 짓을 한 것인가? 내가 도대체 어떠한 사랑, 어떠한 자비, 어떠한 피, 어떠한 은혜를 멸시하고 짓밟은 것인가! 이것이 아버지 하나님의 사랑과 성자 그리스도 예수의 피와 성령의 은혜에 대한 나의 보답인가? 지금 나의 이런 모습이 주님께 보답하는 것인가? 그리스도께서 내 마음을 깨끗하게 씻어주시기 위해 죽으셨고, 찬송 받으실 성령께서 내 마음을 자신의 거처로 선택하셨는데, 그런 나의 마음을 나는 더럽혀 오지 않았던가? 나는 얼마든지 내 자신을 더러움에서 지킬 수도 있지 않았던가? 내가 사랑하는 주 예수께 무슨 말을 할 수 있는가? 어떻게 내가 주님 앞에서 당당하게 내 머리를 들겠는가? 나는 주님과의 교제를 하찮은 것으로 여겨서, 이 죄악된 욕망 때문에 내 마음에 주님이 계실 자리를 거의 다 제거해 버리지 않았는가? 내가 이토록 큰 구원을 소홀히 했으니, 어떻게 심판을 피하겠는가? 그러니 내가 주님께 무슨 말을 하겠는가? 나는 내 마음에 죄악된 욕망이 자리 잡고 살아가도록 하기 위해서, 주님의 사랑과 자비와 은혜와 선하심과 평안과 기쁨과 위로 같은 것들을 다 아무것도 아닌 것으로 여기고서 멸시해 왔다. 나는 자애로우신 하나님 아버지를 뵈옵는 것을 허락받아서 하나님의 얼굴을 볼 수 있게 되었는데도, 하나님의 면전에서 도발하여 하나님을 진노하시게 해오지 않았던가? 주님이 내 영혼을 깨끗하게 씻어주셨는데도, 나는 어떻게든 내 영혼을 다시 더럽힐 궁리만을 해오지 않았던가? 그리스도께서 자신의 죽으심을 통해서 내게서 이루려고 하신 목적을 좌절시키려고 내가 이렇게 애쓰는 것이 과연 합당한 일이겠는가? 나는 구속의 날까지 성령으로 인치심을 받았는데, 그런 성령을 내가 매일같이 근심하시게 하는 것이 과연 합당한 일이겠는가?"

당신의 양심을 날마다 이렇게 추궁하라. 당신의 죄악된 욕망으로 인한 흉악무도하고 가증스러운 죄책 앞에 당신의 양심을 날마다 세우라. 이렇게 해도 당신의 양심이 어느 정도 무너지거나 녹아내리지 않는다면, 당신은 위험한 상태에 있을 가능성이 크다.

(2) 구체적인 것들을 통하여 죄책을 일깨워서 양심에 부담을 주라

앞에서 당신은 복음의 일반적인 표제 아래에서 대속과 칭의 등과 같은 복음의 모든 은택들을 살펴보았다. 그렇다면 이제는 구체적인 것들로 내려가서, 복음의 그 모든 은택들로 인해 어떻게 주님이 당신의 영혼에 사랑을 베푸셨는지를 구체적으로 살펴봄으로써, 당신의 부패함으로 인한 죄책이 얼마나 심각한지를 더욱 뚜렷하게 드러내야 한다.

[1] 당신을 향한 하나님의 무한한 인내심과 오래 참으심을 구체적으로 생각해보라. 하나님이 당신을 이 세상에서 수치스럽고 욕된 존재가 되게 하시고 영원히 진노의 대상이 되게 하신다고 하자. 하나님이 당신에 대해 그런 식으로 해서 얻으시는 것이 무엇이 있겠는지를 생각해보라. 당신은 기회만 있으면 하나님을 기만적이고 거짓되게 대해 왔고, 입술로는 하나님 앞에서 그럴 듯한 말들을 늘어놓고서는, 당신이 약속한 모든 것들을 하나도 지키지 않고 다 깨버렸으며, 지금도 그런 식으로 죄를 따르고 있다. 이렇게 당신은 대담하게도 하나님이 얼마나 오래 참으시는지를 시도 때도 없이 시험해 왔지만, 하나님은 그때마다 당신에 대해 참아 오셨다. 그런데도 당신은 하나님을 대적하여 죄를 지으려고 하는가? 그런데도 당신은 하나님으로 하여금 계속해서 당신의 부패한 것들을 지켜보시며 당신에 대하여 질려버리게 만들려고 하는 것인가?

당신은 당신에 대한 하나님의 모든 오래 참으심이 이제는 바닥이 나서, 당신을 더 이상 참아주시는 것은 절대로 불가능하기 때문에, 당신을 내치시고 이제 더 이상 당신에게 은혜를 베풀지 않으실 것이고, 당신 앞에는 이미 지옥과 진노하심이 준비되어 있다고 자주 스스로 결론을 내려오지 않았는가? 그런데 그때마다 당신의 예상은 모두 빗나가서, 하나님은 또다시 사랑의 초대장을 가지고 당신을 찾아 오셨다. 그런데도 당신은 여전히 하나님의 영광의 눈에 거슬리는 일들을 행하여 계속해서 도발하려고 하는가?

[2] 당신이 죄에게 속아넘어가서 완고해지려고 할 때마다 하나님의 무한히 풍성하신 은혜로 말미암아 하나님과의 교제를 다시 회복하게 된 적이 얼마나 많았는지를 생각해보라. 그때마다 당신에게서는 은혜가 엷어져가고, 신앙의 의무들과 규례들과 기도와 묵상을 행할 때의 기쁨이 사라져가며, 마음 내키는 대로 방탕하고 부주의하게 행하고자 하는 욕구가 강해져갔고, 당신은 전에 그런 것들에 사로잡힌 사람들이 거기에서 빠져나오기가 거의 불가능했다는 것을 발견하지 않았는가? 당신은 하나님께서 혐오하시는 그런 길들로 행하고 그런 사람들과 어울리면서도, 자신이 그런 삶을 기뻐하고 있다는 것을 발견하지 않았는가? 그런데도 당신은 이제 또다시 완고함을 향하여 치닫고자 하는 것인가?

[3] 하나님께서 섭리에 의한 경륜들과 곤경에서 건지신 것들과 환난들에서 구하신 것들과 긍휼을 베푸신 것들과 좋은 것들을 주어 누리게 하신 것들을 통해서 당신에게 베풀어 주신 온갖 은혜들을 생각해보라.

이렇게 당신은 내가 지금까지 말한 것들을 생각함으로써 당신의 양심에 부담을 주어서, 당신의 양심이 당신 안에 내재하는 부패함으로 인한 죄책과 그 죄책으로 인해 입은 내상을 철저하게 깨닫고서, 재를 뒤집어쓰고 주님 앞에 엎드리게 될 때까지, 그렇게 하기를 멈추지 말아야 한다. 그것이 이루어질 때까지는 다른 모든 노력들이나 시도들은 아무 소용이 없을 것이다. 당신의 양심이 당신 안에 내재하는 죄로 인한 죄책을 달래서 진정시킬 수 있는 어떤 다른 수단을 가지고 있는 동안에는, 당신의 영혼은 결코 그 죄를 죽이기 위해 필사적으로 달려들지 않을 것이기 때문이다.

4. 네 번째 구체적인 지침: 죄의 권세로부터 벗어나기 위해 끊임없이 간절히 열망하라

이렇게 해서 당신의 죄에 대해 상당한 정도로 깨닫고 느끼고 알게 되었다면, 그 다음으로 당신이 해야 할 일은, 그 죄의 권세로부터 건짐을 받기를 끊임없이 간절히 열망하는 것이다. 당신의 마음이 한순간이라도 당신의 현재의 영적 상태에 만족하게 내버려두어서는 안 된다.

어떤 사람이 본성적인 일이든 사회적인 일이든 어떤 일을 이루기를 간절히 열망한다면, 그 열망으로 인해 자신이 간절히 바라는 그 일을 이루기 위한 수단들을 부지런히 사용하는 것은 당연하고, 만일 그렇게 하지 않는다면, 그 열망은 별로 가치가 없다.

하지만 영적인 일과 관련해서 간절히 열망하는 것은 본성적이거나 사회적인 일과 관련해서 간절히 열망하는 것과 다르다. 죄의 권세로부터 벗어나려고 간절히 열망하는 것은 그 자체가 은혜이기 때문에, 그 영혼으로 하여금 그 영혼이 열망하는 것을 닮아가게 만드는 강력한 힘을 지니고 있다. 그래서 사도는 고린도 교회의 신자들의 회개와 경건한 근심에 대해 설명할 때, 그것을 "간절한 소원"(고후 7:11)이라 부르면서, 그것이 그들에게 주어진 하나의 큰 은혜라고 말한다.

이 내재하는 죄 및 그 죄의 권세와 관련해서 사도는 자신이 처해 있는 상태를 어떻게 표현하는가? 그는 로마서 7장에서 이렇게 말한다: "오호라 나는 곤고한 사람이로다 이 사망의 몸에서 누가 나를 건져내랴"(롬 7:24). 이렇게 그의 마음에 있던 간절한 열망은 죄의 권세에서 벗어나고 싶어 하는 가장 열렬한 표현으로 표출된다.

사도가 여기에서 표현하고 있는 것이 성도들 안에 내재하는 죄를 일반적으로 고찰했을 때에 성도들의 영적 상태라고 한다면, 거기에 당신 안에서 어떤 특정한 죄악된 욕망과 부패함이 힘을 얻어 당혹스러울 정도로 광분하고 있는 것이 더해졌을 때, 당신은 얼마나 더 간절하게 거기에서 벗

죄 죽이기

어나고자 해야 하겠는가! 당신이 거기에서 벗어나려고 간절하게 열망하지 않는다면, 당신은 거기에서 벗어나지 못할 것임을 명심하라.

당신에게 그런 간절한 열망이 있을 때, 당신의 마음은 깨어서 그 원수를 대적하기 위한 모든 기회들과 이점들을 부지런히 찾게 될 것이고, 그 원수를 멸하는데 도움이 되는 모든 것들을 기꺼이 받아들이게 될 것이다. 성경은 우리에게 모든 일에서 "항상 기도하라"고 명령하는데, 간절한 소원과 열망은 우리의 기도에서 생명 같은 것이기 때문에, 우리가 항상 기도하고자 할 때에 우리에게 그것보다 더 필요한 것은 없다. 간절한 소원과 열망은 우리 마음에서 믿음과 소망이 활동하게 만들고, 우리 영혼이 주님을 향해 나아가게 만든다.

따라서 당신의 마음이 늘 간절히 열망하고 갈급해하는 상태에 있게 하라. 그리고 간절히 바라고 탄식하며 부르짖으라. 다윗이 그랬다는 것은 당신도 잘 알고 있을 것이기 때문에(시 38편과 42편), 내가 여기에서 굳이 다윗의 모범을 설명할 필요는 없을 것이다.

5. 다섯 번째 구체적인 지침 : 당신을 괴롭히고 있는 죄악된 기질이 당신의 본성에 뿌리를 내린 것은 아닌지 살펴보라

당신을 괴롭히고 있는 어떤 죄악된 기질은 당신의 본성에 뿌리를 내리고 있어서, 당신의 근본적인 체질이 그 악한 기질을 소중히 품어서 양성하고 강화시키고 있는 것일 수 있기 때문에, 당신은 이 점을 살펴보지 않으면 안 된다. 사람들의 본성적인 기질과 성향 속에 어떤 죄들에 대한 소질이 자리 잡고 있을 수 있다는 것은 의심의 여지가 없다. 이것과 관련해서 우리가 살펴보아야 할 것들은 다음과 같다.

(1) 본성에서 기인하는 죄라고 해서 그 죄책이 줄어드는 것은 아니다

어떤 죄가 그 사람의 본성에서 기인한다는 사실은 그 죄로 인한 죄책을 면제시켜주거나 줄여주는 사유가 되지 않는다. 당신은 당신의 어떤 죄가 당신의 본성적인 기질에 의한 것이기 때문에 그 죄로 인한 죄책에 대해 당신의 책임이 없다고 결코 주장할 수 없다. 어떤 사람들은 자신이 저지른 흉악무도한 죄악들을 자신의 기질과 성향으로 돌리면서 어쩔 수 없는 일이었다고 변명하는 불경스럽고 뻔뻔한 모습을 노골적으로 드러낸다. 그런데 그런 자들과는 근본적으로 다른 신자들이 그들과 똑같은 말을 하면서 자신의 악한 기질로 인한 죄책의 압박으로부터 벗어나려고 해도 되는 것인지, 나는 정말 모르겠다.

인간이 타락한 이후에 원죄로 말미암아 우리의 본성이 부패한 때로부터 우리의 본성적인 기질 속에는 죄의 연료와 자양분이 존재한다. 다윗은 자기가 죄악 가운데서 형성되고 죄 가운데서 잉태되었다고 고백하고서(시 51:5), 그러한 사실이 자신이 태어나서 지은 죄로 인한 죄책을 완화시켜주거나 면제시켜주는 것이 아니라 도리어 더욱 가중시켜주는 것으로 여겼다. 당신이 어느 특정한 죄악된 기질에 유독 강하게 이끌리는 것은 당신의 본성에 원래부터 내재하는 죄악된 욕망이 구체적으로 표출되고 있는 것이기 때문에, 당신은 자신의 그러한 모습을 보면서 자신이 얼마나 형편없는 존재임을 깨닫고 더욱더 낮아지는 것이 마땅하다.

(2) 본성에서 기인하는 죄는 엄청난 이점이 있어서 우리의 영혼이 이기기 어렵다

원래부터 죄악된 당신의 본성적인 기질과 성향은 죄와 사탄에게 엄청난 이점을 주고 있기 때문에, 당신이 이례적으로 아주 특별하게 깨어 있어서 부지런히 살피고 주의하지 않으면 죄와 죄악된 욕망이 당신의 영혼을 이기고 지배하게 될 것은 너무나 뻔하다. 그러므로 당신은 하나님과 동행하고자 할 때에 이 점을 명심하지 않으면 안 된다. 이런 이유로 수많은 사람들이 지옥을 향해 직행해 왔고, 그렇지 않은 사람들도 좀 더 온건하고 덜 도발적이며 덜 해로운 모습으로 지옥을 향해 나아갔다.

죄 죽이기

(3) 본성에서 기인한 죄를 죽이기 위해서는 자신의 몸을 쳐 복종하게 해야 한다

죄 죽이기와 관련해서 앞에서 이미 언급했거나 앞으로 제시하게 될 모든 방법들과 수단들 중에서 사람의 본성에 뿌리를 내리고 있는 어떤 죄악된 기질을 죽이는 데 특히 적합한 한 가지 방법이 있다. 그 방법을 사도는 고린도전서 9장에서 "내가 내 몸을 쳐 복종하게"(고전 9:27) 하는 것이라고 말한다. 자신의 몸을 쳐서 복종시키는 것은 하나님이 죄를 죽이는 방법으로 정하신 것이다. 이것은 본성에 자리 잡고 있는 죄악된 욕망과 기질의 뿌리를 건드려서 그것들을 자라나게 하는 토양을 제거함으로써, 그 욕망과 기질을 시들게 만든다.

교황주의자들은 그리스도의 의와 성령의 역사와 죄를 죽이는 일에 대해 무지한 자들이어서, 죄나 죄 죽이기의 참된 본질을 전혀 알지 못한다. 그래서 죄를 죽이는 일의 모든 중심과 강조점을 자의적인 종교 의식들과 고해성사와 보속을 위한 고행 등을 행해서 몸을 쳐서 복종시키는 것에 두었다. 이것은 그 자체로 잘못된 것일 뿐만 아니라, 어떤 사람들을 미혹시켜서, 사람을 낮추시기 위하여 하나님이 친히 정하시고 인정하신 몇몇 수단들을 소홀히 하게 만드는 결과를 초래할 수 있다.

물론 교황주의자들이 주장하는 방법들 중에서 금식이나 철야 등과 같이 본성적인 욕구를 끊음으로써 몸을 쳐서 복종시키고자 하는 것도 다음과 같은 주의사항들에 유념하여 행하기만 한다면, 하나님께서 받으시리라는 것은 의심의 여지가 없다.

[1] 첫 번째는 몸을 외적으로 약하게 하거나 훼손하는 행위들을 그 자체로 선한 일로 여기거나, 그런 행위들 자체가 죄를 죽이는 것이라고 여겨서는 안 된다는 것이다. 만일 그렇게 여긴다면, 우리는 또다시 육체의 규례 아래 들어가게 된다. 따라서 그런 행위들은 본성에 존재하는 죄악된 기질의 뿌리와 본거지를 약화시키고자 하는 목적을 위한 수단으로 여겨야 하고, 그런 용도로만 활용되어야 한다. 그렇게 하지 않았다가는 그런 행위들은 사람

의 몸과 심령을 약하게 만드는 결과만을 초래할 수 있다.

[2] 두 번째는 금식이나 철야 등과 같이 죄를 죽이기 위한 수단으로 사용되는 것들이 그 자체로 죄를 진정으로 죽이는 힘을 지니고 있어서 실제로 죄를 죽일 수 있다고 여겨서는 안 된다는 것이다. 만일 그런 것들로 죄를 죽일 수 있다면, 거듭나지 않은 사람들도 성령의 그 어떠한 도움 없이도 죄를 죽일 수 있을 것이기 때문이다. 따라서 그런 것들은 성령이 사용하실 수 있는 수단들일 뿐이라고 여겨야 한다. 실제로 성령은 종종 그런 것들을 사용하시고, 그런 경우에 그런 것들을 통해 죄를 죽이는 능력이 나타난다.

교황주의자들은 이런 사실들을 올바르게 이해하고 제대로 적절하게 활용할 수 없었기 때문에, 신자들이 아니라 말[馬]이나 다른 짐승들에게 사용하는 것이 더 좋을 법한 죄 죽이기의 방법들을 만들어내게 된 것이다.

지금까지 내가 말한 것의 요지는 이런 것이다. 즉, 우리를 괴롭히는 죄악된 욕망이나 기질이 우리 본성의 기질과 체질에 뿌리를 두고 있는 것으로 보일 때, 우리 영혼이 그리스도의 피와 성령에 참여하고 있다면, 하나님이 우리에게 주신 수단들을 사용해서 우리의 본성에 자리 잡고 있는 그 죄악된 욕망이나 기질의 뿌리를 쳐야 한다는 것이다.

6. 여섯 번째 구체적인 지침: 죄악된 욕망이나 기질이 어떤 계기나 이점을 사용해서 활동하는지를 살피라

죄악된 욕망이나 기질은 어떤 계기나 어떤 이점을 등에 업고서 힘을 발휘하고 자신의 모습을 드러낸다. 따라서 우리는 그런 계기들과 이점들이 어떤 것들인지를 살펴보고, 그런 경우들이 생기지 않도록 깨어서 경계하고 조심해야 한다.

이것은 찬송 받으실 우리 구주께서 "깨어 있으라"는 말씀으로 자신의 제자들에게 권하신 저 의무의 일부이다: "깨어 있으라 내가 너희에게 하는 이 말은 모든 사람에게 하는 말이니라"(막 13:37); "너희는 스스로 조심하라 그렇지 않으면……마음이 둔하여지고"(눅 21:34). 당신의 부패한 것들이 분출되어 나오지 않도록 조심해야 한다는 것이다.

이것은 다윗이 스스로 행해 왔다고 고백한 의무이기도 하다: "나는 나의 죄악에서 스스로 자신을 지켰나니"(시 18:23). 그는 자신의 죄악을 저지하고 가로막기 위하여 자신이 저지를 수 있는 죄악의 모든 길목들을 차단하고 그 낌새들을 봉쇄했다. 하나님은 우리에게 그렇게 하라고 명하시는데, 이것은 "우리의 길들을 살핀다"는 말로 표현된다.

당신의 죄악된 욕망이나 기질이 통상적으로 어떤 길들을 사용하고, 어떤 것들과 함께 어울려 다니며, 어떤 기회들을 포착해서 일어나고, 어떤 생각과 궁리들과 일들과 조건들을 사용하여 활동하는지를 살펴서, 그런 것들을 모두 포착해서 차단해야 한다. 사람들은 자신의 몸과 관련된 질병들과 이상에 대해서는 그런 식으로 세심한 주의를 기울여서, 몸에 해로운 기후들이나 음식이나 공기 같은 것들을 피한다. 하물며 영혼과 관련된 일들이 덜 중요하겠는가?

죄의 계기가 될 만한 것들을 대담하게 무시해버리는 사람은 대담하게 죄를 짓게 될 것임을 알아야 한다. 악으로 유혹하는 것들에 겁 없이 뛰어드는 사람은 악에도 겁 없이 뛰어들게 될 것이다. 엘리사 선지자는 하사엘에게 미리 경고했었지만, 하사엘은 선지자가 경고한 만큼 자기가 그렇게 악한 자일 것이라고 생각하지 않았다. 선지자는 더 이상 하사엘을 설득하려고 하지 않고, "네가 아람 왕이 될 것"(왕하 8:13)이라는 사실만을 말해 주었다. 하사엘이 잔인함으로 유혹하는 것들을 겁 없이 하게 된다면, 그는 잔인한 자가 될 것이다.

어떤 사람에게 그가 이러저러한 죄들을 범하게 될 것이라고 말해줘 보라. 그는 펄쩍 뛰며, 그런 말도 안 되는 소리는 하지도 말라고 할 것이다. 그가 그를 그 죄들로 이끄는 계기들과 유혹들에 겁 없이 뛰어들 것임을 우리가 그에게 깨닫게 할 수 있다면, 자기는 절대로 그럴 리 없다고 생각하는 그의 자신감은 근거 없는 것임이 드러나게 될 것이다. 죄의 시험 또는 유혹과 관련된 구체적인 지침들은 많지만, 지금 여기에서는 다루지 않을 것이다. 하지만 이 문제는 여기에서 다루고 있는 것, 즉 죄를 죽이는 문제만큼이나 중요하기 때문에, 나는 시험이나 유혹에 빠지는 것과 관련된 문제를 다른 글에서 자세하게 다룰 것이다.*

7. 일곱 번째 구체적인 지침: 죄악된 욕망이나 기질이 잉태되는 것 자체를 막으라

당신은 당신의 죄악된 욕망이나 기질이 최초로 어떤 낌새를 보이며 잉태되려고 하는 것을 강력하게 막아서 아주 작은 발판이나 입지라도 마련하지 못하게 해야 한다. "여기까지는 괜찮지만 더 이상은 안 된다"라고 말해서는 안 된다. 단 한 걸음이라도 허용하면, 그 욕망이나 기질은 두 번째 걸음도 내딛게 될 것이다. 죄에게 경계선을 정해주어서 그 이상은 넘어오지 못하게 하는 것은 불가능하다. 죄는 수로 안의 물과 같아서, 일단 쏟아져 나오면 제 갈 길을 가게 되어 있다. 그 길을 막으면, 차고 넘치기보다는 할 수만 있다면 우회로를 찾아서 돌아간다.

야고보는 죄악된 욕망이 점점 자라가는 과정을 이렇게 말한다: "오직 각 사람이 시험을 받는 것은 자기 욕심에 끌려 미혹됨이니 욕심이 잉태한즉 죄를 낳고 죄가 장성한즉 사망을 낳느니라"(약 1:14-15). 이것은 죄악된 욕망을 처음에 차단해야 한다는 것을 우리에게 말해주기 위한 것이다.

당신의 부패함이 당신의 생각들을 혼란스럽게 하기 시작하는 것을 보는가? 그 부패함이 자신의 목적을 온전히 달성한 것을 보았을 때에 당신에게 생겨날 분노만큼이나 큰 분노를 가지고 당신의 온 힘을 다해 그 부패함을 막으라. 그 부패함이 목적을 달성했을 때, 당신의 생각들이 얼마나 더럽고 추악할지를 생각해보고, 당신이 어리석음과 더러움 속에서 뒹

---

* 오웬은 이 문제를 『시험』(*Of the Nature and Power of Temptation*)에서 다룬다.

죄 죽이기

굴게 될 것임을 생각해보라. 그 부패함이 당신을 어떻게 하려고 하는지를 스스로에게 물어보라. 그 부패함은 결국 당신을 죽이고 파멸시킬 것이다. 따라서 그 부패함이 당신을 완전히 장악해서 극악무도하게 만든 것을 보고서 거기에서 벗어나려고 발버둥칠 때와 동일한 결연함으로 온 힘을 다해 그 부패의 최초의 움직임을 막으라. 처음에 그렇게 단호하게 막지 않으면, 당신은 이길 수 없을 것이다. 죄가 당신의 감정에 발판을 마련해서 당신이 기뻐하게 되면, 죄는 당신의 지성에도 발판을 마련해서 당신이 죄를 가볍게 여기게 만들 것이다.

제12장
죄를 죽이기 위한 구체적인 지침들(4)

여덟 번째 구체적인 지침: 하나님의 탁월하심과 엄위하심을 깊이 묵상하라; 우
리가 하나님에 대해 얼마나 무지한지를 묵상하라

8. 여덟 번째 구체적인 지침 : 당신이 얼마나 사악하고 비천한지를 깨닫게 해주는 묵상들을 행하라

죄를 죽이기 위한 여덟 번째 구체적인 지침은 당신에게 자신이 얼마나
사악하고 비천한지를 깨우쳐주어서 늘 낮아져 있게 해주는 데 도움이 되
는 묵상들을 활용하고 행하라는 것이다. 그런 묵상들로는 다음과 같은 것
들이 있다.

(1) 하나님의 엄위하심과 탁월하심, 우리가 그런 하나님으로부터 무한히 멀리 있다는 것을 묵상하라

하나님의 엄위하심과 탁월하심, 그리고 당신은 그런 하나님으로부터 이
루 헤아릴 수 없이 무한히 멀리 있다는 것을 많이 묵상하라. 하나님의 엄

158
죄 죽이기

위하심과 탁월하심에 대한 묵상을 많이 할수록, 당신은 보잘것없고 사악하기 짝이 없는 존재라는 인식이 당신의 마음을 가득 채우게 되지 않을 수 없고, 이것은 당신 안에 내재하는 죄의 가장 깊은 뿌리를 타격하는 것이다.

욥은 하나님의 크심과 탁월하심을 분명하게 알게 되자, 자기혐오로 가득 차서 낮아지지 않을 수 없었다: "내가 주께 대하여 귀로 듣기만 하였사오나 이제는 눈으로 주를 뵈옵나이다 그러므로 내가 스스로 거두어들이고 티끌과 재 가운데에서 회개하나이다"(욥 42:5-6). 선지자 하박국은 하나님의 엄위하심을 알게 되었을 때에 자기가 어떤 상태가 되었다고 증언하고 있는가? "내가 들었으므로 내 창자가 흔들렸고 그 목소리로 말미암아 내 입술이 떨렸도다"(합 3:16). 욥은 "하나님께는 두려운 위엄이 있느니라"(욥 37:22)고 말한다. 그래서 옛 사람들은 하나님을 뵈었을 때에 자신들은 죽을 것이라고 생각했다. 성경은 하나님과 비교해서 이 땅의 사람들을 "메뚜기들"이나 "헛 것"이나 "저울의 티끌"에 비유하는 등(사 40:12-25), 사람이라는 것이 얼마나 비천하고 보잘것없는 존재인지를 말해주는 말씀들로 가득하다.

이런 것들을 말해주는 말씀들을 많이 묵상함으로써 당신의 교만한 마음이 낮아지게 하고, 당신의 내면에 있는 영혼이 늘 낮아져 있게 해야 한다. 당신이 그런 심령 상태에 있을 때, 죄가 당신을 속여서 자신의 목적을 달성하는 것은 그 어느 때보다도 어려워질 것이다. 그러므로 하나님의 크심을 많이 묵상하라.

(2) 하나님에 대해 얼마나 무지한지를 수시로 묵상하라

당신이 하나님에 대해 얼마나 무지한지를 많이 묵상하라. 당신은 당신 자신이 얼마나 비천하고 보잘것없는 존재인지를 충분히 잘 알고 있지만, 하나님에 대해서 알고 있는 것은 거의 없다! 저 지혜자인 솔로몬도 자기 자신이 그러하다는 것을 알았기 때문에 자신에 대해 이렇게 말한다: "나는 다른 사람에게 비하면 짐승이라 내게는 사람의 총명이 있지 아니하니라 나는 지혜를 배우지 못하였고 또 거룩하신 자를 아는 지식이 없거니와 하늘에 올라갔다가 내려온 자가 누구인지, 바람을 그 장중에 모은 자가 누구인지, 물을 옷에 싼 자가 누구인지, 땅의 모든 끝을 정한 자가 누구인지, 그의 이름이 무엇인지, 그의 아들의 이름이 무엇인지 너는 아느냐"(잠 30:2-4).

당신도 이것을 명심하고서 당신의 마음의 교만을 내려놓기 위해 애써야 한다. 당신은 하나님에 대해 무엇을 알고 있는가? 당신이 하나님에 대해 알고 있는 것은 거의 없다! 하나님은 지극히 광대하신 분이시다! 당신은 영원의 심연을 두려움 없이 들여다볼 수 있는가? 당신은 하나님의 영광스러운 광채를 감당할 수 없다.

하나님의 엄위하심을 아는 것은 우리가 예수 그리스도 안에서 우리에게 주어진 저 자녀로서의 권세를 가지고서 은혜의 보좌 앞으로 담대히 나아갈 수 있다는 사실과 결합되면, 우리가 하나님과 동행하는 데 큰 유익이 된다. 그래서 나는 하나님과 겸손히 동행하고자 하는 사람들의 영혼에 하나님의 엄위하심을 각인시켜 주기 위해 이 주제를 좀 더 자세하게 다루고자 한다.

내가 말하고자 하는 것은 이 땅에서 아무리 탁월하고 훌륭한 신앙에 도달해서 하나님과 아주 가깝고 지극히 친밀한 교제를 나누는 사람들일지라도, 현세의 삶에서는 하나님과 그의 영광에 대해서 그들이 알고 있는 것은 아주 적다는 것을 유념하면, 당신은 하나님의 엄위하심을 지속적으로 경외하는 마음을 유지할 수 있다는 것이다.

하나님께서는 모세에게 자신의 이름 – 하나님이 은혜 언약을 통해 드러내신 지극히 영광스러운 속성들을 보여주는 그런 이름 – 을 계시해 주셨다: "여호와께서 구름 가운데에 강림하사 그와 함께 거기 서서 여호와의 이름을 선포하실새 여호와께서 그의 앞으로 지나시며 선포하시되 여호와라 여호와라 자비롭고 은혜롭고 노하기를 더디하고 인자와 진실이 많은 하나님이라"(출 34:5-6). 하지만 이 모든 것은 단지 하나님의 "뒷모습"일 뿐이었다. 이 계시를 통해 모세가 하나님에 대해 알게 된 모든 것은 하나님의 영광의 온전한 모습에 비하면 아주 적고 보잘것없는 것일 뿐이다. 그래서 요한복음 1장에서 "본래 하나님을 본 사람이 없으되"(요 1:18)라고 말한 것은 특히 모세를 두고 한 말이다. 요한복음은 17절에서 모세를 그리스도와 비교해서 말한 후에, 여기 18절에서는 사람들 가운데서 가장 뛰어나다고 하는 이 모세를 포함해서 지금까지 하나님을 본 사람이 아무도 없었다고 말한 것이다.

우리는 하나님에 대해 많이 말하고, 우리는 하나님의 길들과 역사들과 계획들에 대해 하루 종일이라도 말할 수 있다. 하지만 사실은 우리가 하나님에 대해 알고 있는 것은 거의 없다. 하나님에 대한 우리의 생각들, 우리의 묵상들, 우리의 표현들은 보잘것없다. 그 중 다수는 하나님의 영광을 나타내는 것이라고 하기에는 민망한 수준이고, 하나님의 영광의 온전한 모습을 나타내고 있는 것은 하나도 없다.

첫 번째 반론

여러분은 이렇게 말할 것이다: "모세는 율법 아래 있었다. 그래서 하나님은 흑암으로 자신을 두르셨고, 자신의 마음과 생각을 모형들과 구름들과 희미한 제도들을 통해서 나타내셨다. 반면에 복음의 영광스러운 빛 아래에서 생명과 영원히 죽지 않는 것이 계시되면서, 하나님은 자신의 품 속에 있던 아들을 통해 자신의 가장 깊은 것까지도 드러내셨다. 따라서 지금 우리는 하나님을 훨씬 더 분명하게 알고 있다. 지금 우리는 모세처럼 단지 하나님의 뒷모습만을 보고 있는 것이 아니라, 하나님의 얼굴을 뵙고 있다."

답변

1. 하나님이 자기 아들로 말미암아 우리에게 말씀하신 후에(히 1:2) 우리가 지금 하나님에 대해 알고 있는 것과 율법 아래 있던 성도들이 일반적으로 하나님에 대해 알고 있던 것 간에는 거의 상상조차 할 수 없을 정도로 엄청난 차이가 존재한다는 것은 나도 인정한다.

물론 율법 아래 있던 성도들의 눈도 우리의 눈만큼이나 좋고 예리하고 명료했고, 그들의 신앙과 영적인 이해력도 결코 우리에게 뒤지지 않았으며, 신앙의 대상도 그들에게나 우리에게나 동일하게 영광스러운 하나님이기는 했다.

하지만 우리 시대에서는 구름들이 걷히고 흩어졌고, 밤의 그림자들도 사라지고 물러가고(아 4:6), 해가 떠올라서, 이전보다 더 명료하고 뚜렷하게 볼 수 있는 여건이 마련되어서, 우리 시대는 그들의 시대보다 하나님에 대한 더 분명한 지식을 가질 수 있게 되었기 때문이다.

2. 출애굽기 34장에서 모세가 본 하나님은 "자비롭고 은혜롭고 노하기를 더디하고 인자와 진실이 많은 하나님," 즉 복음의 하나님이었다. 하지만 그것은 하나님의 "뒷모습"이라 불린다. 즉, 하나님의 탁월하신 것들과 완전하신 것들에 비하면, 모세가 본 하나님의 모습은 보잘것없는 것이었다는 것이다.

3. 사도는 복음의 빛의 영광이 율법의 영광보다 이루 말할 수 없이 크다고 찬양한 후에, 구약의 성도들로 하여금 하나님을 희미하게 보도록 만든 "수건"이 지금은 제거되어서, "우리가 다 수건을 벗은 얼굴로 주의 영광을 보고"(고후 3:18) 있다고 말하고서는, 그것은 마치 "거울을 보는 것 같이" 보는 것이라고 말한다. "거울을 보는 것 같이" 본다는 것은 어떻게 본다는 뜻인가? 분명하고 완전하게 본다는 것인가? 유감스럽게도 그렇지 않다! 사도는 고린도전서 13장에서 "거울을 보는 것 같이" 본다는 것이 어떻게 보는 것을 의미하는지를 우리에게 말해준다: "우리가 지금은 거울로 보는 것 같이 희미하나"(고전 13:12). 사도가 여기에서 말하고 있는 "거

울"은 오늘날 우리가 멀리 있는 사물들을 보는 데 도움을 주는 망원경 같은 것이 아니다. 당시에 사용되던 "거울"은 사물들을 분명하게 볼 수 있게 해주는 그런 도구가 아니었다. 사물을 거울에 비추어보면 희미하게 그 모습을 나타내주기는 했지만, 사물의 본모습을 제대로 나타내주는 것과는 거리가 멀었다! 이렇게 사도가 여기에서 언급한 거울은 어떤 사물의 희미한 형태와 윤곽만을 나타내줄 뿐이고 사물 자체를 제대로 나타내주지는 않는 그런 거울이었다. 그리고 사도는 우리가 복음의 빛을 통해 하나님을 알게 된 것을 그런 식으로 거울을 통해서 희미하게 아는 것에 비유한 것이었다.

또한 사도는 우리가 "거울을 사용해서" 또는 "거울을 통해서"(헬라어로 '디 에소프트루') 보는 모든 것은 "수수께끼를 통해"('아이니그마티'), 즉 어둡고 모호하게 보는 것이라고 말한다. 사도는 신약 시대에 살았거나 살고 있는 그 어느 누구보다도 훨씬 더 분명하고 명료하게 본 사람임에 틀림없는데도, 자기 자신에 대해서 말하면서, 자기는 단지 "부분적으로"('에크 메루스') 보았을 뿐이라고 말한다. 그는 하늘에 속한 것들의 뒷모습만을 보았을 뿐이라고 말하고(12절), 자기가 하나님에 대해 알게 된 모든 지식을 자신이 어린아이였을 때에 갖고 있던 지식에 비유한다(11절). 그리고 그런 지식은 "온전한 것"('토 텔레이온')이 아니라 "부분적인 것"('메로스')이고, "폐해질"('카타르게테세타이') 것이라고 말한다(9-10절).

우리는 어린아이들이 심오한 성찰이 필요한 것들에 대해서 얼마나 허약하고 빈약하며 불확실한 개념들과 인식들을 지니고 있는지를 안다. 어린아이들이 자라서 이런저런 능력들을 점차 갖추어 가면, 그런 개념들과 인식들은 사라지고, 그들은 자신이 그렇게 생각하고 인식했던 것들을 부끄러워하게 된다. 어린아이가 아버지를 사랑하고 공경하며 믿고 순종하는 것은 칭찬할 만한 일이다. 하지만 아버지는 자녀가 알고 있는 것들과 생각하는 것들이 유치하고 어리석은 것들이라는 것을 안다. 우리가 하나님을 아는 지식에서 아무리 심오하고 깊은 수준에 도달했다고 확신하더라도, 하나님에 대한 우리의 모든 지식들과 생각들은 하나님의 무한하신 완전하심에 비추어 보면 유치할 뿐이다. 우리는 하나님에 대해 우리가 알고 있고 생각하는 것들은 대부분 아주 정확하다고 생각하지만, 사실은 우리가 모르는 것들을 혀 짧은 소리로 불분명하게 웅얼거리고 있는 것일 뿐이다. 우리는 우리 자신이 우리의 아버지이신 하나님을 사랑하고 공경하며 믿고 순종하고 있다고 생각하지만, 사실 하나님은 우리의 유치한 생각들을 받아주고 계실 뿐이다. 우리의 생각들은 유치할 뿐이기 때문이다.

우리는 단지 하나님의 뒷모습만을 볼 뿐이고, 우리는 단지 하나님을 조금 알고 있을 뿐이다. 그래서 우리가 힘들고 어려울 때에 성경에 나오는 다음과 같은 약속은 우리에게 늘 힘이 되고 위로가 된다: "우리가 그의 참모습 그대로 볼 것"이다(요일 3:2); "그 때에는 얼굴과 얼굴을 대하여 볼 것이요……그 때에는 주께서 나를 아신 것 같이 내가 온전히 알리라"(고전 13:12). 따라서 이 모든 것을 종합해볼 때에 확실한 결론은 지금 여기에서 우리는 하나님의 참모습 그대로를 보고 있는 것이 아니고, 단지 하나님의 뒷모습만을 보고 있는 것일 뿐이라는 것이다.

스바 여왕은 솔로몬에 대해 많은 이야기들을 들었기 때문에, 솔로몬이 얼마나 훌륭한지에 대한 많은 생각들이 그녀의 마음속에 이미 자리 잡고 있었다. 하지만 자기가 직접 가서 솔로몬의 영광을 보았을 때, 그녀는 자기가 지금까지 들어 온 이야기들은 진실의 절반도 말해주지 않은 것이었음을 시인하지 않을 수 없었다.

마찬가지로 우리도 이 땅에서 우리 자신이 하나님을 아주 잘 알게 되었고 하나님에 대한 분명하고 심오한 인식들에 도달하게 되었다고 생각할 수 있다. 하지만 장차 하나님의 면전에 나아가게 되었을 때, 우리는 이렇게 소리치게 될 것이다: "나는 하나님의 참모습을 전혀 알지 못했다. 그동안 내 마음속에 있던 하나님에 대한 모든 생각들은 하나님의 영화로우심과 완전하심과 지극히 복되심의 천분의 일도 되지 않는 것이었다."

사도는 장차 우리 자신이 어떻게 될지 - 우리가 결국 어떤 모습이 될

지-에 대해서 지금으로서는 우리가 알지 못한다고 말한다(요일 3:2). 그런데 하나님이 어떤 분이신지, 그리고 장차 우리가 어떤 하나님을 만나게 될지를 지금 우리의 생각 속에서 어떻게 알 수 있겠는가? 우리가 지금은 하나님의 참모습을 모르고 장래에 알게 되리라는 것, 그리고 우리가 지금 어떤 방법을 통해서 하나님을 알고 있는지를 깊이 묵상하라. 그러면 다음과 같은 사실들이 드러나게 될 것이다.

[1] 첫 번째는 우리가 하나님을 제대로 알게 되는 것은 이렇게 장래의 일이기 때문에, 즉 우리가 지금은 하나님을 알 수 없다는 것을 하나님이 친히 우리에게 거듭거듭 강조하여 말씀하고 계시기 때문에, 지금 우리는 하나님에 대해 거의 모르고 있다는 것은 틀림없는 사실이라는 것이다. 하나님이 우리에게 자기는 우리가 볼 수도 없고 이해할 수도 없는 존재라고 친히 무수히 반복해서 말씀하시는 의도가 무엇이겠는가? 하나님의 참모습은 우리가 알지 못하고 있고 알 수도 없다는 것이 아니라면 무엇이겠는가?

우리가 하나님을 더 알게 될수록, 우리는 하나님에 대해 아는 것보다는 모르는 것이 많다는 것을 더욱더 깊이 깨닫게 된다. 그래서 하나님은 영원히 사시는 무한하신 분으로 묘사된다. 하나님은 우리처럼 유한하고 제한되어 있으며 죽을 수밖에 없는 그런 분이 아니라는 것이다.

그래서 사도는 디모데전서 6장에서 하나님의 영화로우신 모습을 이렇게 묘사한다: "오직 그에게만 죽지 아니함이 있고 가까이 가지 못할 빛에 거하시고 어떤 사람도 보지 못하였고 또 볼 수 없는 이시니"(딤전 6:16). 하나님의 빛은 그 어떤 피조물도 가까이 갈 수 없는 그런 빛이다. 하나님을 "볼 수 없는 이"라고 말하는 것은 하나님을 보는 것이 불가능하다는 것이 아니라, 하나님을 보는 것은 가능하지만 우리가 하나님을 보는 것을 감당할 수 없다는 것이다. 하나님의 빛 속에는 어둠이 전혀 없기 때문에, 그 어떤 피조물도 하나님께 가까이 나아갈 수 없다. 해의 영광조차도 볼 수 없을 정도로 연약하기 짝이 없는 우리가 어떻게 무한하신 광명의 광채들을 감당할 수 있겠는가!

지혜자인 솔로몬은 이것을 알았기 때문에, 앞에서 이미 말했듯이 "나는 짐승이라 내게는 사람의 총명이 있지 아니하니라"(잠 30:2)고 고백할 수밖에 없었다. 즉, 그는 자기 자신을 하나님과 비교해 보았을 때에 자기가 아는 것이라고는 아무것도 없다는 것을 알았기 때문에, 하나님과 하나님이 하시는 일과 하나님의 길들을 살피고자 했을 때, 자기는 총명이라고는 눈곱만큼도 없는 자라는 것을 느끼게 된 것이다.

이러한 일반적인 사실을 통해서 우리는 다음과 같은 구체적인 사실들을 알게 된다.

첫째로, 우리는 하나님이 어떤 분이신지를 정확히 제대로 알지 못한다. 따라서 우리는 다른 모든 사물들에 대해서는 그것들이 우리의 감각에 각인시키는 어떤 특정한 인상들을 통해서 그것들에 대한 지식을 얻어서 각각의 사물에 대한 개념을 형성하지만, 하나님에 대해서는 그런 식의 특정한 인상들을 통해 우리의 지성 안에서 어떤 개념을 형성해서 그 개념을 이런저런 말들로 표현하여 사람들을 가르치는 것은 불가능하다.

그런데도 우리가 그렇게 한다면, 그것은 우리 자신을 위한 우상을 만들어내어서, 우리 자신이 만들어낸 신을 섬기는 것일 뿐이고, 우리를 지으신 하나님을 섬기는 것은 아니다. 만일 우리가 우리의 지성 안에서 하나님에 대한 특정한 개념과 형상을 만들어내는 것이 가능하고 합당하다면, 우리는 우리의 그러한 인식에 부합하는 하나님의 어떤 형상을 나무와 돌을 깎아서 만들어내는 것도 가능하고 합당한 일이 될 것이다.

우리가 하나님이 어떤 분이신지에 대해 생각할 때에 가장 좋은 태도는 우리는 하나님을 제대로 정확하게 알 수 없다는 것을 인정하는 것이다. 우리는 하나님에 대해서 우리가 하나님을 알지 못한다는 것만을 알고 있을 뿐이고 그 이상으로 알지는 못한다. 따라서 하나님을 아는 우리의 지식은 보잘것없는 것일 수밖에 없다.

둘째로, 하나님은 친히 우리에게 하나님에 관한 이런저런 것들을 가르쳐 주시고서는, 그것들을 인간의 언어로 표현하여 사람들에게 전하라고 하셨다. 하지만 우리가 그런 것들을 사람들에게 전한다고 해도, 그것들은 우리가 본 것들도 아니고 아는 것들도 아니다. 그것들과 관련해서 우리가 할 수 있는 것이라고는 믿고 찬송하는 것이 전부다.

하나님이 우리에게 가르쳐주신 대로, 우리는 하나님이 무한하시고 전능하시며 영원하시다고 고백한다. 하지만 하나님의 전능하심과 광대하심과 무한하심과 영원하심에 대해 얼마나 많은 논란들과 서로 다른 이해들이 있는가? 우리는 그런 것들을 이런저런 말들과 개념들로 표현한다. 하지만 그런 것들 자체에 대해서 우리는 무엇을 알고 있고, 무엇을 이해하고 있는가? 그런 것들을 생각할 때에 인간의 지성은 밑도 끝도 없는 무한한 심연 속으로 빠져들 뿐이다. 그런 것들이 어떤 것인지를 생각할 수도 없고 인식할 수도 없는데, 하물며 그런 것들을 어떻게 말로 표현할 수 있겠는가? 그런 것들을 생각할 때에 우리의 총명은 정말 없는 것과 같아서 "짐승" 같지 않은가? 아무리 우리의 총명이 완벽해 보일지라도, 그것은 우리의 생각에서 그렇게 보일 뿐이고, 이해하는 것이 전혀 아니다. 우리는 단지 하나님의 영원하심과 무한하심의 뒷모습만을 얼핏 보고 있을 뿐이다.

하나의 동일한 본질 안에 서로 구별되는 세 위격이 존재한다고 하는 삼위일체에 대해서 우리가 무엇을 말할 수 있는가? 많은 사람들이 아무도 이 신비를 이해할 수 없다는 이유로 이 신비를 부정해 왔다. 삼위일체를 설명하는 말들 하나하나가 다 신비가 아니던가? 성자의 출생과 성령의 발출을 누가 설명할 수 있으며, 출생과 발출의 차이를 누가 설명할 수 있는가?

하지만 나는 이것과 관련해서 구체적인 예들을 더 이상 들지 않겠다. 하나님과 우리 사이의 거리는 상상할 수 없을 정도로 무한히 멀기 때문에, 우리는 어둠 속에 있어서, 하나님의 얼굴을 볼 수도 없고, 하나님의 완전하신 것들을 분명하게 인식할 수도 없다.

우리는 하나님이 어떤 분이신가 하는 것을 통해서가 아니라 하나님이 행하시는 일들을 통해서 하나님을 안다. 즉, 하나님의 본질적인 선하심을 통해서가 아니라 하나님이 우리에게 행하시는 선한 일들을 통해서 하나님을 안다. 그러므로 욥이 말한 것처럼, 그렇게 우리가 하나님에 대해 알게 되는 것이 얼마나 적겠는가!

[2] 두 번째는 이 땅에서 우리는 오직 믿음을 통해서만 하나님을 알게 되기 때문에, 우리가 하나님에 대해 아는 것은 적을 수밖에 없다는 것이다. 모든 사람의 마음에는 하나님이 존재하신다는 것을 알려주는 어떤 인상이 본성적으로 각인되어 있다는 것, 또는 사람들은 이성을 지니고 있어서 하나님의 창조와 섭리의 사역들을 보면서 하나님에 대해 배우게 된다는 것에 대해서는 여기에서 거론하지 않을 것이다. 왜냐하면 모든 시대의 참담한 현실을 살펴보았을 때, 그런 것들을 통해 얻어지는 하나님에 관한 지식은 너무나 빈약하고 보잘것없고 희미하고 혼란스러워서, 그런 지식에 의거해서 하나님께 합당한 영광을 돌린 사람은 아무도 없었고, 하나님에 관한 그러한 지식에도 불구하고 사람들은 "이 세상에서 하나님 없이" 살아갔다는 것은 누구나 아는 사실이기 때문이다.

우리가 하나님과 하나님의 경륜들에 대해 알고 있다고 하는 것들은 대체로, 아니 실질적으로 거의 다 그렇다고 믿는 것일 뿐이다. "믿음이 없이는 하나님을 기쁘시게 하지 못하나니 하나님께 나아가는 자는 반드시 그가 계신 것과 또한 그가 자기를 찾는 자들에게 상 주시는 이심을 믿어야 할지니라"(히 11:6). 우리가 하나님이 계신다는 것을 알고 하나님이 상 주시는 분이라는 것을 아는 것은 우리가 하나님께 순종하고 하나님 앞으로 나아가는 것의 토대가 되는데, 거기에서 안다는 것은 믿는다는 것이다.

사도는 우리가 "믿음으로 행하고 보는 것으로 행하지 아니한다"('디아 피스테오스 우 디아 에이두스,' 고후 5:7)고 말한다. 여기에서 "믿음으로" 행하는 이유는 우리가 믿는 대상에 대한 어떤 명확한 관념이나 심상이나 형태를 가질 수 없기 때문이다. 그래서 믿음은 "보이지 않는 것들"에 대하여 우리가 갖고 있는 유일한 증거이다(히 11:1). 지금 여기에서 나는 믿음의 본질을 다루고 있다. 그리고 믿음과 관련된 모든 사실들에 비추어 보았을 때, 우리가 하나님에 대해 알고 있는 모든 것은 우리가 오직 믿음으로만 알 수 있는 대상의 단지 뒷모습만을 알고 있는 것임이 분명하게 드러난다.

믿음이 어떻게 생겨나는지를 살펴보면, 믿음은 오로지 우리의 눈으로 볼 수 없는 하나님 자신의 증언 위에 세워져 있다. 그래서 사도는 "예수를 너희가 보지 못하였으나 사랑하는도다"(벧전 1:8)라고 말한다. 즉, "너희는 예수가 누구신지를 오직 믿음으로 알고서 그를 사랑하고 있다"는 것이다. 믿음은 자신이 믿는 분의 증언에 의거해서 모든 것을 받아들이고, 오직 그분의 증언에 의거해서만 그분을 받아들인다. 믿음의 본질을 살펴보면, 믿음은 어떤 것을 증명해주는 증거를 받아들이는 것이 아니라, 증언에 동의하는 것이다. 그리고 앞에서 말한 것처럼, 믿음의 대상은 우리가 볼 수 없고 인식할 수 없는 것이다. 그래서 앞에서 이미 말했듯이, 우리의 믿음은 "거울로 보는 것처럼 희미하게 보는 것"이라 불린다. 우리가 믿음이라는 방식으로 아는 모든 것(그리고 우리가 이런 방식으로 하나님에 대해 알고 있는 모든 것)은 보잘것없고 희미하고 모호한 것들일 뿐이다.

두 번째 반론

하지만 여러분은 이렇게 말할 것이다: "당신이 지금까지 말한 모든 것은 사실이다. 하지만 그것은 예수 그리스도 안에서 계시된 하나님을 모르는 자들에게만 해당되는 말이다. 하나님을 아는 자들은 그렇지 않다. '율법은 모세로 말미암아 주어진 것이요 은혜와 진리는 예수 그리스도로 말미암아 온 것이라 본래 하나님을 본 사람이 없으되 아버지 품 속에 있는 독생하신 하나님이 나타내셨느니라'(요일 1:17-18)는 말씀은 참되다. 그리고 '하나님의 아들이 이르러 우리에게 지각을 주사 우리로 참된 자를 알게 하신 것'(요일 5:20)도 사실이다. 또한 '하나님의 형상이신 그리스도의 영광의 복음의 광채'(고후 4:4)가 신자들에게 비치고 있고, '어두운 데에 빛이 비치라 말씀하셨던 그 하나님께서 예수 그리스도의 얼굴에 있는 하나님의 영광을 아는 빛을 우리 마음에 비추셨다'(고후 4:6). 따라서 우리가 '전에는 어둠이더니 이제는 주 안에서 빛'이다(엡 5:8). 그리고 사도는 "우리가 다 수건을 벗은 얼굴로 거울을 보는 것 같이 주의 영광을 본다"(고후 3:18)고 말한다. 지금 우리는 그런 어둠에 있지도 않고, 하나님으로부터 멀리 떨어져 있지도 않다. '우리의 사귐은 아버지와 그의 아들 예수 그리스도와 더불어 누리는' 사귐이다(요일 1:3). 지금 하나님을 계시하고 있는 복음의 빛은 찬란하다. 별이 아니라 해가 찬란하게 우리 위에 떠 있고, 수건은 우리의 얼굴에서 제거되었다. 그러므로 불신자들, 그리고 일부 연약한 신자들은 어둠 속에 있을 것이다. 하지만 믿음에서 성장했거나 상당한 수준에 이른 신자들은 예수 그리스도 안에서 하나님의 얼굴을 분명하게 보고 있다."

답변

그런 반론에 대한 나의 대답은 이런 것이다.

1. 사실 우리는 모두 지금보다 더 하나님을 사랑하고, 기뻐하며, 믿고, 순종하며, 신뢰하기에 충분할 만큼 하나님에 대해 알고 있다. 우리의 어둠과 연약함은 우리의 태만함과 불순종을 합리화해주는 핑곗거리가 될 수 없다. 하나님의 완전하심과 탁월하심, 그리고 하나님의 뜻에 대해 자기가 알고 있는 만큼 그대로 살아온 사람이 누가 있는가? 하나님이 이 땅에서 우리에게 하나님을 알게 하는 목적은 우리로 하여금 "하나님을 하나님으로 영화롭게 하기" 위한 것이다. 즉, 우리로 하여금 하나님을 사랑하고, 섬기며, 믿고, 순종하게 하며, 가련한 죄악된 피조물들로 하여금 죄를 사하시는 하나님과 창조주께 합당한 모든 존귀와 영광을 돌리게 하기 위한 것이다. 하지만 우리는 모두 우리가 하나님에 대해 갖고 있는 바로 그 지식에 합당하게 철저히 변화되어서 그렇게 해오지 못했다는 것을 인정하지 않을 수 없다.

2. 우리가 복음 안에서 주어진 예수 그리스도의 계시로 말미암아 하나

님에 대해 갖게 된 지식은 상대적으로 아주 탁월하고 영광스러운 지식이다. 이것은 다른 방법들로 얻을 수 있거나, 구약 시대에 율법을 통해서 주어진 하나님에 대한 지식과 비교해 보았을 때에 그렇다는 것이다. 율법에서 주어진 지식은 참된 것들을 분명하게 보여준 것이 아니라, 그 그림자일 뿐이었다(고후 3장). 하지만 이제 그리스도께서는 아버지 하나님의 품속에 계시다가 이 마지막 날에 이 땅에 오셔서 하나님의 이름을 선포하고, 하나님의 마음과 뜻과 계획을 사람들에게 알게 하셨다. 이 지식은 그가 이전에 구약 시대에 자기 백성을 율법으로 가르치셨을 때보다도 훨씬 더 분명하고 탁월하며 명료한 것이었다. 이 지식은 대체로 구약 시대에 율법에서 의도된 것들이다. 하지만 복음에서 하나님과 그의 뜻에 대해 분명하고 명확하게 전하고 선포한 것들은 하나님에 대한 다른 계시들에 비해서 월등히 뛰어나다.

3. 하나님에 대한 지식과 관련해서 신자들과 불신자들 간의 차이는 그 지식의 내용에 있다기보다는 그 지식에 대한 태도에 있다. 불신자들 중에는 하나님과 그의 완전하심과 그의 뜻에 대해서 다수의 신자들보다도 더 잘 알고 더 잘 말할 수 있는 자들도 있다. 하지만 그들은, 하늘의 거룩한 빛을 받아서 그 지식을 올바르게 영적으로 사용하여 구원을 받는 법을 전혀 알지 못한다. 신자들이 그들보다 더 뛰어난 것은, 그들이 하나님에 대해 알고 있는 것이 그리 많지 않고 아주 적다고 할지라도, 그들을 구원하고 그들의 영혼을 변화시키는 하나님의 성령의 빛 안에서 그 지식을 본다는 것이다. 하나님에 대한 지식은 우리의 지식욕이나 호기심을 만족시키라고 우리에게 주어지는 것이 아니라, 우리로 하여금 하나님과 교제하기 위해 주어지는 것이기 때문이다.

4. 예수 그리스도께서는 자신의 말씀과 성령을 통해서 자기 백성의 모든 마음에 하나님을 아버지이시고 언약의 하나님이시며 상 주시는 이로 계시하신다. 그리스도의 이러한 가르침은 우리가 이 땅에서 하나님께 순종하고, 우리를 하나님의 품으로 인도하여 거기에 머물면서 영원토록 하

나님을 위해 열매를 맺게 하는 데 모든 면에서 충분하다.

5. 이 모든 것에도 불구하고, 우리가 하나님에 대해 알고 있는 것은 단지 적은 부분일 뿐이고, 우리는 단지 하나님의 뒷모습만을 볼 뿐이다. 그 이유는 다음과 같다.

첫째로, 모든 복음 계시의 목적은 하나님의 영광을 있는 그대로 드러내어서 우리로 하여금 하나님의 참모습을 보게 하는 데 있지 않기 때문이다. 즉, 복음 계시의 목적은 단지 가련한 인생들인 우리가 시험들이 차고 넘치는 이 땅에서 하나님이 우리에게 기대하시는 믿음과 사랑과 순종으로 하나님 앞으로 나아가서 합당한 예배를 드리기에 충분한 정도로만 하나님을 알게 하는 데 있기 때문이다.

하지만 우리가 장차 천국에 올라가서 아무런 방해 없이 영원토록 하나님을 뵈옵고 찬양할 때가 되어서, 하나님이 자기 자신을 새로운 방식으로 계시하시면, 지금 우리가 알고 있는 모든 지식은 그림자처럼 떠나가게 될 것이다.

둘째로, 말씀 속에서 계시된 것들을 받아들이는 데 우리의 마음은 둔하고 더디다. 우리가 이렇게 연약하기 때문에, 하나님은 우리로 하여금 끊임없이 계속해서 하나님을 의지하는 가운데 그의 말씀으로부터 가르침과 계시를 받게 하셨고, 이 세상에서 그 어떤 영혼도 그의 말씀을 떠나서 스스로의 힘으로 하나님에 대한 지식을 생각해내고 찾아내게 하지 않으셨다. 그래서 복음에서 계시하고 있는 것들이 분명하고 명료하다고 할지라도, 그렇게 계시된 것들 중에서 우리가 실제로 알고 있는 것은 적다.

이제 이 장에서 다룬 죄를 죽이기 위한 구체적인 지침인 하나님의 엄위하심을 늘 묵상하는 것의 유익과 목적을 다시 한번 상기해보자: 우리가 하나님의 이루 헤아릴 수 없이 크심을 제대로 인식하고, 그렇기 때문에 우리는 하나님으로부터 무한히 멀리 있다는 것을 깨닫게 되었다고 하자. 그러면 우리의 영혼은 하나님을 경외하는 거룩한 외경심으로 가득 채워져서, 그 어떤 죄악된 욕망도 그 안에서 자라거나 번성할 수 없는 마음 상

죄 죽이기

태를 유지할 수 있지 않겠는가? 우리의 영혼이 하나님을 경외하는 가운데 하나님은 크시고 어디에나 계신다는 것을 늘 생각한다면, 합당하지 않은 행실을 보이지 않기 위해 더욱 조심하고 경계하게 될 것이다. 여러분이 상대하고 있는 분이 어떤 분이신지를 생각하라. "우리 하나님은 소멸하는 불이심이라"(히 12:29). 여러분의 본성은 너무나 협소해서, 하나님의 영광을 있는 그대로 받아들여서 인식할 수 없다는 것을 알았다면, 이제 하나님의 임재와 눈 앞에서 여러분이 지극히 낮아지는 것이 마땅하지 않겠는가.

제13장
죄를 죽이기 위한 구체적인 지침들(5)

아홉 번째 구체적인 지침: 마음이 죄로 인해 불안할 때에 하나님이 평안하라고 말씀하실 때까지는 그 마음에 평안하라고 말하지 말라 – 죄를 미워함이 없는 평안은 거짓된 것이다; 우리 자신이 스스로 생각하고 만들어낸 것이 그런 거짓 평안이다 – 우리가 스스로 생각해낸 평안이라는 것을 어떻게 알 수 있는가 – 그런 거짓된 평안을 알아내기 위한 방법들 – 경솔하게 평안을 말하는 것은 헛되다; 또한 전체적으로 평안한 것이 아니라 어떤 한 가지 이유에 의거해서 평안을 말하는 것도 헛되다.

9. 아홉 번째 구체적인 지침: 죄로 인해 마음이 불안할 때에 하나님이 말씀하시기 전에는 평안하라고 말하지 말라

하나님이 당신의 마음에 뿌리 내리고 있거나 내재하는 죄악된 욕망이나 기질로 인한 죄책, 또는 그러한 욕망이나 기질의 분출로 인한 죄책으로 인해 당신을 불안하게 한 경우에는, 하나님이 평안하라고 말씀해주시지도 않았는데, 당신이 당신 자신에게 평안하라고 말하지 않도록 조심해야 한다. 그리고 하나님이 당신의 영혼에 무엇이라고 말씀하시는지를 귀 기울여서 들어야 한다.

이것이 우리가 여기에서 살펴보게 될 지침이다. 이 지침을 지키지 않으면, 당신의 마음이 죄의 속임수에 넘어갈 위험성은 대단히 커진다. 이것은 아주 중요한 일이다. 사람이 이것과 관련해서 자신의 영혼을 속이는 것은 서글픈 일이다.

하나님이 우리의 영혼에 스스로를 시험하고 살피라고 온유하게 경고하시는 모든 말씀들은 아무런 근거도 없이 우리가 우리 자신에게 평안하라고 말하는 이 큰 악을 막기 위한 것이다. 우리가 우리 자신에게 그렇게 말하는 것은 결과적으로 하나님을 대적하여 우리 자신을 축복하는 것이다. 여기에서 나의 목적은 이렇게 하는 것의 위험성을 다루는 것이 아니라, 신자들이 그렇게 하지 않도록 돕고, 그들이 언제 그렇게 하는지를 알게 해주는 것이다. 이 지침을 제대로 이해하기 위해서는 다음과 같은 것들을 살펴보아야 한다.

(1) 은혜를 주시는 것은 하나님의 주권이다

하나님께서 자신이 기뻐하는 자들에게 은혜를 주시는 것은 하나님의 대권이자 주권이다. 하나님은 자신이 긍휼히 여기고자 하는 자들을 긍휼히 여기시고(롬 9:18), 모든 사람들 중에서 자기가 부르고자 하는 자들을 부르시며, 자기가 거룩하게 하고자 하는 자들을 거룩하게 하시는 분이시기 때문이다. 그래서 하나님은 그렇게 자기가 부르시고 의롭다고 하시며 은혜를 베풀어 오셨고 장차 구원하실 자들 중에서도, 자기가 어떤 자들을 어느 정도로 기뻐하여 어느 정도로 평안하라고 말씀하실 것인가 하는 것을 스스로 결정하실 권세를 갖고 계신다.

하나님은 신자들을 상대함에 있어서 특별한 방식으로 "모든 위로의 하나님"(고후 1:3)이시다. 즉, 위로는 하나님이 자신의 권속을 위해 특별히 마련해 놓으신 좋은 것들 중 하나이고, 하나님께서는 자신의 모든 자녀들 중에서 자신이 기뻐하는 자들에게 수시로 이 위로를 베풀어 주신다.

여호와께서는 이사야 57장에서 이 점을 강조하신다: "내가 영원히 다투지 아니하며 내가 끊임없이 노하지 아니할 것은 내가 지은 그의 영과 혼이 내 앞에서 피곤할까 함이라 그의 탐심의 죄악으로 말미암아 내가 노하여 그를 쳤으며 또 내 얼굴을 가리고 노하였으나 그가 아직도 패역하여 자기 마음의 길로 걸어가도다 내가 그의 길을 보았은즉 그를 고쳐 줄 것이라 그를 인도하며 그와 그를 슬퍼하는 자들에게 위로를 다시 얻게 하리라"(사 57:16-18).

거기에서 강조하고 있는 것이 바로 지금 우리가 살펴보고 있는 문제이다. 하나님께서는 그들의 죄악들과 패역들을 자기가 고치실 것이라고 말씀하실 때, 그들에게 위로를 주는 것은 자신의 권한임을 강조하신다: "입술의 열매를 창조하는 자 여호와가 말하노라"(19절). 이것은 "이 다치고 상한 가련한 사람들에게 내가 위로를 만들어 베풀어 줄 것이고, 나의 주권을 따라 내가 기뻐하는 대로 위로를 만들어 그들에게 줄 것이다"라는 뜻이다.

하나님이 본성의 상태에 있는 자들에게 은혜를 베푸시는 것은 신비에 싸여 있어서, 그들에게 은혜를 베푸시거나 그냥 내버려두시는 하나님의 역사들은 겉으로 보기에는 인간의 모든 예상과 기대를 완전히 빗나가서 정반대로 행해지는 경우가 비일비재하다. 마찬가지로, 하나님이 은혜의 상태에 있는 자들에게 평안과 기쁨을 베푸실 때에도, 왜 그렇게 하시는지 그 이유나 근거를 우리가 가늠할 수 없을 정도로 우리의 예상이나 기대를 완전히 벗어나서 정반대로 행해지는 경우가 비일비재하다.

(2) 양심에 평안하라고 말씀하시는 것은 그리스도의 권한이다

하나님이 자신이 기뻐하는 자들에게 위로를 주시는 것과 마찬가지로, 사람의 양심에 평안하라고 말씀하시는 것도 그리스도의 권한이다.

라오디게아 교회는 자신의 상처들을 거짓으로 치료한 후에 자신에게 평안하라고 말함으로써 하지 않아야 할 짓을 저지르자, 주님은 그들을 향해 말씀하실 때에 자신을 "아멘"이고 "충성되고 참된 증인"이라고 소개한다(계 3:14). 이러한 자기소개를 통해서 주님은 우리의 상태를 있는 그대로 증언하신다. 우리는 실수하기도 하고, 그럴 이유가 없는데도 공연히 혼자 괴로워하기도 하며, 거짓된 근거들 위에서 우리에게 아무 문제가 없

죄 죽이기

다며 자신을 좋게 평가하기도 한다. 반면에, 주님은 "아멘"이시고 "충성되고 참된 증인"이시다. 따라서 주님이 우리의 상태에 대해 말씀하시는 것들은 참되다. 이사야서 11장에서는 장차 주님께서 오시면 "그의 눈에 보이는 대로 심판하지 아니하실"(사 11:3) 것이라고 말한다. 즉, 우리는 외적으로 눈에 보이는 것이나, 실수를 유발할 수 있는 어떤 것에 의거해서 판단하지만, 주님은 그렇게 하지 않으시고, 모든 것을 있는 그대로 판단하시고 결정하신다는 것이다.

방금 말한 이 두 가지를 유념하라. 이제 나는 하나님이 평안하라고 말씀하는 것인지, 아니면 단지 사람들이 제멋대로 자기 자신에게 평안하라고 말하는 것인지를 구별하게 해줄 몇 가지 기준을 제시할 것이다.

(3) 하나님이 주신 평안인지, 아니면 우리 자신이 만들어낸 평안인지를 어떻게 구별하는가

[1] 사람이 어떤 죄로 인해 괴로워하다가, 그 죄를 지독하게 미워함과 동시에 그 죄로 인해 자기 자신을 혐오하게 되지도 않았는데, 그런 상태에서 자신에게 평안하라고 말하는 것은 단지 스스로 자신에게 평안하라고 말하는 것임이 분명하다.

사람들이 죄로 인해 마음이 상하여 불안하고 혼란스러울 때, 오직 그리스도의 피로 말미암아 하나님의 긍휼하심을 입어야만 고침을 받을 수 있다는 것을 알기 때문에, 그리스도 및 그리스도 안에 있는 언약의 약속들을 바라보았다고 하자. 그런 후에 그들은 자기가 그렇게 했기 때문에, 자신을 괴롭히던 죄는 해결될 것이고, 그렇게 해서 높임을 받으신 하나님은 자기에게 은혜를 베푸실 것이라고 생각하여 마음의 평안을 되찾는다. 하지만 그들의 영혼은 자신들을 불안하게 한 그 죄를 지독하게 미워하지는 않는다고 하자.

하지만 이것은 자신이 스스로 고침을 받았다고 착각하는 것일 뿐이고, 하나님이 그들을 고쳐주신 것이 아니다. 이것은 여호와가 가까이 계신다는 것을 암시해주는 크고 강한 바람(風)일 뿐이고, 실제로는 그 바람 속에는 여호와는 계시지 않는다.

사람들이 그리스도 외에는 그 어디에서 참된 고침이나 평안이 존재할 수 없다는 것을 알고서, 자기가 "찌른 그리스도를" 진심으로 "바라보았을" 때에는(슥 12:10), 그들은 "애통해하게" 된다. 그들은 자기가 그리스도를 찔렀다는 사실을 생각하고 그리스도를 위하여 애통해하며 통곡하게 되고, 아울러 그리스도를 찌른 자신의 죄를 몹시 미워하게 된다.

우리가 고침을 받기 위해 그리스도 앞으로 나아갈 때, 우리의 눈은 그를 특히 우리가 "찌른" 분으로 보게 된다. 우리가 어떤 일로 그리스도와 교제하고 기도하고자 하느냐에 따라서, 우리의 믿음이 그리스도를 바라보는 관점은 달라진다. 그리스도의 거룩하심을 바라보는 때도 있고, 그리스도의 능력을 바라보는 때도 있으며, 그리스도의 사랑을 바라보는 때도 있고, 아버지 하나님이 그리스도를 기뻐하시고 애지중지하신다는 사실을 바라보는 때도 있다. 그리고 우리가 고침과 평안을 위해 그리스도께로 나아갈 때는, 우리의 믿음은 특히 언약의 피와 그리스도의 고난을 바라본다. 왜냐하면 "그가 징계를 받으므로 우리는 평화를 누리고 그가 채찍에 맞으므로 우리는 나음을 받았기" 때문이다(사 53:5).

우리가 고침을 받고자 할 때, 그리스도께서 채찍에 맞으시는 모습이 우리 눈에 들어온다. 독실한 교황주의자들의 순례길인 그리스도의 십자가에 관한 외적인 이야기가 아니라,* 십자가의 사랑과 인자하심과 신비와 의도가 우리 눈에 들어온다. 그리고 우리가 평안을 구하고자 할 때에는, 그리스도께서 징계 받으시는 모습이 우리 눈에 들어와야 한다.

지금 여기에서 내가 말하고자 하는 것은, 우리가 하나님의 뜻과 신자

---

* 이것은 "십자가의 길 14처"를 가리킨다. 교황주의자들은 예수께서 빌라도에게 사형 선고를 받으신 것을 시작으로 해서 십자가를 지시고 골고다에서 십자가에 못 박혀 죽으시고 묻히시기까지 일어났던 중요한 사건들을 "십자가의 길 14처"로 정해놓고서, 그 곳들을 순례하며 묵상하고 기도한다.

죄 죽이기

들에게 부어진 저 성령의 능력에 따라 그렇게 한다면, 우리가 고침 받고자 하고 평안을 얻으려고 하는 그 죄를 몹시 싫어하게 될 것이 당연하다는 것이다.

에스겔서 16장이 이것에 대해 말해준다. 거기에서 하나님은 먼저 "내가 너의 어렸을 때에 너와 세운 언약을 기억하고 너와 영원한 언약을 세우리라"(겔 16:60)고 말씀한다. 그리고 그런 후에 무엇이라고 말씀하시는가? "네가……네 행위를 기억하고 부끄러워할 것이라"(61절)고 말씀한다. 하나님이 우리와 맺은 확실한 언약에 따라 우리 영혼에 평안하라고 말씀하실 때, 우리가 지금까지 하나님을 떠나 행해 왔던 모든 행위들로 인해 우리 영혼은 온통 부끄러움으로 가득하게 될 것이라는 뜻이다.

사도가 구원이라는 결과를 가져다줄 것이어서 결코 후회하지 않게 될 회개를 이루어내는 저 경건한 근심에 수반되는 것들 중의 하나로 언급하는 것은 분한 마음이다: "얼마나 분하게 하며"(고후 7:11). 고린도 교회의 신자들은 자신들의 잘못들을 생각하면서 자신들이 얼마나 어리석었는지를 깨닫게 되자 분개하고 분해했다.

욥은 온전히 고침을 받게 되자, "이제 내가 내 자신을 혐오하나이다"(욥 42:6, 한글개역개정에는 "내가 스스로 거두어들이고")라고 소리쳤다. 그리고 그가 그렇게 할 때까지 그에게는 평안이라는 것이 있지 않았다. 욥은 엘리후가 아주 탁월하게 설파했던 하나님의 거저 주시는 은혜에 관한 저 가르침(욥 33:14-30)에 의지해서 평안을 되찾으려고 했을 것이다. 하지만 그것은 자신의 상처를 제대로 치료하지는 않은 채로 단지 상처를 붕대로 감싸기만 한 미봉책에 불과한 것이었다. 그가 제대로 온전하게 고침받기 위해서는 자기혐오에 이르지 않으면 안 되었다.

시편 78:33-35에 언급된 사람들도 죄로 인해 몹시 괴롭고 혼란스럽게 되자 그런 미봉책을 사용했다. 나는 그들이 그리스도를 의지해서 하나님께 기도했다는 것을 의심하지 않는다. 그들이 그렇게 했다는 것은 그들이 하나님을 부른 호칭들에서 분명하게 드러난다. 왜냐하면 그들은 하나님을 "반석"과 "그들의 구속자"라고 불렀는데, 이 두 호칭은 성경에서 언제나 주 그리스도를 가리키는 것이기 때문이다. 그들은 그렇게 기도한 후에 그들 자신에게 평안하라고 말했다. 하지만 그들이 스스로 선언한 그 평안이 과연 바르고 참된 평안이었는가? 그렇지 않았다. 그 평안은 새벽이슬처럼 곧 사라져 버렸다. 하나님은 그들의 영혼을 향하여 "평안"의 "평" 자도 말씀하지 않으셨다. 그들에게는 왜 평안이 없었는가? 그들은 하나님께 기도하면서 진심으로 하지 않았고 그럴 듯한 말만 늘어놓았기 때문이었다. 그들이 그렇게 했다는 증거가 어디에 있는가? 37절에 나온다: "이는 하나님께 향하는 그들의 마음이 정함이 없으며 그의 언약에 성실하지 아니하였음이로다." 그들은 자신들을 괴롭게 하고 있던 저 죄를 몹시 미워하지도 않았고 버리지도 않았다. 그런데도 그들은 그런 상태에서 그들 자신에게 평안하라고 말한 것이었다.

어떤 사람이 고침을 받고 평안을 얻기 위해 어떤 조치를 취했다고 하자. 그는 우리의 참된 의사이신 그리스도를 찾아가서 올바른 방식으로 고침을 받고자 했고, 언약의 약속들을 믿고서 자신에게 평안하라고 말하여 실제로 마음의 평안을 얻었다고 하자. 하지만 그의 마음을 상하게 했고 불안을 야기시켰던 저 죄를 몹시 미워하고 혐오하는 것이 거기에 수반되지 않는다면, 그것은 하나님이 주신 평안이 아니라, 그가 스스로 만들어 낸 평안일 뿐이다. 그것은 상처의 뿌리는 그대로 내버려둔 채로 상처의 겉만 치료하고 붕대로 싸맨 것에 지나지 않는다. 따라서 그 뿌리는 계속해서 그의 살을 부패시켜서 곪아 터지게 하여, 결국에는 또다시 아주 고약하고 위험하며 골치 아픈 종기로 나타나게 될 것이다.

그런 길을 가는 자들은 정말 가련한 자들이다. 그들은 죄로 인해 자신이 오염되어 추악해지는 것보다는 죄가 야기시키는 괴로움에 더 신경을 쓰는 자들이다. 그들은 그리스도를 의지해서 하나님께 자비와 긍휼을 구하지만, 그렇게 자비와 긍휼을 구하는 동안에도 죄의 달콤한 사탕을 계속해서 자신의 혀 아래에 두고 있는 자들이다. 나는 그런 자들에게 참되고

죄 죽이기

확실한 평안을 절대로 기대하지 말라고 말해주고 싶다.

예를 하나 들어 보자. 당신의 마음이 세상을 좇아 달려가고 있다고 하자. 그러면 그것은 당신이 하나님과 교제하는 것을 방해하게 되고, 성령은 "누구든지 세상을 사랑하면 아버지의 사랑이 그 안에 있지 아니하다"(요일 2:15)는 것을 당신에게 분명하게 말해 준다. 그럴 때에 당신은, 하나님께 나아가서 그리스도를 의지하여 당신의 영혼을 고쳐달라고 기도한 후에, 이렇게 하면 고쳐주시겠다고 하나님이 약속하셨다는 사실을 거론하며 당신의 양심을 안심시킨다. 하지만 그런데도 당신에게는 당신을 괴롭히고 있는 그 죄를 철저하게 미워하는 마음이 없다. 아니, 사실은 당신은 그 죄를 아주 좋아하고, 단지 그 죄로 인한 괴로움만을 싫어하는 것일 수 있다. 당신이 그런 식으로 살아가게 된다면, 장차 마치 불 가운데서 구원받는 것처럼 구원받게 될 것이고, 하나님은 당신을 구원하기 전에 당신에게 어떤 조치를 취하시게 될 것이다. 그리고 당신은 이 땅에서 사는 동안에는 거의 평안을 누리지 못하게 될 것이고, 평생 병들고 힘 없는 삶을 살게 될 것이다(사 57:17).

이것이 많은 교인들의 평안의 뿌리에 자리 잡고서 그 뿌리를 갉아먹고 있는 속임수이다. 그들은 자신의 온 힘을 다해서 하나님께 자비와 용서를 구하고 있는 것처럼 보이고, 자신들이 그렇게 하고 있는 것이 하나님과 깊은 교제를 갖고 있는 것이라고 생각한다. 그들은 하나님 앞에 엎드려서, 자신이 저지른 죄들과 어리석은 짓들에 대해 애통해하는 모습을 보이기 때문에, 그들의 죄가 분명히 그들에게서 떠났다고 확신하고, 다른 사람들도 다 그렇게 생각하게 된다. 그리고 실제로 그들은 하나님의 자비를 얻어서 잠시 마음의 평안을 얻은 것처럼 보인다. 하지만 철저하게 살펴보면, 그들에게서 제거되었다고 생각되었던 죄나 어리석음이 그들의 마음에 은밀하게 남아 있는 것이 드러난다. 그 죄를 제거하는 데 반드시 필요했던 그 죄에 대한 철저한 혐오가 그들에게 없었기 때문이다. 그들에게 주어진 평안은 허약하고 썩은 것임이 이내 드러나고, 그들이 하나님께 평안을 구하는 기도가 끝나면 얼마 안 있어서 사라져 버리고 만다.

[2] 사람들이 자신의 확신들과 합리적인 원리들에 의거해서 내린 결론에 따라 그들 자신에게 평안하라고 말할 때, 그것은 거짓 평안이고 오래가지 못한다. 나는 이것이 무슨 말인지를 조금 설명해 보고자 한다.

어떤 사람이 죄로 인해 상처를 입었다고 하자. 그의 양심이 그에게 어떤 죄가 있는지를 깨닫게 해주었는데, 그것은 그가 복음에 합당하게 올바른 삶을 살아오지 않아서, 하나님과 그의 영혼 사이에서 모든 것이 잘못되어 있다는 것이었다. 이제 그는 자기가 어떻게 해야 하는지를 고민하게 된다. 그는 빛을 가지고 있고, 자기가 어떤 길로 가야 하는지도 알고 있으며, 자신의 영혼이 전에 어떤 식으로 고침을 받았는지도 알고 있다. 그는 자신의 상처를 고치고 마음의 불안을 잠재워줄 수 있는 외적인 수단들로서 하나님의 약속들이 주어져 있는 것이라고 생각해서, 성경을 부지런히 뒤져서, 자신의 상태와 부합한다고 생각되는 어떤 약속이나 약속들을 찾아낸다. 그런 후에 자기 자신에게 이렇게 말한다: "하나님의 이 약속의 말씀은 나의 상처에 꼭 들어맞는 것이고, 나는 그 약속을 믿고 나의 상처에 이 약속의 말씀이라는 치료제를 골고루 바를 것이다. 그러면 하나님께서는 반드시 고쳐 주시겠다고 약속하셨으니, 내 상처는 반드시 낫게 될 것이다." 이렇게 그 약속의 말씀을 자신의 상태에 적용하고 나서는, 그는 평안을 얻는다.

하지만 이것은 또다른 속임수다. 하나님이 계시는 것 같은데, 실제로 하나님은 거기에 계시지 않는다. 왜냐하면 그 사람이 그렇게 한 것은 "죄에 대하여, 의에 대하여, 심판에 대하여" 유일하게 우리를 깨우쳐 주실 수 있으신 성령의 역사가 아니라(요 16:8), 단지 그 사람의 지성적이고 이성적인 심령의 활동에 지나지 않기 때문이다.

생명에는 생식적인 생명, 감각적인 생명, 이성적이거나 지성적인 생명, 이렇게 세 종류가 있다. 어떤 것들은 오직 생식적인 생명만을 갖고 있고, 어떤 것들은 생식적인 생명과 함께 감각적인 생명도 갖고 있으며, 어

죄 죽이기

떤 것들은 생식적인 생명과 감각적인 생명을 갖고 있으면서도 이성적인 생명도 갖고 있다. 그런데 이성적인 생명을 갖고 있는 존재는 단지 이성의 원리에만 합당하게 행하는 것이 아니라, 다른 두 생명도 갖고 있기 때문에 생식적인 생명을 통해 성장하고 감각적인 생명을 통해 지각한다.

이것은 사람들이 하나님에 속한 일들을 할 때에도 마찬가지이다. 어떤 이들은 오직 본성적이고 이성적으로만 살아가는 사람들이고, 어떤 이들은 부분적으로 빛을 받아 깨닫게 된 추가적인 확신을 갖고 있으며, 어떤 이들은 진정으로 거듭난 사람들이다. 그런데 세 번째 사람은 앞의 두 가지도 갖고 있어서, 이성의 원리들에 따라 행하기도 하고, 부분적으로 빛을 받아 깨달은 원리들에 따라 행하기도 한다. 그에게 있는 참된 영적 생명이 그의 모든 행위들의 원리가 되는 것은 아니다. 그는 언제나 영적 생명의 힘으로 행하는 것도 아니고, 그의 모든 열매가 그 영적 생명이라는 뿌리로부터 나오는 것도 아니다. 내가 방금 전에 말한 예에서 그 사람은 단지 그의 본성적인 것들을 강화시켜준 어떤 확신과 깨달음의 원리에 의거해서 행한 것일 뿐이고, 그런 것들 위에 성령이 운행하시는 것은 결코 아니다.

예를 들어 보자. 어떤 사람이 다시 죄에 빠져서 그의 영혼이 상처를 입고 불안해한다고 하자. 그 사람이 빠진 악이나 어리석음이 어떤 것인지는 결코 작은 문제가 아니지만, 여기에서 그런 것보다 더 중요한 것은 그렇게 다시 죄에 빠져서 영혼이 입게 되는 상처와 불안보다 더 깊은 상처와 불안은 없다는 것이다.

혼란에 빠진 그의 지성은 이사야서 55장에 나오는 다음과 같은 약속을 찾아낸다: "악인은 그의 길을, 불의한 자는 그의 생각을 버리고 여호와께로 돌아오라 그리하면 그가 긍휼히 여기시리라 우리 하나님께로 돌아오라 그가 너그럽게 용서하시리라"(사 55:7). 그 사람은 하나님이 반복해서 자비를 베풀고 용서할 것이라고 약속하신 것을 보고서, 하나님이 자신의 죄를 용서하실 것이라고 확신하게 될 것이다. 또는, 그 사람은 호세아서 14장에 나오는 다음과 같은 약속을 찾아낼지도 모른다: "내가 그들의 반역을 고치고 기쁘게 그들을 사랑하리니"(호 14:4). 그는 이 약속의 말씀을 묵상한 후에, 마침내 자신에게 평안이 주어지게 될 것을 확신하게 된다.

그 사람은 하나님의 성령이 그 약속의 말씀을 자기에게 주신 것이 맞는지, 또는 그 말씀이 생명과 능력으로 살아 움직이게 하신 것이 맞는지에 대해서는 신경도 쓰지 않는다. 그는 주 하나님이 자기에게 평안하라고 말씀하신 것이 맞는지에 대해서 귀를 기울이지 않는다. 그는 하나님이 자기에게 평안하라고 말씀하실 때까지 기다리지 않는다. 이 가련한 사람은 평안을 훔쳐서 달아나고 있고, 하나님은 자신의 얼굴을 그에게서 숨기시고서, 그 모습을 지켜보고 계신다. 그리고 얼마 안 있어서 그 사람이 하나님께서 그를 붙잡아서 이끌지 않으시면 단 한 걸음도 앞으로 나아갈 수 없다는 것을 깨닫게 되었을 때, 하나님은 다시 그를 불러서 진정으로 회개시키시고 그에게 평안을 주실 것이다.

질문

나는 이 문제와 관련해서 여러 가지 다른 질문들이 생겨난다는 것을 알지만, 그 모든 것들을 다 다룰 수는 없고, 한 가지에 대해서만 약간의 설명을 하고자 한다. 그 질문은 이런 것이다: "어떤 것이 성령께서 우리의 상처를 고치고 우리의 마음의 불안을 잠재우기 위해 우리를 이끄는 길인 것처럼 보일 때, 우리는 그것이 우리가 스스로 만들어낸 길인지, 아니면 정말 성령이 우리와 동행하시는 길인지를 어떻게 알 수 있는가?"

답변

1. 여러분 중에서 이 문제를 고민하다가 정도에서 벗어나서 곁길로 가고 있는 사람이 있다면, 하나님은 신속하게 여러분에게 그 길이 잘못된 길임을 알게 해주실 것이다. 왜냐하면 우리에게는 "온유한 자를 정의로 지

도하심이여 온유한 자에게 그의 도를 가르치시리로다"(시 25:9)라는 약속의 말씀이 주어져 있을 뿐만 아니라, 하나님은 여러분이 잘못된 길로 언제까지나 계속해서 가도록 내버려두시는 분이 아니시기 때문이다.

하나님은 여러분이 무화과나무 잎들을 엮어 자신의 벌거벗은 몸을 가렸을 때에 여러분을 그런 상태로 내버려두시는 것이 아니라, 그 무화과나무 잎들과 여러분이 그 잎들을 통해 누리고 있는 모든 평안을 다 제거해 버리심으로써, 여러분이 그 쓰레기에 안주해 있는 것을 허용하지 않으신다. 그러면 여러분은 자신의 상처가 고침 받은 것이 아님을 곧 알게 된다. 즉, 여러분은 자신의 조치가 적절한 것이었는지 그렇지 않은 것이었는지를 금방 알게 될 것이다. 여러분이 그런 식으로 해서 얻은 평안은 오래가지 않을 것이기 때문이다. 여러분의 지성이 확신에 차 있는 동안에는, 불안이 여러분의 마음에 발붙일 틈이 없게 된다. 하지만 조금만 있어 보라. 첫 번째 시험이 출현하기도 전에, 여러분의 지성이 제시한 그 모든 논리들은 힘을 잃고 사라져 버리게 될 것이다.

2. 하나님의 응답을 기다리지 않고 어떤 길을 택했다면, 그 길은 일반적으로 여러분 자신이 만들어낸 길일 가능성이 높다. 하나님을 기다리는 것은 하나님이 주시는 은혜이고, 그런 상황에서 하나님이 요구하시는 특별한 믿음의 행위이기 때문이다. 물론 나는 하나님이 영혼을 상하게 하고 고치시는 일을 한순간에 즉시 행하시는 경우도 종종 있다는 것을 안다. 다윗이 사울의 옷자락을 벤 것이 그런 경우였다고 나는 확신한다. 하지만 통상적으로 그런 경우에 하나님은 종의 눈이 지시를 기다리며 주인을 바라보듯이 우리에게 힘써 주목하며 기다릴 것을 요구하신다(시 130:6). 이사야 선지자도 "야곱의 집에 대하여 얼굴을 가리시는 여호와를 나는 기다리며 그를 바라보리라"(사 8:17)고 말한다.

하나님은 집 나간 자녀들이 다시 돌아오고자 할 때에는, 그들이 즉시 그에게로 달려오게 하시는 것이 아니라, 문 앞에서 한동안 기다리게 하신다. 물론 그들이 너무 부끄럽고 창피해서 감히 하나님 앞으로 나아오고자 하지 않고 계속해서 문 앞에서 서성거릴 때에는, 그들을 손으로 잡고 들어올려서 집 안에 들여놓으시기도 한다. 스스로의 힘으로 자신을 고치는 자들, 또는 자기가 자신에게 평안하라고 말하는 사람들은 일반적으로 성급하고 서두른다. 그들은 지체하려고 하지 않는다. 그들은 하나님이 무엇이라고 말씀하시는지를 경청하려고 하지 않고, 고침 받기 위한 일념으로 달려가려고 한다.

3. 영혼이 이성적으로 결론을 내려서 정한 길은 양심과 지성을 편안하게 해줄 수는 있지만, 마음이 달콤한 안식과 은혜로운 만족을 얻지는 못한다. 영혼이 그렇게 해서 얻은 대답은 엘리사가 나아만에게 "평안히 가라"(왕하 5:19)고 한 것과 흡사하다. 이 말을 들은 나아만은 안심이 되었고, 병을 고침 받아서 그의 마음에 본성적인 환희와 기쁨은 있었겠지만, 과연 그의 마음이 달콤한 안식을 얻게 되었거나, 믿음으로 인한 어떤 기쁨을 얻게 되었는지는 많이 의심스럽다. 미가서 2장에서 하나님은 "나의 말이 정직하게 행하는 자에게 유익하지 아니하냐"(미 2:7)고 말씀하신다. 하나님이 말씀하시면, 그 말씀 속에는 진리가 들어 있어서 우리의 지성이 깨닫고 확신하게 될 뿐만 아니라, 거기에는 유익도 있어서 우리의 의지와 감정에 모종의 달콤하고 선하며 바람직한 것을 가져다준다. 그리고 바로 그런 것들로 인해 우리 "영혼"은 안식과 "평안함으로 돌아가게" 된다(시 116:7).

4. 사람이 스스로 만들어낸 길이 초래하는 최악의 폐해는 그런 길은 삶을 변화시키지 못하고, 악을 고치지 못하며, 죄악된 기질을 치유하지 못한다는 것이다. 하나님이 평안하라고 말씀하시면, 그 평안은 영혼을 인도하고 지켜서, "다시 어리석은 데로 돌아가지 않게" 해준다(시 85:8). 반면에 우리가 우리 자신에게 평안하라고 말하면, 우리 마음에서는 악이 제거되지 않는다. 아니, 그것은 영혼을 다시 죄에 빠지도록 이끄는 데에 이 세상에서 가장 손쉬운 길이다.

당신이 스스로 당신의 상처에 고약을 바르면, 당신의 상처가 근본적으로 고침을 받는 것이 아니라, 당신이 다시 살아나서 또다시 싸우려고 하는 것을 보게 될 것이다. 하지만 그것은 당신의 영혼이 혼자 싸우려고 하는 것이고, 거기에 예수 그리스도와 성령이 계시지 않는다는 것은 너무나 분명하다. 그렇게 해서 당신이 본성을 따라 싸우게 된 경우에는, 며칠만 지나면 거기에 대한 대가를 치르게 되는 일이 비일비재하게 일어난다. 당신은 자신의 상처를 고치려고 적극적으로 움직였지만, 그것은 결국 새롭게 상처를 입는 결과로 끝나게 될 것이다. 반면에, 하나님이 평안하라고 말씀하시면, 지극히 달콤한 하나님의 사랑이 차고 넘치게 나타나서, 당신의 영혼은 이제 더 이상 악한 길로 갈 수 없게 될 것이다.

(p.184에 이어서 ―편집자주)

[3] 우리가 우리 자신에게 평안하라고 말하는 것은 우리의 상처를 가볍게 여기기 때문이다. 이것과 관련해서 예레미야 선지자는 유다의 일부 지도자들이 그렇게 하고 있다고 탄식한다: "그들이 내 백성의 상처를 가볍게 여기면서 말하기를 평강하다 평강하다 하나 평강이 없도다"(렘 6:14). 이것은 오늘날의 어떤 사람들에게도 마찬가지이다. 그들은 자신들의 상처를 고치는 것을 가벼운 일로 여긴다. 하나님의 약속의 말씀을 믿음으로 한 번 흘낏 바라보기만 하면, 상처가 말끔히 치유되고, 이 문제는 종결된다고 생각한다.

사도는 히브리서 4장에서 이렇게 말한다: "그들과 같이 우리도 복음 전함을 받은 자이나 들은 바 그 말씀이 그들에게 유익하지 못한 것은 듣는 자가 믿음과 결부시키지 아니함이라"(히 4:2). 즉, 복음의 말씀과 믿음이 "잘 버무려지지 않아서"('메 성케케라스메누스'), 복음이 그들에게 유익이 되지 못했다는 것이다. 영혼이 유익을 얻기 위해서는, 하나님이 자비와 긍휼을 약속하신 말씀을 단지 쳐다보아서는 안 되고, 그 말씀에 우리의 믿음을 섞어 버무려서 혼연일체가 되게 해야 한다.

당신의 영혼이 상처를 입고서 연약하고 불안한 상태가 되었다가 이제 그런 상태에서 벗어났다고 하자. 당신은 어떻게 해서 거기에서 벗어났는 가? 당신은 "내가 용서와 치유를 약속한 말씀을 바라보고서 평안을 얻었다"고 대답했다고 하자. 좋다. 하지만 당신은 너무 서둘러서 해치워 버린 것으로 보인다. 당신은 그 약속의 말씀에 당신의 믿음을 섞고 잘 버무려서 먹고 끝까지 잘 소화해서, 당신의 영혼이 거기에 들어 있는 모든 약효를 다 뽑아내어 흡수할 수 있게 해주어야 했다. 그런데 당신은 이 일을 너무 가볍게 여겼다. 이제 당신은 머지않아 당신의 상처가 다시 덧나게 된 것을 발견하고서, 당신이 고침 받은 것이 아님을 알게 될 것이다.

[4] 어떤 사람이 어느 하나의 죄와 관련해서 자기 자신에게 평안하라고 말했는데, 하나님에 의해서 처리되지 않은 또다른 중요한 악이 그의 영혼에 자리 잡고 있는 경우에는, 그 사람이 아무리 "평안"을 외쳐도, 그에게 평안은 있을 수 없다. 이것이 무슨 말인지를 조금 설명해 보겠다.

어떤 사람이 다른 모든 의무들에서는 제대로 의롭게 행하면서도, 하나의 의무에 대해서는 반복해서 소홀히 해왔다고 하자. 그의 죄로 인해서 그의 양심은 혼란스러워졌고, 그의 영혼은 상처를 입었으며, 그는 뼛속까지 불안해졌다. 그는 고침을 받기 위해 조치를 취했고, 평안을 찾았다. 하지만 세상적인 마음이나 교만함이나 그 밖의 다른 어떤 어리석음이 그를 괴롭히거나, 그런 것들이 그를 괴롭히지는 않았지만, 그의 마음에 여전히 자리 잡고서, 하나님의 성령을 몹시 근심하게 하고 있다고 하자. 그런 경우에 그 사람은 자신에게 주어진 평안이 하나님으로부터 온 것이라고 생각해서는 안 된다.

사람들이 하나님의 모든 계명을 동일하게 존중할 때에만 하나님으로부터 오는 평강이 그들과 함께 하게 될 것이다. 하나님은 우리의 죄와 관련해서 우리를 의롭다고 하시지만, 우리 안에 있는 아주 작은 죄도 의롭다고 하지 않으신다. "주께서는 눈이 정결하시므로 악을 차마 보지 못하시며"(합 1:13).

죄 죽이기

[5] 사람들이 스스로 자신의 양심을 향해 평안하라고 말했을 때, 하나님께서 그들의 영혼이 낮아지게 하시는 경우는 거의 없다. 다윗에게서 볼 수 있듯이, 하나님이 주시는 평안은 낮추시는 평안이고 마음을 녹이시는 평안이다. 나단이 다윗에게 하나님께서 그를 용서하셨다는 소식을 전했을 때보다 사람이 더 지극히 낮아진 모습을 보인 적은 없었다.

첫 번째 질문

하지만 여러분은 이렇게 말할 것이다: "우리가 어떤 특정한 상처와 관련해서 마음을 진정시키기 위해 하나님의 어떤 약속에 의거해서 위로를 얻어도 되는 때는 언제인가?"

답변

이 질문에 대해 가장 먼저 제시할 수 있는 대답은 일반적으로 하나님이 말씀하시는 때라는 것이다. 왜냐하면 빠르든 늦든 하나님은 말씀하실 것이기 때문이다. 내가 앞에서 말했듯이, 어떤 때에는 하나님이 우리가 죄를 짓자마자 그 즉시 우리에게 말씀하실 수 있다. 그런 경우에 그 말씀에는 불가항력적인 힘이 있어서, 우리 영혼은 하나님의 뜻을 받아들일 수밖에 없다. 하지만 어떤 때에는 우리를 좀 더 기다리게 하신다. 하지만 빠르든 늦든, 우리가 죄를 짓고 있는 때이든 회개하고 있는 때이든, 우리가 우리 영혼의 상태에 만족하고 있든 그렇지 않든, 하나님이 말씀하실 때, 우리는 하나님을 받아들여야 한다. 주님과 교제할 때에 우리가 하나님을 불신하고 두려워하여, 하나님이 우리에게 기꺼이 주시고자 하시는 저 강력한 위로를 받아들이려고 하지 않는 경우가 있는데, 어느 때보다도 바로 이 때에 하나님은 우리에 대해 가장 괴로워하신다.

하지만 여러분은 이렇게 말할 것이다: "우리는 지금 원점으로 다시 돌아와 있다. 하나님이 평안하라고 말씀하실 때, 우리가 그 말씀을 받아들여야 하는 것은 너무나 당연하다. 하지만 하나님이 평안하라고 말씀하시는 때가 언제인지를 우리가 어떻게 아는가?"

답변

1. 하나님이 평안하라고 말씀하고 계시고, 그 말씀을 받아들이는 것이 우리의 의무라고 우리가 확신할 때에 평안을 받아들여야 한다는 것이 나의 생각이고, 여기에 우리 모두가 실제로 동의할 것이라고 나는 생각한다.

2. 우리의 믿음 속에는 그리스도께서 진정으로 말씀하실 때에 그것이 그리스도의 음성이라는 것을 아는 비밀스러운 본능이 있다고 나는 말하고 싶다. 동정녀 마리아가 엘리사벳을 찾아왔을 때에 그녀의 모태 속에 있던 아기가 "기쁨으로 뛰놀았던" 것처럼(눅 1:44), 그리스도께서 진정으로 우리에게 가까이 다가오실 때에 우리의 믿음은 마음 안에서 기뻐서 뛰게 된다.

그리스도께서는 "내 양들은 내 음성을 안다"(요 10:4, 한글개역개정에는 "양들이 그의 음성을 아는 고로")고 말씀하신다. 즉, "그들은 내 음성을 알고, 내 음성에 익숙하다"는 것이다. 그들은 그리스도께서 언제 은혜로 가득한 자신의 입술을 열어 말씀하시는지를 안다.

아가서에서 신부는 슬픔이 가득해서 제대로 잠을 자지 못하고, "잘지라도 마음은 깨어 있다"고 고백한다(아 5:2). 하지만 그리스도께서 말씀하시자, 그녀는 "나의 사랑하는 자의 소리가 들리는구나"라고 소리친다. 그녀는 자기가 "사랑하는 자"와 아주 친밀한 교제를 나누고 있었기 때문에 그의 음성을 알고 있었고, 그래서 그 음성이 자기가 "사랑하는 자"의 음성이라는 것을 즉시 안 것이다.

이것은 여러분도 마찬가지이다. 여러분이 그리스도를 알고 교제하고 있다면, 그의 음성과 타인의 음성을 쉽게 구별할 수 있다. 다음과 같은 것들을 여러분의 판별기준으로 삼으라: 그리스도는 말씀하실 때에 결코 사람이 말하듯이 말씀하시지 않는다. 그리스도는 능력으로 말씀하셔서, 다메섹 도상의 제자들에게 그러셨듯이, 이런저런 방식으로 여러분의 "마음을 뜨겁게 하실" 것이다(눅 24:32). 그리스도는 "문틈으로 손을 들이밀어서"(아 5:4), 즉 자신의 영을 여러분의 심령에 보내어서 여러분을 사로잡으시는 방식으로 그렇게 하실 것이다.

어떤 사람이 자신의 지각을 사용해서 선악을 분별해 왔고, 그리스도와 대화하는 방법들, 성령의 역사의 방식들, 그랬을 때에 통상적으로 나타나는 결과들을 끊임없이 살펴서 경험이 쌓이고 판단력이 정확해져 있다면, 그 사람은 그리스도의 음성인지 아닌지를 가장 잘 판단할 수 있는 사람이 될 것이다.

3. 다음으로, 주의 말씀이 우리의 영혼에 유익한 것이라면, 그것은 주님이 말씀하신 것이다. 그 말씀이 우리를 낮추고 깨끗하게 하며, 하나님의 약속들을 이루는 데 유익해서, 하나님 앞에서 우리를 사랑스럽고 정결하게 하며, 우리의 마음을 녹여서 순종하게 하고, 우리 자신을 비우게 만든다면, 그것은 주님이 말씀하신 것이다. 하지만 이것은 여기에서 다룰 주제가 아니어서, 내가 여기에서 그 문제를 자세하게 다루면 본론에서 점점 벗어나게 될 것이기 때문에, 이쯤 해두기로 하자.

지금까지 우리가 말해 온 것들을 유념하지 않으면, 죄는 우리의 마음에서 아주 유리한 입지를 확보하고서 우리의 마음을 완고하게 하는 작업을 활발하게 진행해나가게 될 것이다.

제14장
죄를 죽이기 위한 직접적인 지침들

앞에서 설명한 지침들의 일반적인 용도 – 죄를 죽이는 일을 이루기 위한 중요
한 지침: 그리스도를 믿는 믿음을 사용하라 – 그렇게 할 수 있는 여러 가지 방
법들 – 우리를 구원하기 위한 그리스도 안에 있는 충만에 대한 고찰 – 그리스도
에게 기대할 수 있는 중요한 것들 – 그러한 기대들의 근거: 긍휼에 풍성하신 그
리스도, 신실하신 그리스도 – 그런 기대들의 결과; 그리스도 편에서; 신자들의
편에서 – 특히 그리스도의 죽으심을 믿는 믿음을 사용하라(롬 6:3-6) – 이 모든
일에서 성령의 역사.

내가 지금까지 고찰하고 다루어 온 것들은 죄를 죽이는 결과를 가져올 본
격적인 작업들이라기보다는 그 작업을 위해 먼저 예비적으로 해두어야
할 것들에 대한 것이었다. 죄를 죽이는 일을 하기 위해서는 우리의 마음
이 적절하게 준비되어 있어야 한다. 그렇게 되지 않으면, 죄를 죽이는 일
은 할 수 없기 때문에, 나는 지금까지 우리의 마음을 어떤 식으로 준비해
야 하는지에 대해 설명한 것이다. 죄를 죽이는 일과 관련해서 예비적인
작업들을 제외하고 본격적인 작업 자체를 위한 지침들은 얼마 되지 않는
데, 다음과 같은 것들이 그런 것들이다.

1. 그리스도에 대한 믿음을 사용하라

당신의 죄를 죽이기 위해서는 그리스도를 믿는 믿음이 활동하게 해야 한

다. 그리스도의 피는 죄로 인해 병든 영혼을 고쳐줄 수 있는 유일한 최고의 치료약이다. 그리스도의 피 안에서 살아가라. 그러면 당신은 당신의 원수를 죽일 수 있게 될 것이다. 아니, 당신은 하나님의 선하신 섭리를 통해서 당신의 죄악된 욕망이 당신의 발 앞에 죽어 있는 것을 보게 될 것이다.

질문

하지만 당신은 이렇게 말할 것이다: "죄를 죽이기 위해서는 그리스도에 대한 우리의 믿음을 어떻게 사용해야 하는가?"

답변

그렇게 하기 위한 여러 가지 방법이 있다.

1. 첫 번째는 예수 그리스도께서는 우리의 죄를 죽이기 위한 용도와 목적으로 여러 가지 약속의 말씀들을 이미 마련해 두셨기 때문에, 당신은 믿음으로 그런 것들을 적절히 제대로 묵상함으로써 당신의 영혼을 그러한 말씀들로 가득 채워야 한다는 것이다. 그렇게 하면, 당신의 모든 죄악된 욕망들, 그리고 지금 당신을 옭아매고 있는 바로 그 죄악된 욕망이 죽게 될 것이다.

당신 안에 내재하는 죄악된 기질을 스스로 힘으로는 어떤 방법으로도 이길 수 없고, 아무리 온 힘을 다해 싸울지라도 결국에는 그 싸움에 완전히 지쳐서 기진맥진하여 나가떨어질 수밖에 없다. 하지만 예수 그리스도 안에 있는 것들은 당신에게 계속해서 힘을 공급해주어 넉넉히 이길 수 있게 해준다는 것을 믿음으로 깊이 묵상하라: "내게 능력 주시는 자 안에서 내가 모든 것을 할 수 있느니라"(빌 4:13).

탕자는 아버지의 집을 떠나 거의 죽게 되었을 때, 아버지의 집에는 충분한 양식이 있다는 것이 생각났고, 비록 아버지의 집에서 멀리 떨어져 있었지만, 그 생각만으로도 힘을 낼 수 있었다: "이에 스스로 돌이켜 이르되 내 아버지에게는 양식이 풍족한 품꾼이 얼마나 많은가 나는 여기서 주려 죽는구나"(눅 15:17).

당신이 정말 지독한 괴로움과 고뇌에 처해 있다고 할지라도, 그리스도께서 우리를 도우시기 위해 충만한 은혜, 그리고 차고 넘치게 풍부한 능력과 힘과 도우심의 보화들(사 40:28-31)을 준비해 놓고 계신다는 사실을 깊이 묵상하라(요 1:16; 골 1:19). 그것들을 당신의 지성 안으로 가져와서, 당신의 지성을 그것들로 채우라.

하나님이 "이스라엘에게 회개함과 죄 사함을 주시려고" 그리스도를 "오른손으로 높이사 임금과 구주로 삼으셨다"(행 5:31)는 것을 깊이 묵상하라. 하나님이 "회개함"을 주시겠다고 약속하셨다면, 우리에게 죄를 죽일 수 있는 은혜와 힘도 주실 것임은 당연하다. 후자 없이는 전자도 없고, 있을 수도 없기 때문이다.

그리스도께서는 우리가 그리스도 안에 거하면 우리를 깨끗하게 해주시는 은혜를 얻게 될 것이라고 말씀하신다(요 15:3). 우리에게 공급해주시기 위해 그리스도 안에 "충만"이 존재한다는 것을 믿음으로 받아들이는 것이야말로 그리스도 안에 거하는 훌륭한 방법이다. 왜냐하면 우리가 그리스도께 접붙임을 받는 것과 그리스도 안에 거하는 것은 둘 다 믿음으로 말미암아 되는 것이기 때문이다(롬 11:19-20).

따라서 당신은 다음과 같은 생각들과 인식들을 믿음으로 받아들여서, 그런 것들이 당신의 심령 속에서 힘을 발휘할 수 있게 해야 한다:

"나는 가련하고 연약한 피조물이다. 나는 물처럼 불안정한 존재이고, 그것보다 더 나을 수 없다. 이 부패함도 내게는 너무나 버겁고, 이 부패함으로 인해 내 영혼은 파멸의 문턱에 와 있다. 나는 어떻게 해야 할지를 알지 못한다. 내 영혼은 마른 땅처럼 되어 있고, 승냥이들의 거처가 되어 있다. 나는 약속과 맹세와 서약을 무수히 해 왔지만, 번번이 다 물거품이 되어 버렸다. 내가 승리해서 구원받게 될 것이라는 확신을 수없이 가졌었지

죄 죽이기

만, 나중에 보면 결국 다 내가 속은 것이었다. 그래서 이제 나는 나를 도와줄 어떤 탁월한 원군과 조력 없이는 내가 죄에게 져서 하나님을 완전히 버리고, 장차 멸망에 처해질 자가 될 것임을 분명하게 안다.

하지만 이것이 나의 상태일지라도, 나는 축 처진 두 손을 들어올리고, 연약해진 무릎을 다시 일으켜 세워야 한다. 보라, 주님이신 그리스도가 계시지 않는가. 그의 마음에는 모든 충만한 은혜가 있고(요 1:16), 그의 손에는 모든 충만한 능력이 있지 않는가(마 28:18). 그는 자신의 이 모든 원수들을 죽이실 수 있다. 그리스도 안에는 나를 구원하시고 도우시기에 충분한 모든 것들이 마련되어 있다. 그는 기진맥진해서 죽어가고 있는 내 영혼을 붙잡으셔서 나로 하여금 넉넉히 이길 수 있게 해주실 수 있다(롬 8:38).

'야곱아 어찌하여 네가 말하며 이스라엘아 네가 이르기를 내 길은 여호와께 숨겨졌으며 내 송사는 내 하나님에게서 벗어난다 하느냐 너는 알지 못하였느냐 듣지 못하였느냐 영원하신 하나님 여호와, 땅 끝까지 창조하신 이는 피곤하지 않으시며 곤비하지 않으시며 명철이 한이 없으시며 피곤한 자에게는 능력을 주시며 무능한 자에게는 힘을 더하시나니 소년이라도 피곤하며 곤비하며 장정이라도 넘어지며 쓰러지되 오직 여호와를 앙망하는 자는 새 힘을 얻으리니 독수리가 날개치며 올라감 같을 것이요 달음박질하여도 곤비하지 아니하겠고 걸어가도 피곤하지 아니하리로다'(사 40:27-31).

하나님은 메마르고 갈라진 땅 같은 내 영혼을 저수지 같이 되게 하실 수 있고, 목마르고 메마른 내 마음을 물이 많은 샘이 되게 하실 수 있으시다. 아니, 하나님은 온갖 가증스러운 욕망들과 불 같은 시험들로 가득해서 승냥이들의 거처 같은 내 마음을 물이 많은 곳으로 만드셔서, 하나님을 위해 열매 맺게 하실 수 있으시다(사 35:7)."

그래서 하나님은 바울이 시험 아래 있을 때에 그로 하여금 그에게 주신 하나님의 은혜가 충분하다는 것을 묵상하게 하셨다: "내 은혜가 네게

족하도다"(고후 12:9). 그가 그 은혜에 거함으로써 시험에서 즉시 벗어난 것은 아니었지만, 그는 하나님이 그에게 주신 충분한 은혜 안에 거함으로써 자신의 영혼을 충분히 지킬 수 있었다.

따라서 예수 그리스도 안에는 당신을 위해 마련되어 있는 충만한 은혜가 있기 때문에, 그리스도께서는 언제든지 당신에게 힘을 주시고 당신을 건져주실 수 있으시다는 것을 믿음으로 깊이, 그리고 자주 묵상하라. 그렇게 한다면, 당신은 설령 원수를 이기지 못한다고 해도, 전투가 끝날 때까지 전쟁터에서 도망치지 않고 하나님의 병거 안에 머물러 있게 될 것이다. 그리고 당신은 완전히 절망해서 불신앙에 빠져 엎드러지지도 않을 것이고, 결국에는 당신을 건져주지 못하게 될 거짓되고 잘못된 수단들과 치료책들을 붙잡지도 않게 될 것이다. 그리고 이것은 실천할 때에만 효력이 있을 것이다.

2. 믿음으로 당신의 마음을 들어올려서 그리스도에게서 오는 건져주심을 기대하라. 이 경우에 그리스도에게서 오는 건져주심은 하박국 선지자에게 주어졌던 묵시 같은 것이다: "이 묵시는 정한 때가 있나니 그 종말이 속히 이르겠고 결코 거짓되지 아니하리라 비록 더딜지라도 기다리라 지체되지 않고 반드시 응하리라"(합 2:3).

당신이 혼란스러워하며 괴로워하는 시간이 당신에게는 너무 길게 이어지고 있는 것으로 보일 수 있지만, 주 예수께서 정하신 때에 당신은 반드시 건져주심을 받게 되어 있고, 그 때가 사실은 당신에게 가장 좋은 때이다. 따라서 당신이 당신의 마음을 들어올려서 예수 그리스도께서 정하신 때에 당신에게 베풀어주실 건져주심을 바라보기만 한다면, 즉 "종"이 자신의 상전의 어떤 지시를 받으려고 "상전의 손을 바라보는 것"(시 123:2)처럼, 당신의 눈이 그리스도를 바라보기만 한다면, 당신의 영혼은 만족할 것이고, 그리스도께서는 반드시 당신을 건져주실 것이다. 그리스도는 당신 안에 내재하는 죄악된 욕망을 죽일 것이고, 그 후에는 당신에게 평안이 있을 것이다. 오직 그리스도의 손으로부터 오는 건져주심만을 바라라.

그리스도께서 언제 어떻게 당신을 건져주실 것인지만을 기대하라. "너희가 굳게 믿지 아니하면 너희는 굳게 서지 못하리라"(사 7:9).

질문

하지만 당신은 이렇게 말할 것이다: "내가 그런 기대를 가져야 한다는 근거, 즉 나의 그런 기대가 속는 것이 아니라는 근거가 무엇인가?"

답변

당신이 이 길로 가야 하는 것은 선택이 아니라 필수이기 때문에, 당신은 오직 이 방법을 사용해서 건짐을 받아야 하고, 다른 방법으로는 건짐을 받을 수 없다. 당신은 그리스도 말고 도대체 누구에게 가고자 하는가? 주 예수 안에는 당신으로 하여금 안심하고 그런 기대를 갖게 해줄 무수히 많은 것들이 있기 때문이다.

나는 앞에서 이것이 오직 신자들이 할 수 있는 일이고 믿음으로만 할 수 있는 일이라는 것을 증명할 때에 죄를 죽이기 위해서는 오직 이 길밖에 없다는 것을 부분적으로 보여준 바 있다. 그리스도께서는 "나를 떠나서는 너희가 아무것도 할 수 없다"(요 15:5)고 말씀하시면서, 특히 죄로부터 마음을 깨끗하게 하는 것과 관련해서 그렇다고 말씀하신다(2절). 단 하나의 죄를 죽이려고 해도 은혜가 공급되어야만 한다. 죄를 죽이는 일은 우리 자신의 힘으로는 불가능하다.

골로새서 1장에서는 "아버지께서는 모든 충만으로 예수 안에 거하게 하셨다"(골 1:19)고 말하고, 요한복음 1장에서는 "우리가 다 그의 충만한 데서 받으니 은혜 위에 은혜러라"(요 1:16)고 말한다. 그리스도는 머리이시기 때문에, 새 사람은 머리이신 그리스도에게서 생명과 힘을 공급받아야 한다. 그렇게 하지 않으면, 새 사람은 날마다 죽어가게 될 것이다. 우리에게서 "속사람이 능력으로 강건하게" 된다면, 그것은 우리의 "믿음으로 말미암아 그리스도께서 우리 마음에 계시기" 때문이다(엡 3:16-17).

또한 나는 죄를 죽이는 일은 성령 없이는 이루어질 수 없다는 것도 앞에서 보여준 바 있다. 그렇다면 우리는 어디로부터 성령을 기대하는가? 우리는 누구에게서 성령을 기대하는가? 우리에게 성령을 보내주겠다고 약속했고, 하나님이 성령을 우리에게 보내주실 수 있는 모든 여건을 우리를 위해 마련해 주신 분은 누구인가? 우리는 이 모든 것을 오직 그리스도에게서만 기대해야 하지 않는가?

따라서 그리스도에게서 오는 건져주심을 받지 못한다면, 당신은 결코 건짐 받지 못하게 될 것임을 깊이 명심해야 한다. 오직 그리스도에게서 오는 건져주심만을 기대하는 것에 토대를 두지 않은 모든 방법들과 노력들과 싸움들은 아무 소용이 없을 것이고 당신에게 그 어떤 유익도 되지 못할 것이다. 당신의 마음에서 이 기대를 강화시키는 데 도움이 되는 것들이나, 우리로 하여금 그리스도에게서 오는 건져주심을 받게 하기 위해 그리스도께서 친히 정하신 수단들을 제외한 다른 모든 것들은 아무 소용이 없다.

그러면 여기에서 당신의 마음에서 이 기대를 강화시켜 주는 데 도움이 되는 것들을 좀 더 자세하게 살펴보자.

[1] 하나님의 오른편에 앉아 계신 우리의 크신 대제사장이신 그리스도께서는 긍휼이 많으시고 자애로우시며 인자하시다는 것을 깊이 묵상하라. 그리스도께서 고통 속에 있는 당신을 불쌍히 여기신다는 것은 너무나 분명하다. 왜냐하면 "어머니가 자식을 위로함 같이 내가 너희를 위로할 것인즉 너희가 예루살렘에서 위로를 받으리라"(사 66:13)고 말씀하시기 때문이다. 이렇게 그리스도는 어머니가 젖먹이에 대해 갖고 있는 것과 같은 그런 자애로움을 가지고 계신다.

또한 히브리서 2장에서는 "그러므로 그가 범사에 형제들과 같이 되심이 마땅하도다 이는 하나님의 일에 자비하고 신실한 대제사장이 되어 백성의 죄를 속량하려 하심이라 그가 시험을 받아 고난을 당하셨은즉 시험 받는 자들을 능히 도우실 수 있느니라"(히 2:17-18)고 말한다. 여기에서는 그리스도께서 받으신 고난이 그의 능력에 어떤 영향을 미쳤다고 우리에게 말하고 있는 것인가? "그가 시험을 받아 고난을 당하셨은즉 시험 받는 자들을 능히 도우실 수 있다"고 말한다. 그리스도께서 받으신 고난들과 시험들이 그리스도의 능력과 권능을 증가시켰다는 것인가? 그리스도의 능력과 권능 그 자체만을 놓고서 절대적인 의미에서 볼 때에는 그렇지 않다는 것은 의심의 여지가 없다. 하지만 여기에서 언급된 그리스도의 능력은 절대적인 의미에서의 능력이 아니라, 그 능력을 사용하고자 하는 마음의 적극성과 의지와 자원함이 수반된 능력을 가리킨다. 즉, 온갖 반대와 장애에도 불구하고 자신과 똑같이 시험 받는 자들을 반드시 도우시겠다고 하는 의지가 수반된 능력이다.

그리스도께서는 친히 고난을 받으셨고 시험을 받으셨기 때문에, 시험 받은 가련한 영혼들을 온갖 반대와 장애를 뚫고 "능히 도우실 수 있으시다"('뒤나타이 보에테사이'). "능히 도우실 수 있다"는 것은 그들로 하여금 반드시 그 고난과 시험을 이기게 하는 결과를 가져다줄 것임을 나타내는 환유법이다. 그리스도께서는 친히 시험을 받으셔서 그들의 심정을 잘 아시는 까닭에, 그들과 아픔을 함께 하며 그들을 기꺼이 도우시고자 하시고, 그 결과 그들이 시험을 이길 수 있게 되기 때문이다.

그래서 히브리서 4장에서는 "우리에게 있는 대제사장은 우리의 연약함을 동정하지 못하실 이가 아니요 모든 일에 우리와 똑같이 시험을 받으신 이로되 죄는 없으시니라 그러므로 우리는 긍휼하심을 받고 때를 따라 돕는 은혜를 얻기 위하여 은혜의 보좌 앞에 담대히 나아갈 것이니라"(히 4:15-16)고 말한다. 16절의 권면은 내가 역설하고 있는 것, 즉 우리는 그리스도에게서 오는 구원을 기대해야 한다는 것과 일치한다. 이 것을 사도는 "때를 따라 돕는 은혜"('카린 에이스 유카이론 보에데이안')라고 부른다.

우리 영혼은 이렇게 말할 것이다: "그 도움이 적절한 때에 주어지는 것이라면, 내가 현재 처해 있는 상태에서도 하나님은 내게 그렇게 하실 것이다. 내가 기대하고 갈망하는 것은 바로 그 '때를 따라 돕는 은혜,' 즉 가장 적절한 때에 도움을 주시는 은혜이다. 만일 도움이 제때에 주어지지 않는다면, 죄악이 나를 이기고, 나는 영원한 죽음과 멸망과 파멸에 처해지게 되고 말 것이다."

사도는 "그리스도에게서 오는 이 도우심, 이 건져주심, 이 은혜를 기대하라"고 말한다. 그렇다면 어떤 근거 위에서 그는 우리에게 그런 기대를 해야 한다고 말하는 것인가? 그 근거에 대한 설명은 15절에 나온다: "우리에게 있는 대제사장은 우리의 연약함을 동정하지 못하실 이가 아니요 모든 일에 우리와 똑같이 시험을 받으신 이로되 죄는 없으시니라." 그리고 사도는 16절에서 우리가 그런 기대를 가지고 그리스도를 바라보았을 때에 무엇을 얻게 될 것인지에 대해 말해 준다: "그러므로 우리는 긍휼하심을 받고 때를 따라 돕는 은혜를 얻기 위하여 은혜의 보좌 앞에 담대히 나아갈 것이니라." 여기에서는 "받다"로 번역된 '라보멘'이라는 단어가 나온다. 우리로 하여금 "긍휼하심을 받게 하기 위해"('히나 라보멘 엘레오스'), 적절한 때에 적절한 도움이 우리에게 주어지리라는 것이다.

나는 우리 영혼이 긍휼에 풍성하신 우리의 대제사장 예수 그리스도를 의지해서 예수 그리스도에게서 오는 건져주심을 기대하는 것을 믿음으로 견고히 하는 이 한 가지(마 11:28)가 인류 역사 속에서 사람들이 스스로 만들어내어 행해 왔던 온갖 자학적이고 혹독한 고행들보다 당신의 죄악된 욕망과 기질을 죽이는 데 더 큰 효과가 있고 더 신속하고 더 나은 결과를 얻게 될 것임을 조금의 거리낌도 없이 말할 수 있다.

또한 내가 한 가지 덧붙여서 말하고 싶은 것은, 믿음에 의지해서 자신의 영혼을 들어올려서 예수 그리스도에게서 오는 구원을 기대하는 그런 사람의 영혼은 그 어떤 죄악된 욕망이나 죄나 부패함에 의해서도 멸망한 일이 없었고 앞으로도 없으리라는 것이다(사 55:1-3; 계 3:18).

[2] 우리에게 약속을 주신 그리스도의 신실하심을 묵상하라. 그러한 묵상은 당신을 일으켜 세워줄 것이고, 당신이 이렇게 그리스도에게서 오는 건 져주심을 기대하며 기다리는 것이 옳다는 것을 확증해줄 것이다. 그리스도께서는 우리 안에 내재하는 죄나 죄악된 욕망으로부터 우리를 건져주시겠다고 약속하셨고, 그의 신실하심으로 인해 자신이 한 약속의 말씀을 끝까지 지키시고 이루실 것이기 때문이다.

하나님은 자신이 우리와 맺으신 언약은 해와 달과 별들이 일정한 궤도를 운행하는 것을 가리키는 하늘의 "법도"와 같다고 우리에게 말씀하신다(렘 31:36). 그래서 다윗은 "파수꾼이 아침을 기다림 같이"(시 130:6) 하나님에게서 오는 건져주심을 기다리고 있다고 말했다. 왜냐하면 그 건져주심은 "아침"과 마찬가지로 하나님이 정하신 때에 반드시 오게 되어 있기 때문이었다. 당신이 기다리는 그리스도에게서 오는 건져주심도 마찬가지다. 이슬과 비가 마른 땅을 적시듯이, 그 건져주심은 적절한 때에 와서 당신을 적셔줄 것이다. 그렇게 약속하신 분은 신실하신 분이기 때문이다. 이런 취지의 구체적인 약속들은 무수히 많다. 우리의 영혼은 그러한 수많은 약속들 중에서 특히 자신의 상태에 맞는 것으로 보이는 약속들을 항상 갖추고 있어야 한다.

그런데 예수 그리스도에게서 오는 건져주심에 대한 이 기대에 항상 수반하는 두 가지 중요한 이점들이 있다.

첫 번째는, 우리가 지닌 그런 기대는 그리스도로 하여금 신속하고 온전하게 우리를 도와주시려고 한다는 것이다. 왜냐하면 친구가 우리의 도움을 간절하게 원하고 기대할 때, 그리고 그 친구가 그런 기대를 갖는 것이 올바른 것임을 우리가 알 때, 그 친구를 도와주고자 하는 우리의 마음은 그 어느 때보다도 가장 뜨거워지기 때문이다. 우리 주 예수께서는 자신의 인자하심과 돌보심과 약속들을 통해서 우리의 마음을 들어올려서 이 기대를 갖게 하신 것이다. 따라서 그리스도에게서 오는 건져주심을 바라는 우리의 그러한 기대는 그리스도의 마음을 움직일 것임에 틀림없고,

그리스도는 우리를 건져주시게 될 것이다.

이것을 시편 기자는 하나의 공인된 금언으로 만들어서 우리에게 제시한다: "여호와여 주의 이름을 아는 자는 주를 의지하오리니 이는 주를 찾는 자들을 버리지 아니하심이니이다"(시 9:10). 우리의 마음이 자신을 하나님께 맡기고 하나님을 의지했을 때, 하나님은 반드시 우리의 마음을 만족시켜 주신다. 하나님은 물이 말라버린 우물이 결코 되실 수 없고, 하나님은 야곱의 자손들에게 "너희가 내 얼굴을 찾아도 소용없으리라"(사 45:19 KJV, 한글개역개정에는 "너희가 나를 혼돈 중에서 찾으라")고 말씀하신 적이 없다. 하나님께서 그리스도를 우리의 모든 필요를 공급해주시는 분으로 택하신 것이라면, 그리스도께서는 우리에게 그 어떤 것도 부족함이 없게 하실 것은 당연하다.

두 번째는, 우리가 가진 그러한 기대는 우리의 마음으로 하여금 그리스도께서 우리 영혼과 소통하실 때에 사용하시는 모든 방법들과 수단들에 부지런히 주의를 기울이게 만든다는 것이다. 그리고 그렇게 함으로써 우리 영혼은 하나님의 온갖 은혜와 규례들을 따라 진정한 도움을 받게 된다. 어떤 사람에게서 어떤 것을 기대하는 사람은 그것을 얻는 데 필요한 온갖 방법들과 수단들을 사용하게 된다. 물질적인 도움을 기대하는 거지는 자기에게 그런 도움을 베풀어줄 것으로 기대되는 사람의 집 앞이나 그가 다니는 길에 앉아 있는다. 통상적으로는 그리스도께서 정하신 규례들이 바로 그리스도께서 자신을 우리에게 나타내는 데 사용하시는 방법들과 수단들이다. 따라서 그리스도에게서 어떤 것을 기대하는 사람은 그리스도께서 정하신 규례들을 행하는 가운데 그리스도를 바라보아야 한다.

믿음의 기대는 우리의 마음을 활동하게 만든다. 내가 여기에서 말하는 "기대"는 아무런 근거도 없이 막연한 희망을 갖는 것을 의미하지 않는다. 기도나 성례전 속에 죄를 죽이는 어떤 생명력이나 효능이나 권능이 있다면, 분명히 사람들은 그리스도에게서 오는 건져주심을 기대하는 가운데 거기에 참여할 것이다. 따라서 내가 여기에서 말한 모든 방법들과 수

죄 죽이기

단들에는 기도나 묵상 등과 같이 모든 구체적인 규례들이 포함된다. 하지만 나는 그런 것들에 대해서 자세하게 다루지는 않을 것이다. 그것들은 이 토대에 근거하고 있고, 이 뿌리로부터 나오는 것들이기 때문이다. 그것들은 다른 용도들이 아니라 바로 이 용도, 즉 죄를 죽이는 용도에 특별히 유용하다.

우리 안에 내재하는 유력한 죄악된 기질을 죽이는 것과 관련된 이 지침이 유용함을 입증해주는 증거는 수없이 많다. 죄악된 욕망이나 기질로 인한 시험을 받는 가운데 하나님과 동행하는 삶을 산 사람들 중에서 이 지침이 유익하다는 것을 발견하지 않은 사람이 누가 있었으며, 이 지침을 사용해서 성공하지 않은 사람이 누가 있었는가? 나는 이 지침에 그 어떤 것도 더함이 없이, 우리 영혼에게 이 지침만을 사용하라고 감히 권한다. 따라서 나는 여기에서 단지 이 지침과 관련해서 몇몇 구체적인 방법들만을 언급하고자 한다.

첫 번째는, 특히 그리스도의 죽으심과 피와 십자가를 믿는 믿음, 즉 십자가에 못 박혀 죽으신 그리스도를 믿는 믿음을 사용하라는 것이다. 죄를 죽이는 것은 특히 그리스도의 죽으심으로 온다. 죄를 죽이는 것은 그리스도의 죽으심의 한 가지 특별한 목적이자 중요한 목적이었기 때문에, 거기에는 반드시 죄를 죽이는 것이 수반된다. 그리스도께서는 마귀의 일을 파괴하고 멸망시키기 위해 죽으셨다. 마귀의 첫 번째 시험으로 말미암아 우리의 본성에 생겨난 모든 결과들과, 마귀의 일상적인 유혹들로 말미암아 우리의 심령 속에서 힘을 얻게 된 모든 것들을 파괴하고 멸망시키기 위하여 그리스도께서 죽으셨다.

"그가 우리를 대신하여 자신을 주심은 모든 불법에서 우리를 속량하시고 우리를 깨끗하게 하사 선한 일을 열심히 하는 자기 백성이 되게 하려 하심이라"(딛 2:14). 이것이 그리스도께서 우리를 위해 자기 자신을 주신 목적이자 의도였다(그리고 그는 이것을 반드시 이루실 것이다). 우리를 우리 죄의 권세로부터 해방시키고, 우리를 더럽히는 모든 죄악된 욕망들로부터 우리를 깨끗하게 하는 것이 바로 그리스도의 목적이었다.

"남편들아 아내 사랑하기를 그리스도께서 교회를 사랑하시고 그 교회를 위하여 자신을 주심 같이 하라 이는 곧 물로 씻어 말씀으로 깨끗하게 하사 거룩하게 하시고 자기 앞에 영광스러운 교회로 세우사 티나 주름 잡힌 것이나 이런 것들이 없이 거룩하고 흠이 없게 하려 하심이라"(엡 5:25-27). 이것은 그리스도의 죽으심을 힘입어서 각 사람 안에서 여러 가지 다양한 정도로 이루어질 것이다.

그래서 성경은 도처에서 우리가 씻음을 받아 정결하고 깨끗하게 되는 것을 그리스도의 피에 돌린다(요일 1:7; 히 1:3; 계 1:5). 우리에게 뿌려진 피는 "우리의 양심을 죽은 행실에서 깨끗하게 하고 살아 계신 하나님을 섬기게" 한다(히 9:14). 우리의 양심이 죽은 행실에서 깨끗하게 되고, 죽은 행실이 뿌리가 뽑히고 파괴되어 우리 안에서 더 이상 자리를 잡지 않게 하는 것이 우리의 목표이고 우리가 추구하는 것이다. 이 일은 그리스도의 죽으심으로 말미암아 반드시 이루어지게 될 것이다. 그리스도의 죽으심에서 나오는 효능이 그 일을 반드시 이룰 것이다.

내가 다른 글에서 이미 보여주었듯이,* 사실 성령이 공급해 주시는 모든 것들, 그리고 우리에게 주어지는 모든 은혜와 능력은 그리스도의 죽으심에서 온다. 사도는 로마서 6장에서 그것에 대해 말하는데, 지금 우리가 다루고 있는 것에 대해서는 2절에서 말한다: "죄에 대하여 죽은 우리가 어찌 그 가운데 더 살리요." 이것은 이렇게 말한 것이다: "우리는 신앙고백을 통해서 죄에 대해 죽었고, 신앙고백을 따라 행할 의무로 말미암아 죄에 대해 죽었다. 또한 우리는 죄를 죽이기 위한 권능과 능력에 참여함으로써 죄에 대해 죽었고, 죄를 죽이신 그리스도와 연합하여 그리스도 안에 분깃을 갖게 됨으로써 죄에 대해 죽었다. 그런 우리가 어떻게 죄 가운데 살겠는가?"

---

* 오웬은 이 주제를 『하나님과의 교제』(*Treatise on Communion with God*)에서 다룬다.

사도는 이후의 절들에서 그리스도의 죽으심으로부터 생겨난 모든 결과들에 대한 여러 가지 고찰들을 통해서 이것을 더욱 강조한다. "무릇 그리스도 예수와 합하여 세례를 받은 우리는 그의 죽으심과 합하여 세례를 받은 줄을 알지 못하느냐"(3절). 세례는 우리가 그리스도 안으로 옮겨 심어졌다는 것을 보여주는 증거이다. 우리는 세례를 받아 그리스도와 연합되고 그리스도에 참여하게 되기 때문이다. 그렇다면 우리는 세례를 받아서 그리스도의 어떤 것에 참여하게 되는 것인가? 사도는 "그의 죽으심"이라고 말한다. 우리가 세례를 받아서 단순히 외적인 신앙고백을 넘어서서 그리스도에 참여하게 된 것이라면, 우리는 세례를 받아 그리스도의 죽으심에 참여하게 된 것이다.

사도는 우리가 세례를 받아 그리스도의 죽으심에 참여함으로써 생겨난 한 가지 결과를 4-6절에서 우리에게 설명해준다: "그러므로 우리가 그의 죽으심과 합하여 세례를 받음으로 그와 함께 장사되었나니 이는 아버지의 영광으로 말미암아 그리스도를 죽은 자 가운데서 살리심과 같이 우리로 또한 새 생명 가운데서 행하게 하려 함이라 만일 우리가 그의 죽으심과 같은 모양으로 연합한 자가 되었으면 또한 그의 부활과 같은 모양으로 연합한 자도 되리라 우리가 알거니와 우리의 옛 사람이 예수와 함께 십자가에 못 박힌 것은 죄의 몸이 죽어 다시는 우리가 죄에게 종 노릇하지 아니하려 함이니."

이것은 이렇게 말한 것이다: "우리가 그리스도의 죽으심과 합하여 세례를 받았다는 것은 우리가 그리스도의 죽으심에 참여하게 되었다는 것이다. 그리스도께서 우리의 죄로 인해 죽으셨고, 우리는 그의 죽으심에 참여했기 때문에, 우리는 이제 죄에 대해 죽었고, 우리의 부패한 것들도 죽임을 당했다. 따라서 그리스도께서 들어올려지셔서 영광으로 들어가셨듯이, 우리도 은혜와 새 생명으로 들어올려진다."

사도는 이렇게 우리가 그리스도의 죽으심과 합하여 세례를 받을 수 있게 된 것이 어디로부터 온 것인지를 6절에서 우리에게 말해 주는데, 그것은 그리스도의 죽으심 자체로부터 온 것이라고 말한다: "우리가 알거니와 우리의 옛 사람이 예수와 함께 십자가에 못 박힌 것은 죄의 몸이 죽어 다시는 우리가 죄에게 종 노릇 하지 아니하려 함이니." 여기에서 "함께 십자가에 못 박혔다"('쉬네스타우로테')는 것은 시간의 관점이 아니라 인과 관계의 관점에서 표현한 것이다.

그리스도께서 자신의 죽으심을 통해 우리 안에 오셔서 우리를 위해 죄를 죽이는 일을 하실 성령을 확보하셨기 때문에, 우리가 이제 죄에 대해 죽게 될 수 있게 되었다는 의미에서, 우리는 그리스도와 함께 십자가에 못 박혔다. 우리를 십자가에 못 박는 효능이 그리스도의 죽음으로부터 와서 실제로 우리가 십자가에 못 박히는 일이 일어난다는 점에서, 우리는 그리스도와 함께 못 박혔다. 그리스도께서는 대표와 모범의 방식으로 우리의 죄를 위해 십자가에 못 박히셨기 때문에, 우리도 반드시 죄에 대하여 십자가에 못 박히게 될 것이다. 따라서 사도가 말하고자 하는 것은 이런 것이다: "자신의 죽으심으로 말미암아 마귀의 일을 멸하고 우리를 위해 성령을 확보하신 그리스도께서는 신자들 안에서 그들을 지배하고 있는 죄를 죽여서, 다시는 죄가 신자들을 지배하여 자신의 목적을 이루지 못하게 하실 것이다."

두 번째는, 한편으로는 죄를 죽이기 위한 능력을 기대하고, 다른 한편으로는 그리스도를 닮으려고 하는 마음을 가지고서, 그리스도의 죽으심을 믿는 믿음을 사용하라는 것이다(빌 3:10; 골 3:3; 벧전 1:15-19). 전자와 관련해서는 우리가 앞에서 제시한 지침으로 충분할 것이다. 그리고 후자와 관련해서는 사도가 갈라디아서 3장에서 말한 것이 우리의 지침에 어느 정도 빛을 비쳐줄 것이다: "어리석도다 갈라디아 사람들아 예수 그리스도께서 십자가에 못 박히신 것이 너희 눈 앞에 밝히 보이거늘 누가 너희를 꾀더냐."

복음서에서 우리를 위해 죽으시고 십자가에 못 박히셨다고 증언하는 바로 그 그리스도를 믿음으로 바라보라. 우리 죄의 무거운 짐을 짊어지시고 기도하시며 피 흘리시고 죽어 가시는 그리스도를 바라보라(고전 15:31;

죄 죽이기

벧전 1:18-19; 5:1-2; 골 1:13-14). 믿음으로 그런 그리스도를 당신의 마음으로 모셔들이고, 그리스도께서 그렇게 흘리신 피를 당신의 부패한 것들에 바르라. 이것을 날마다 하라. 나는 이것을 많은 구체적인 것들로 세분해서 아주 자세하게 설명할 수 있지만, 여기에서는 이 정도로 마치지 않을 수 없다.

2. 성령의 역사를 의지하라

죄를 죽이는 것은 성령이 하시는 고유한 일이기 때문에, 이제 마지막으로 나는 성령의 역사라는 제목 아래 죄를 죽이는 일을 살펴보려고 한다. 한 마디로 말하자면, 내가 지금까지 우리의 의무로서 설명해 온 죄를 죽이는 일 전체는 그 모든 부분과 수준에서 성령의 능력을 통해서 일어나고 수행되며 이루어진다. 이제 죄를 죽이는 일과 관련해서 성령의 역사를 살펴보도록 하자.

(1) 죄를 제대로 깨닫게 해준다

오직 성령만이 우리의 마음으로 하여금 우리가 죽여야 할 우리의 부패함이나 죄악된 욕망이나 죄의 악과 죄책과 위험을 분명하고 온전하게 깨닫게 해준다. 이 깨달음이 없거나, 그 깨달음이 너무 희미해서 우리의 마음이 우리의 죄나 죄악된 욕망과 싸울 수 없거나 그 싸움을 감당할 수 없다면, 죄를 죽이는 일은 철저하게 행해질 수 없다. 믿음이 없는 마음(우리 모두도 부분적으로는 그런 마음을 지니고 있다)은 죄에 대한 분명하고 명확한 깨달음을 통해 압도될 때까지는 어떻게든 다른 구실이나 핑계를 대고서 죄와 싸우지 않으려고 하지 않을 것이다.

그런데 죄를 깨닫게 해주는 것은 성령의 고유한 사역이다: "그가 와서 죄에 대하여 깨닫게 하신다"(요 16:8, 한글개역개정에는 "그가 와서 죄에 대하여……책망하시리라"). 오직 성령만이 그 일을 하실 수 있으시다.

만일 사람들이 성령의 역사 없이 단지 이성적이고 합리적으로 성경을 풀어서 설교를 해서도 사람들로 하여금 자신의 죄를 깨닫게 할 수 있는 것이라면, 우리는 지금보다 더 많이 우리의 죄를 깨닫고 있을 것이 틀림없다. 물론 이성적이고 합리적인 설교를 통해서도 사람들은 자신들이 죄인이고, 이러저러한 것들이 죄이며, 그들에게는 그런 죄들을 저지른 죄책이 있다는 것을 어렴풋이 인식하기는 한다. 하지만 그러한 인식은 별로 힘이 없어서, 영혼을 움직이는 실천적인 원리들이 될 수도 없고, 지성과 의지를 움직여서 그 인식에 따라 행하게 할 수도 없으며, 그러한 인식에 합당한 결과들을 만들어낼 수도 없다. 그러므로 아무리 지혜롭고 박학다식한 사람들이라고 할지라도, 성령의 역사가 없는 경우에는 주로 죄악된 욕망의 움직임과 활동들로 이루어진 행위들에 대해서조차도 그 행위들이 죄라는 것을 알지 못한다.

오직 성령만이 제대로 올바르게 죄를 깨닫게 하실 수 있고, 실제로 그렇게 하신다. 그리고 그것은 성령이 죄악된 욕망을 죽이기 위해 행하시는 첫 번째 역사이다. 성령은 우리의 영혼으로 하여금 죄악된 욕망의 모든 악을 깨닫게 하고, 그 죄악된 욕망이 제기하는 온갖 핑계들과 구실들을 차단하며, 그 죄악된 욕망의 온갖 속임수들을 드러내고, 그 죄악된 욕망의 온갖 회피들을 막으며, 그 죄악된 욕망의 위장들을 드러내고, 우리의 영혼으로 하여금 그 죄악된 욕망의 가증스러움을 시인하게 하며 그 죄악된 욕망에 대한 인식 아래 있게 만든다. 이 단계가 제대로 이루어지지 않으면, 이후의 모든 단계들은 아무 소용이 없게 된다.

(2) 죄에서 벗어나는 데는 그리스도만으로 충분하다는 것을 계시해준다

오직 성령만이 그리스도의 충만을 우리에게 계시해서, 오직 그리스도만으로 우리가 죄악된 욕망과 죄에서 건짐을 받기에 충분하다는 것을 보여준다. 성령의 이러한 조명은 우리의 마음이 절망에 빠져 낙심하고서 다른 거짓된 길들을 찾아 나서게 하는 것을 막아준다(고후 12:8-9; 고전 2:8).

(3) 오직 그리스도에게서 오는 건져주심만을 기대하게 만든다

오직 성령만이 우리의 마음이 오로지 그리스도에게서 오는 건져주심만을 바라고 기대하게 만들 수 있다. 이미 앞에서 밝혔듯이, 그리스도에게서 오는 건져주심을 기대하는 것은 죄를 죽이기 위한 유일하고 절대적인 수단이다(고후 1:21).

(4) 그리스도의 십자가를 받아들이게 한다

오직 성령만이 우리의 마음으로 하여금 죄를 죽이는 능력을 지닌 그리스도의 십자가를 받아들이게 할 수 있다. 왜냐하면 우리는 성령으로 말미암아 세례를 받아 그리스도의 죽으심과 합하게 되기 때문이다(롬 6:3; 고전 12:13).

(5) 우리 안에서 성화를 시작하고 완성한다

성령은 우리의 성화를 시작하는 분이자 완성하는 분이다. 성령은 우리에게 늘 새롭게 은혜를 공급해주고, 늘 새롭게 우리를 은혜로 감동시켜서 우리를 거룩하게 하여 성화의 길로 나아가게 하고, 성화를 가로막는 원리를 약화시켜서 장애물을 제거해 준다(엡 3:16-18).

(6) 우리 영혼의 기도를 지원한다

죄를 죽이는 일을 할 때에 우리 영혼이 하나님께 드리는 모든 기도는 성령의 지지와 지원을 받는다. 기도의 능력과 생명력과 활력은 어디에서 오는가? 하나님을 이기는 기도의 힘은 어디에서 오는가? 그것은 성령으로부터 오는 것이 아닌가? 성령은 사람들이 "자기들이 찌른 자를 바라보았을"(슥 12:10) 때에 그들로 하여금 "말할 수 없는 탄식으로 간구할"(롬 8:26) 수 있게 해주기 위하여 하나님이 약속하신 "간구의 영"이다. 성경에서는 기도는 우리로 하여금 믿음으로 하나님을 이길 수 있게 해주는 아주 중요한 매개물 또는 방법이라고 말한다. 그래서 바울은 자신에게 닥쳐온 무슨 시험이든지 기도로써 이겼다: "이것이 내게서 떠나가게 하기 위하여 내가 세 번 주께 간구하였더니"(고후 12:8).

기도와 관련해서 성령이 하시는 일은 무엇이고, 성령은 어디로부터 어떻게 우리를 도와서 이기게 하는지, 우리가 그런 목적을 위해 성령의 도우심을 받기 위해서는 어떻게 해야 하는지를 설명하는 것은 이 글의 목적이 아니기 때문에 내가 여기에서 다룰 내용은 아니다.*

---

* 오웬은 이 주제를 『성령과 기도』(*The Work of the Holy Spirit in Prayer*)에서 다룬다.

● 독자 여러분들께 알립니다!

'CH북스'는 기존 '크리스천다이제스트'의 영문명 앞 2글자와
도서를 의미하는 '북스'를 결합한 출판사의 새로운 이름입니다.

세계기독교고전 64

죄 죽이기

1판 1쇄 발행 2020년 2월 10일
1판 5쇄 발행 2024년 8월 5일

지은이 존 오웬
옮긴이 박문재
발행인 박명곤 **CEO** 박지성 **CFO** 김영은
기획편집1팀 채대광, 김준원, 이승미, 이상지
기획편집2팀 박일귀, 이은빈, 강민형, 이지은, 박고은
디자인팀 구경표, 임지선
마케팅팀 임우열, 김은지, 전상미, 이호, 최고은

펴낸곳 CH북스
출판등록 제406-1999-000038호
전화 070-4917-2074 **팩스** 0303-3444-2136
주소 서울시 강서구 마곡중앙6로 40, 장흥빌딩 10층
홈페이지 www.hdjisung.com **이메일** support@hdjisung.com
제작처 영신사

ⓒ CH북스 2020

"크리스천의 영적 성장을 돕는 고전"
세계기독교고전 목록